MAURICIO ESPALIAT CANU

ECONOMIA, EMPRESA Y SOCIEDAD CIVIL
REFLEXIONES EN EL CONTEXTO DEL SIGLO XXI

© Mauricio Espaliat Canu - 2013

ISBN 13: 9781495352201

ISBN 10: 149535220X

Reservados todos los derechos

"**No es más listo quien más aprende, sino quien mejor aplica lo que cree saber**"

INDICE

A MODO DE DECLARACION DE INTENCIONES...   11

PRIMERA PARTE

EL SINGULAR ESCENARIO ECONOMICO Y EMPRESARIAL DEL SIGLO XXI

Globalización, Internacionalización y Economía sin Fronteras   25

Hacia la Sociedad del Conocimiento y de la Información   43

El advenimiento de la Economía de Servicios   57

El "Ciberespacio" y las Tecnologías de la Información y de la Comunicación   73

Empresa, Economía y Ecología   93

Los Recursos Humanos frente a la Globalización   117

Consumismo, Materialismo, Publicidad y Sociedad del Conocimiento   129

La Tecnología, las Finanzas y los Esquemas de Producción en la Era Global   147

La Política y sus repercusiones en la Organización Empresarial   177

SEGUNDA PARTE

ESTRATEGIAS PARA LA SOSTENIBILIDAD DEL MODELO EMPRESARIAL EN EL MARCO SOCIOECONOMICO GLOBAL

Del Capitalismo Tecnológico a la Era Post-Industrial ... 191

Hacia un nuevo Modelo de Ética Empresarial ... 201

Sindicalismo: Perspectiva Histórica, Opciones de Futuro ... 215

Poder Político y Empresarial: la Intervención Institucional frente al peso de la Economía de Libre Mercado ... 231

Organización y Cambio Estructural ... 253

Los Perfiles Culturales, Personales y Empresariales como Motores del Siglo XXI ... 267

El Concepto de "Liderazgo" en el Contexto del Siglo XXI ... 283

Las Corporaciones Transnacionales y la Proyección Social de la Actividad Empresarial ... 303

Las Organizaciones No Gubernamentales (ONG): ¿Un Modelo alternativo de Organización Empresarial e Institucional? ... 311

REFRANES PARA ORIENTAR EL LIDERAZGO EN EL SIGLO XXI ... 323

BIBLIOGRAFIA ... 325

RESEÑA BIOGRAFICA DEL AUTOR ... 327

A MODO DE DECLARACION DE INTENCIONES...

El espíritu de empresa es una característica innata en algunos individuos, que se manifiesta desde temprana edad como una tendencia de marcadas connotaciones vocacionales.

Creo pertenecer al grupo de personas afectadas por esta inclinación, habida cuenta de que el espejismo de la aventura de crear, de construir, de dar forma a las iniciativas y a las ideas, me ha obsesionado siempre a lo largo de mi vida profesional y del progreso de mis inquietudes personales. Incluso durante las etapas previas y posteriores a los estudios básicos y al paso por la Universidad, el deseo de emprender marcó mis inclinaciones y definió mi estilo de comportamiento y de trabajo, de acuerdo con algo que podría denominar el instinto innato y obsesivo de triunfo y de éxito. La etapa estudiantil sirve a cada uno para forjar ideales e ilusiones, a la vez que el proceso formativo modela el temperamento y consolida el estilo de comportamiento individual. Pero es la escuela de la vida la que finalmente acaba perfilando el carácter definitivo de la personalidad y de las expectativas del hombre, mediante un proceso de aprendizaje a lo largo del cual la sucesión de ilusiones, ideales, fracasos y frustraciones, muchas veces producto de la inmadurez y de la ingenuidad, le fuerzan a tomar conciencia de la realidad.

El proceso de maduración de la persona es lento y progresivo. La vida es esencialmente dura y compleja, aunque no carente de estímulos y oportunidades, y el camino a recorrer hasta el logro de la satisfacción y del equilibrio personal y profesional, difícil. Sin embargo, he llegado al convencimiento de que es la escuela de la vida la que aporta la verdadera formación y el auténtico equilibrio al individuo, y la base desde la cual éste puede percibir con objetividad la realidad, las dificultades y las condicionantes del entorno en el que se ha de desenvolver, y en el cual ha de prosperar. El individuo en sí mismo es una empresa, desde el momento en que debe asumir riesgos y desarrollar iniciativas para subsistir, y es a partir del reconocimiento de este hecho que adquiere relevancia el carácter social de la empresa: no hay actividad humana que pueda llevarse a cabo alejada del contexto de la colectividad, ni desconectada de los complejos mecanismos de interacción que rigen la dinámica de las relaciones entre los hombres. Sin lugar a dudas, esta realidad necesita también ser acompañada de una buena dosis de esfuerzo, ilusión, entusiasmo y audacia.

Es este proceso de aprendizaje práctico a lo largo de la vida el que me ha permitido capitalizar una valiosa experiencia en el más amplio sentido del término, y el que me ha facilitado también la percepción y la comprensión de la realidad y de las dificultades del hecho empresarial y de su vertiente social. Con toda probabilidad no soy el único en esta posición, pero la primera lección aprendida ha sido la de saber diferenciar entre medios y objetivos, logrando comprender que las manifestaciones económicas de cualquier actividad no son más que el valor añadido y el resultado que permite justificar su utilidad práctica como herramienta de acción favorable al hombre, y no su fin único y último. Pienso que para que el "medio" sea vigente y sostenido, lo que se precisa es trabajo riguroso, perseverante, organizado, inteligente, a través del cual sea posible acopiar la experiencia que lo enriquezca y lo mejore en su rendimiento productivo. Estoy convencido de que para emprender, lo importante es poseer una mente inquieta y un prudente y controlado grado de ambición que permita capitalizar la diversidad, evitar el conformismo, progresar, y superar las dificultades que surgen en el camino. En saber capitalizar con espíritu constructivo las vivencias, buenas y malas, radica también gran parte del fundamento de la singladura empresarial, que no es otra cosa que la integración de la vocación instintiva e intuitiva del individuo dotado de espíritu emprendedor. Poder superar las dificultades y la adversidad, y evitar el conformismo, son también dos retos ineludibles del juego empresarial.

La trayectoria de mi propia evolución personal y profesional ha tenido ciertamente gran paralelismo con la evolución del entorno económico y empresarial mundial de los últimos años, hecho hasta cierto punto inevitable. A lo largo de este proceso evolutivo, mi actitud ha sido la de mantener una posición alerta y abierta, lo cual me ha permitido definir y forjar puntos de vista esencialmente basados en el pragmatismo y en la objetividad. Creo que este proceder me ha facilitado acumular una valiosa experiencia, sensiblemente ajustada al contexto socioeconómico vigente, cuya proyección a través de la crítica y de la reflexión es susceptible de forjar elementos de juicio desprovistos de cualquier intención o influencia especulativa. Por ello, al plasmar ideas y vivencias en un documento de análisis, debate y razonamiento prospectivo, creo haber contado con los suficientes argumentos para insinuar críticas y opiniones concretas, libres de abstracciones y ambigüedades. Pero al escribir estas páginas, un ejercicio personal de enfoque generalista, tampoco he pretendido generar controversias ni dar lugar a comparaciones o conclusiones vinculadas a escenarios puramente coyunturales, puntuales o locales.

Considero que la serena combinación de la intuición con la deducción basada en la realidad es el único procedimiento mediante el cual se puede visualizar el futuro sin peligro de caer en los errores a los cuales conduce el exceso de entusiasmo, de imaginación, o inclusive, de pesimismo. El indudable paralelismo que he notado entre mis experiencias e intereses profesionales y las manifestaciones contemporáneas de la empresa y de la sociedad, me permiten afirmar sin duda alguna que las reflexiones efectuadas a lo largo de estas páginas pueden considerarse equilibradas, realistas y bien fundamentadas, desprovistas a la vez de toda intención de expresarlas como dogma de fe. Este documento no es más que el resultado de la recopilación, del análisis, del estudio y del registro espontáneo a lo largo del tiempo, de experiencias personales y profesionales, que en principio inicié por simple curiosidad y afición. Con paciencia y rigor los he ido ordenando y estructurando, procurando darles un sentido coherente a lo largo de un proceso de reflexión y análisis, como producto del cual han quedado aquí plasmados algunos puntos de vista que considero útiles y prácticos a la hora de plantear un debate sobre el tema. He de manifestar en este mismo sentido que considero que la experiencia no tiene ningún valor si no es capitalizada en función de la realidad actual y de su proyección práctica a futuro. La evolución tecnológica y cultural va descartando procesos y teorías, al igual que la electrónica sustituyó en su día a la mecánica en las máquinas de calcular, generando la obsolescencia técnica y práctica de sistemas que sin embargo marcaron fugazmente hitos en la historia de la tecnología. Del mismo modo, considero que la experiencia personal ha de ser siempre acopiada con actitud receptiva, pero teniendo en cuenta que su utilización práctica ha de efectuarse con cautela en función de su evolución y de su adaptación a la realidad del tiempo, de los valores y del dictamen vigentes. Para mí, no es relevante la imagen y el prestigio consolidado de tal o cual compañía fundada hace cien o ciento cincuenta años, si sus productos o servicios no se corresponden hoy con las necesidades del momento. Me convence en cambio una iniciativa empresarial innovadora y revolucionaria, aunque solo haya sido creada ayer.

Creo que el postulado enunciado anteriormente legitima además el carácter extrapolable de mi percepción personal, a la observación crítica del contexto evolutivo de la sociedad y de la economía mundial, así como a su proyección hacia el futuro inmediato. La inquietud por plasmar las anteriores ideas y los citados planteamientos en un texto ha respondido a mi interés simultáneo por ordenar conceptos a través del ejercicio de la reflexión sobre los grandes cambios que acompañan al fenómeno social y económico de principios del presente de siglo, así como sobre aquellos que se insinúan como modelos emergentes de configuración de su contexto más o menos inmediato. La evolución del siglo XXI está ya marcada por importantes movimientos de transformación, entre los cuales destacan la globalización de los mercados, la mayor demanda de aspectos cualitativos por parte de la sociedad, la preocupación por los aspectos relativos al entorno y al medio ambiente, y la creciente sensibilización de la colectividad en relación a aspectos de trascendencia universal, como el bienestar, la paz, la justicia y la seguridad. En el trasfondo de este esquema, se insinúa además un nuevo orden social, político y económico marcado por el cambio radical, aunque gradual, de los valores tradicionales, el mejoramiento del nivel cultural y de vida de la comunidad, y la revolución en las esferas del poder institucional y empresarial.

Pero también he de señalar que, en contraposición a las indiscutibles oportunidades y al ineludible reto que plantea la nueva era, persiste en los tiempos que corren un cierto clima de fatalismo. Los acontecimientos sociales, políticos y económicos contemporáneos apuntan muchas veces a la creación de estados de ánimo pesimistas y conformistas, producto de la reacción humana frente a las conocidas situaciones de corrupción, de afán desmesurado de protagonismo y poder de algunos individuos e instituciones, de competencia brutal, de mitificación del dinero y de distorsión de intereses y valores éticos. Tal realidad desemboca con frecuencia en un clima de escepticismo, de excitación, de crispación, de desesperanza, de pérdida de ilusión y de atrofia e inhibición del espíritu de empresa. La psicosis de "crisis", hecho más subjetivo que real, suele ser la actitud asumida pasivamente por la sociedad para intentar justificar, o al menos explicar, situaciones de estancamiento, durante las cuales el radicalismo político y la demagogia suelen opacar las vías del razonamiento lógico y práctico. Salir de situaciones difíciles o complicadas solo está en las manos de cada uno de nosotros, y no en las de los que pretenden resolverlas, muchas veces con sombrías intenciones y dudosos objetivos, desde los ámbitos de la política, de la caridad o de la beneficencia.

Desde mi punto de vista, como motor de la economía, el espíritu de empresa no ha de perder fuerza como consecuencia de las connotaciones colectivas, sobre todo si éstas no son coyunturalmente favorables al florecimiento de la iniciativa y de la creatividad. El contexto socioeconómico de la sociedad globalizada debe consolidarse como un hecho estable y sostenido, y es responsabilidad de los individuos el lograrlo con su esfuerzo y tenacidad, con entusiasmo y con optimismo. Por lo tanto, es a nivel de los estamentos públicos y de la gestión privada que se deben dar las condiciones de fomento, apoyo e impulsión que favorezcan esta opción, evitando insinuaciones y actitudes demagógicas y especulativas que generen estados de opinión y de ánimo contradictorios.

Es preciso poder hacer frente al mandato establecido cuando éste es adverso al advenimiento de los esquemas sociales, políticos y económicos que el futuro exige, y no dejarse avasallar por la inercia costumbrista o por la psicosis colectiva. Inclusive, es fundamental que las personas aprendan a renunciar a muchos valores que en su día tuvieron vigencia, pero que no tienen cabida en el nuevo orden que imponen el presente y el futuro. Si se cuenta con los argumentos y con los elementos de juicio para ello, entonces no se pueden aceptar las actitudes de indolencia, de indiferencia y de pasividad frente a los acontecimientos en marcha. Creo que la sociedad necesita más que nunca reaccionar y actuar proactivamente para modificar las cosas, aun cuando el consumismo y la competitividad no propicien precisamente las actitudes solidarias y el desarrollo de los nuevos valores personales que el nuevo orden precisa.

Pienso que la sociedad planetaria del presente milenio, a la cual estamos abocados de modo inexorable, ha de ser eminentemente humanizada, alejada de la ambigua moral que hoy definen el afán obsesivo por el éxito, el lucro y el ejercicio desmesurado de la agresión y de la rapacidad. Confío para ello en el resurgimiento de las iniciativas y de las actividades creativas y emprendedoras, dentro de un marco de solidaridad, esfuerzo e ilusión. Si el individuo cree en su capacidad y asume su responsabilidad, los eventuales inconvenientes heredados del pasado, de la confusión durante procesos de transición y crisis, y de las incógnitas que plantea el futuro, no han de constituir obstáculos insalvables, sino más bien retos a superar con optimismo por la vía de la imaginación, de la autoconfianza y de la perseverancia, sin perder en ningún momento el sentido de la realidad.

Como afirmé anteriormente, la base del presente ensayo la constituyen mi especial interés por el proceso de cambio, pero sobre todo, mi propia experiencia personal en el ejercicio de la actividad empresarial. He hecho acopio de material para ello, bien sea como creador y promotor directo de iniciativas, acciones o estrategias en este terreno, o como ejecutivo y gestor de opciones de terceros, tanto en el ámbito de los negocios privados, PYMES y corporaciones, como en el terreno de las burocracias administrativas, desde posiciones de dirección, asesoramiento y consultoría, y en esferas de proyección tanto nacional como internacional. Una trayectoria personal muy diversificada me ha permitido a lo largo de este recorrido tener acceso directo a múltiples y variadas apreciaciones de tipo empresarial, social y político. Plasmarlas en un documento ha respondido al deseo de impartirles un sentido estructurado y coherente, y de buscar una conexión lógica entre la experiencia práctica vivida y los principios nacidos de la teoría. De todos modos, he podido llegar a la conclusión de que es difícil encontrar coherencia entre la teoría y la práctica cuando se trata de analizar un tema evolutivo tan complejo y dinámico como es el del cambio socioeconómico. La teoría es producto de la práctica, que a su vez genera nuevas teorías, y la reflexión sobre temas de futuro, sujetos a incógnitas e incertidumbres, sólo puede llevar a conclusiones estimativas y, como mucho, a insinuar opciones y actitudes cuyo valor dependerá de la lógica con la cual sean razonadas y aplicadas.

Creo que mis puntos de vista y comentarios, basados en vivencias diversas y en un riguroso proceso de observación, me han permitido sacar algunas conclusiones válidas en relación con el porvenir de la empresa como elemento de impulsión económica y social, y de modelamiento del esquema globalizado. Desde luego, he intentado identificar y reflexionar no sólo sobre aquellos modelos de comportamiento socioeconómico que, aunque tradicionales, pueden continuar teniendo vigencia y utilidad a largo plazo, sino también sobre situaciones y casos que precisamente son la antítesis de cómo se han de hacer las cosas en una era de dimensión planetaria. Soy de la opinión de que para emitir juicios se ha de tener la autoridad moral que confiere el conocimiento de causa. Este principio resulta indispensable cuando se trata de visualizar un futuro incierto y complejo, y de allí mi enfoque práctico del análisis, para el cual la teoría y la historia sólo me han servido de marco referencial.

De la reflexión sobre el tema empresarial, económico y social no pretendo extraer conclusiones visionarias, ni definir un marco preciso de lo que podría ser el contexto del futuro en este ámbito. Mi intención es insinuar intuitivamente, desde un punto de vista imparcial e independiente, aquellas posibles opciones y probabilidades que aparecen sugeridas por las actuales tendencias emergentes en los planos político, social y económico. Sólo pretendo contribuir al diálogo y al debate sobre los probables modelos de comportamiento individual y colectivo que probablemente señalen algunas pautas definitorias del futuro esquema mundial, y hacer evidentes aquellos hechos indiscutibles que, a pesar de insinuarse a través de los acontecimientos del día a día y de las actuales tendencias, no son aún percibidos, ni asumidos, ni puestos en práctica como relevantes y trascendentes, por parte de muchos individuos del planeta. La rapidez de los cambios tecnológicos, el ritmo acelerado de la dinámica cotidiana y la opacidad del actual discurso político, todos ellos sin precedentes históricos válidos para el momento actual, hacen imposible cualquier intento afortunado de previsión en tal sentido. No obstante, al hablar de empresa, de cambios, de evolución y de previsiones, es poco factible poder inventar o argumentar algo novedoso.

Con diversos enfoques y matices, casi todo ha sido ya dicho y expuesto, y las interpretaciones han variado en función del interés puntual y coyuntural. Lo que sí he considerado importante es intentar reunir, reordenar ideas, planteamientos y puntos de vista precisamente con el criterio de ajustarlos a los requisitos de un orden diferente, que por pura lógica deductiva parece insoslayable. Una vez más, en beneficio de la objetividad, he procurado separar mis opiniones y puntos de vista de cualquier influencia ajena al criterio analítico puro y pragmático. Por lo tanto, las opiniones y reflexiones expresadas a lo largo de estas páginas no están marcadas por ninguna condicionante derivada de posibles vínculos con grupos profesionales, académicos o sectoriales relacionados con el mundo económico o empresarial, lo cual confiere independencia de criterio y un oportuno grado de imparcialidad a las críticas y comentarios formulados en el texto.

Otro postulado básico que he tenido en cuenta al escribir estas líneas ha sido el de supeditar su enfoque al contexto de la economía de mercado, de la libre empresa y del pluralismo político e ideológico, convencido de que ha de ser solo éste el que defina el modelo predominante en la era del conocimiento. También he asumido como fundamental el requisito de que, para lograr que se consolide una sociedad estable y próspera dentro del nuevo marco global, resulta indispensable defender la pervivencia de los valores democráticos y de respeto a los "legítimos" derechos humanos, teniendo en cuenta que este último concepto ha sido muchas veces manipulado con intenciones partidistas que lo desvinculan del requisito de "responsabilidad" sobre el cual se ha de fundamentar. Por lo tanto, he prescindido de la consideración, por obsoletos y desfasados, de aquellos modelos socioeconómicos que puedan haber tenido mayor o menor vigencia en una u otra época o lugar, como fue el caso del socialismo marxista, del capitalismo dogmático y de otros movimientos históricos de índole radical, que considero definitivamente inviables e inapropiados para el presente milenio. De todos modos, me ha sido imposible dejar de aludir a ellos en algunos capítulos de esta obra, ya que aún a veces adquieren cierta relevancia como elementos referenciales, o como inspiradores de plataformas de negociación y reivindicación.

A lo largo del presente análisis, llevado a cabo, como anticipé, durante largo tiempo, y en paralelo a mi desempeño profesional, he procurado también enriquecer los puntos de vista confirmando y contrastando opiniones con expertos y prácticos en la materia, una vez más con la intención de atribuir mayor valor a la visión pragmática que a la teoría dogmática. Solamente a efectos ilustrativos, he incluido al final de estas páginas una resumida bibliografía, que contiene algunas obras que considero pueden constituir un buen complemento de las ideas aquí expuestas para quienes deseen profundizar en alguno de sus aspectos.

Por último, desearía dejar constancia de que a lo largo de la elaboración del presente trabajo, yo mismo he procurado llevar a cabo un acto de reflexión personal y de investigación crítica, ya que creo que ésta es la única vía para conseguir familiarizarse con un tema como el tratado, así como para intentar estimar su proyección hacia el futuro con madurez, serenidad y espíritu positivo. Con la sana intención de compartir mis inquietudes, me atrevo a plantear una plataforma que motive a otros a reflexionar seriamente sobre un tema que, por su trascendencia e importancia, merece ser tratado y asumido con absoluto rigor. Creo que los años, la experiencia y el ejercicio práctico de la actividad empresarial en la mayoría de sus facetas, me confieren suficiente autoridad moral para ello.

MAURICIO ESPALIAT CANU
Barcelona, junio de 2013.

PRIMERA PARTE

EL SINGULAR ESCENARIO ECONOMICO Y EMPRESARIAL DEL SIGLO XXI

GLOBALIZACION, INTERNACIONALIZACION Y ECONOMIA SIN FRONTERAS

Ante el rápido y vertiginoso cambio del mapa político y socioeconómico de la mayoría de las naciones del planeta, resulta claro que durante los últimos años el mundo ha entrado en lo que a menudo se percibe como una ocasión única en la historia de la humanidad para asumir nuevos y trascendentes esquemas de vida y comportamiento colectivo. Ya nada parece susceptible de ser igual que antes, y uno de los cambios más espectaculares en tal sentido lo refleja la importante propagación de la democracia en la Europa oriental. Sin embargo, los últimos años han sido también testimonio de otras múltiples transformaciones, incluido el renovado compromiso con los derechos humanos en el mundo entero, el ascenso de India y China como potencias económicas, el éxito de las economías de Japón, de las naciones del área Asia – Pacífico, y de los países en rápido crecimiento económico de Latinoamérica, tales como Brasil, México, Chile y Perú. Estos y otros cambios abismales anuncian sin lugar a dudas el advenimiento de una ecuación más compleja de la balanza del poder económico y político mundial a medida que las naciones se vuelven cada vez más interdependientes entre sí.

Muchos pensadores políticos y sociales asumen que durante los próximos años se implantará definitivamente la colaboración y la lucha por la aplicación de los intereses compartidos, al tiempo que nuevos desafíos, como por ejemplo la gestión y protección del medio ambiente, la fuerza de las presiones demográficas, la revolución de las comunicaciones, y la desenfrenada transferencia de bienes y capitales, llevarán a la humanidad por un camino que superará las barreras y fronteras nacionales, dentro de un marco sin precedentes.

Este nuevo orden mundial está definido básicamente por tres elementos concurrentes: ética, economía y tecnología. En realidad, salvo excepciones puntuales, las naciones están cada vez menos preocupadas por la política del poder y por los intereses puramente egoístas, ya que ahora comienzan a exaltar las cuestiones morales. Los ciudadanos típicamente representativos de un número creciente de países participan cada vez más intensamente en las decisiones que consagran los derechos individuales, haciendo que se impongan los criterios éticos, y que éstos a su vez adquieran un sentido y un significado práctico a la hora de su aplicación, para lo cual el desarrollo de los avances tecnológicos se efectúa buscando más bien beneficios cualitativos para la sociedad.

La sociedad está viviendo un fenómeno complejo, a lo largo del cual se aprecia que algunas economías están en auge o en crisis, mientras que otras titubean intentando implementar sus vías de desarrollo y reforma. Pese a todo, se percibe que el ineludible proceso de globalización social y económica se mantendrá, a lo cual contribuirá sin duda el hecho de que persista, aunque solamente sea de modo testimonial o residual, la vigencia de las organizaciones e instituciones que coronaron el orden político y económico instaurado con posterioridad a la segunda guerra mundial. Como en el caso de la economía y de la ética, se hace evidente, en materias que atañen a la política, que el acento deberá colocarse en la colaboración basada en la energía colectiva, ya que además la sensibilidad ecológica y la complejidad de la investigación científica exigirán en el futuro planteamientos internacionales de carácter cada día más global.

Es indiscutible la necesidad de tener en cuenta las consecuencias y la influencia de la explosión de las innovaciones científicas y tecnológicas sobre la política y sobre la economía internacional. Los avances en el ámbito de la biotecnología, para citar un ejemplo, con su creciente poder manipulador sobre los mecanismos de la vida, influirán ciertamente en el modo en que los gobiernos alimenten y atiendan a sus pueblos, marcando importantes pautas en el terreno de la producción agroindustrial y de la medicina. La creación de nuevos materiales permitirá por otro lado incrementar o reducir notablemente la fuerza o la dependencia de algunas naciones respecto a sus exportaciones o importaciones. Además, las tecnologías de la información, que en sí constituyen un importante factor de rápida propagación de los adelantos tecnológicos, se han convertido ya en el sustrato esencial de la defensa nacional, al margen de su relevancia como soporte del mundo empresarial y cultural.

La historia de los siglos pasados señala que la economía, y por lo tanto la actividad empresarial, fue durante mucho tiempo un fenómeno de características más bien locales, cuyo cometido era satisfacer las necesidades de la comunidad dentro de un entorno próximo, en total contraposición a las actuales tendencias hacia la globalización. Dentro de este escenario histórico, la economía solamente tenía en cuenta la cobertura de aquellas necesidades humanas más imprescindibles, ajustándola básicamente a un esquema de subsistencia equilibrada y holgada.

Al entrar en vigor los planteamientos de la economía moderna, surgidos a partir del siglo XIX, empezaron a jugar nuevos factores y puntos de vista, sobre todo a nivel de la sociedad y de la política. El mayor conocimiento derivado del avance de las ciencias naturales, el perfeccionamiento de los procesos mecánicos de producción y la vertiginosa expansión de los mercados, llevaron a la producción a gran escala, a la acumulación de capital y de poder económico, y a la manipulación frecuentemente avasalladora e irresponsable de unos recursos humanos abundantes y baratos. Este proceso de crecimiento económico, si bien fue acompañado de crecientes ventajas en materia de generación de riqueza y bienestar, trajo también consigo las secuelas negativas de la deficiente distribución de sus beneficios. Así, a pesar de la creación de condiciones apropiadas a la generación de un entorno social próspero y justo, se hizo evidente también la preocupación por el aparecimiento de condiciones de trabajo que no mejoraron la posición del hombre dentro del proceso evolutivo de la sociedad. La empresa, unidad a partir de cuya integración se construye el ámbito económico, se vio entonces por primera vez enfrentada a la necesidad de replantear su cometido económico en función de su responsabilidad social. El mundo evoluciona actualmente hacia la plena integración de los mercados internacionales, y de las cambiantes estrategias de las corporaciones de la misma índole. Esta integración está siendo hasta ahora más rápida y evidente en los mercados financieros, donde el aumento de las transacciones entre países supera constantemente al crecimiento del comercio mundial. A título de ejemplo, el nivel de la integración financiera internacional quedó de manifiesto a raíz del descenso sincrónico de los mercados de valores tras la sonada caída de Wall Street en 1987. Paradójicamente, este ejemplo adquiere dimensiones absurdas si se observan las secuelas de la crisis económica generada a principios del presente siglo, y la crónica volatilidad del actual mercado de valores. Numerosos ejemplos de tormentas financieras y monetarias son también fáciles de observar, y con frecuencia, en la actualidad.

Los acontecimientos indican que este proceso de integración, tan manifiesto en principio en el ámbito de las transacciones financieras, se generalizará gradualmente hacia la esfera de las actividades productivas y de servicios, dentro de un nuevo contexto de globalidad, teniendo también en cuenta la creciente movilidad internacional de los recursos de todo tipo, incluidos los humanos. También, la mayor sensibilidad general por aspectos de índole cualitativa, tales como el medio ambiente y el estado de bienestar social, afectará por igual a los diferentes países del planeta, independientemente de su estado, nivel y modelo de desarrollo. No obstante, por muy internacionalizados que lleguen a ser los mercados, deberán ineludiblemente hacer frente a un entorno político diverso y fragmentado. Y cualquiera que sea la naturaleza de los cambios generales de la economía internacional, éstos estarán inevitablemente supeditados al ámbito de las arraigadas circunstancias locales, específicas de cada nación o pueblo, pues aún el proceso de globalización no ha logrado transformarlas definitivamente ni prepararlas para el cambio radical que todo ello implica. Por lo tanto, al menos durante un tiempo, seguirán teniendo peso aquellos aspectos que son indisociablemente característicos de cada uno de los países del mundo, y el avance hacia esquemas políticos y socioeconómicos integrados tendrá que lidiar en principio con abundantes factores de diversidad, que será preciso tener en cuenta a la hora de formular estrategias de naturaleza global.

A nivel de empresas, la creciente globalización de los mercados obliga a cada una de ellas a prestar más atención a los recursos internacionales, y a ajustar sus estructuras y métodos operativos y de gestión a un entorno económico más amplio, que además está expuesto a permanentes cambios. Dentro de este mercado cada vez más integrado, sacarán buen partido aquellas empresas de ámbito y perfil internacional que sepan implantar oportunamente métodos de gestión y filiales o sucursales en otros países, adelantándose al proceso, y evitando por esta vía las posibles barreras que eventualmente puedan surgir como consecuencia del proteccionismo a nivel regional. Al hablar de regiones, se entiende como tales sobre todo las zonas geográficas más avanzadas del planeta desde el punto de vista comercial, productivo e industrial, tanto actual como potencial: Norteamérica, la Comunidad Europea, China, India y Japón, junto con el resto de las pujantes y dinámicas economías del litoral asiático, Hong-Kong, Singapur, Taiwán, Corea, Tailandia, Malasia e Indonesia, y de Latinoamérica, particularmente Brasil, México, Chile y Perú.

Por otro lado, las fuerzas económicas y tecnológicas son también poderosos agentes de cambio. Sacarán ventajas de la creciente globalización aquellas empresas que se adelanten de modo innovador a las circunstancias, y que no se dejen llevar por un cómodo ajuste a los limitados refugios de los mercados nacionales o locales. Las empresas que sepan aprovechar las economías de escala y el crecimiento simultáneo de los mercados internos y externos, son las que están destinadas a prosperar, independientemente de su tamaño y proyección tecnológica. Los negocios excesivamente atados a la tradición, acomodados al éxito de las épocas de bonanza, o que no se preocupen oportunamente de reconvertir sus métodos de producción de bienes y servicios, de mejorar su competitividad, o de reconducir su estrategia de gestión, se verán además perjudicados por una desfavorable competencia con el resto de los países, ya que la mano de obra barata y los incentivos fiscales que puedan favorecerles coyunturalmente bajo determinadas circunstancias, no serán en el futuro para ellos factores claves para competir. Las zonas geográficas más atrasadas y desfavorecidas se quedarán aún más postergadas si no reaccionan oportunamente en este sentido.

Efectuando el análisis en términos realistas, es preciso reconocer que no todas las barreras a la empresa van a caer con el advenimiento de la globalización. Las empresas de cualquier naturaleza o país que no sepan aumentar su productividad y mejorar su competitividad, a pesar de contar circunstancialmente con favorables costes de mano de obra y de ventajosos incentivos fiscales, no serán prósperas si no tienen en cuenta que la apertura y la integración de la economía traen también consigo la introducción a los mercados locales y nacionales de empresas extranjeras que, dotadas de mejores niveles de calidad, competitividad, agresividad comercial y organización, se extienden en su territorio, desalojándolas de sus propios ámbitos mercantiles. Es innegable que se están produciendo cambios de gran trascendencia y sin precedentes en el ámbito y carácter de la empresa. Muchas firmas, inicialmente orientadas hacia el interior, intentan aumentar su presencia geográfica, puesto que es cada día más evidente que sus clientes y proveedores se localizan también en distintos países y continentes.

Los países en transición que tengan éxito en su transformación hacia una economía de mercado y hacia un capitalismo equilibrado, y que logren consolidarse dentro de un sistema económico ajustado a un esquema de este tipo, podrán llegar a ser fuertes competidores de las economías más avanzadas en la producción de bienes de baja tecnología y alta incidencia de mano de obra. También será factible que sus empresas puedan ser subcontratistas y proveedoras de firmas extranjeras bien establecidas, pero que estén presionadas por competidores de bajos costes.

Otro fenómeno actualmente indiscutible y en permanente aumento es el aparecimiento de alianzas estratégicas y convenios de colaboración de todo tipo entre empresas, a lo cual se añaden las estrategias basadas en procesos de fusión, absorción y adquisición. Este fenómeno constituye actualmente un hecho, teniendo en cuenta además que la diversificación geográfica a escala mundial permite a muchas empresas el desarrollo conjunto de nuevos productos, y en este y otros aspectos incluso es ya factible la colaboración entre compañías que tradicionalmente han competido en un mismo sector o mercado. La mayor parte de las compañías multinacionales que operan en todo el globo lo hacen por medio de subsidiarias, o mediante modalidades de fusión, absorción o convenios de colaboración bilateral que les permiten ampliar su base operativa aprovechando las sinergias generadas en el mercado. Como resultado, estas opciones les dan acceso a compartir o aprovechar recursos en forma paralela y racionalizada, además de aprovechar las economías de escala y los beneficios que éstas generan. A nivel local, regional, sectorial o nacional, este tipo de estrategia es igualmente aplicable, e indiscutiblemente ventajosa.

Otro factor a considerar dentro del contexto de la globalización es la relación que se da entre las empresas y los gobiernos en general, tanto en naciones en desarrollo como de economías consolidadas. Este hecho se ha exacerbado a causa del rápido ritmo del cambio social, económico y tecnológico. Afortunadamente, en esto participa también otra fuerza moderadora que tal vez acabe siendo la decisiva: el ciudadano como consumidor. El mismo partidario de acciones proteccionistas consume, consciente o inconscientemente, productos fabricados en cualquier lugar del mundo, e incluso a veces los busca expresamente, en su papel de consumidor. Las fuerzas del marketing, amplificadas por la creciente y masiva distribución de la información, contribuyen a difundir esquemas, prácticas y modas de consumo que se imponen por sobre cualquier barrera gubernamental o tradición local, llegando inclusive a cambiar el orden establecido en tal sentido. Así pues, sin pensarlo siquiera, los consumidores se van adaptando a la economía mundial integrada. Después de todo, algunas presiones políticas tendentes a restringir el comercio internacional en ciertos países no se habrían manifestado si el consumidor hubiese tenido acceso antes a una orientación más universal. Durante los próximos años, el poder y las fuerzas económicas, así como el cambio tecnológico y la diferente percepción social, obligarán cada día más, tanto a la comunidad ciudadana como a los funcionarios gubernamentales, a ajustarse a las realidades de la economía internacional globalizada.

En relación al fenómeno de la globalización, se ha de añadir que las economías más abiertas, caracterizadas por un menor grado de influencia del gobierno sobre la toma de decisiones de carácter privado, podrán generar simultáneamente un efecto colateral inesperado, que es el fomento de la armonía internacional con la simple presencia de mayores estímulos económicos. Un gobierno puede desempeñar un papel muy positivo al influir el mercado mundial, de una forma muy lógica, conocida y aceptada por todos: reforzando la productividad y la competitividad de las empresas que estén bajo su jurisdicción, racionalizando la carga fiscal y la regulación oficial, y abatiendo el coste real del capital por medio del financiamiento orientado a la competitividad y a la sostenibilidad. También, dentro de este contexto, las leyes relativas a los monopolios habrán de ser tenidas en cuenta, revisadas y, si cabe, actualizadas para adaptarlas a los requisitos de un equilibrado y consecuente orden económico, político y social.

Para que el proceso evolutivo de la economía hacia la integración sea asimilable y coherente, se deberá ayudar a los ciudadanos, bien sean consumidores, contribuyentes o incluso empresarios, a entender la índole cada vez más planetaria de la vida económica. El deber de todos los países es lidiar con los requisitos de la educación en los mismos. Una ciudadanía bien educada, preparada e informada es vital para el futuro de la democracia, pero también es la clave para alcanzar adecuados niveles de productividad y de competitividad dentro del tejido de la globalización. El mapa económico, social y político del siglo XXI está destinado a marcar drásticamente y a largo plazo las características de la productividad y de la competitividad internacional de las empresas productoras de bienes y servicios.

Dentro del esquema de economía de libre mercado característico de las sociedades libres y democráticas, la empresa es el eje de la vida económica. Por integración, la suma de las actividades empresariales, sobre todo de las que provienen del segmento de la pequeña y mediana empresa, configura el nivel de riqueza nacional y confiere mayor o menor estabilidad al sistema socioeconómico de un país. Toda estrategia que contemple mejorar las condiciones de los recursos productivos, humanos y de capital, está por lo tanto destinada a promover las condiciones idóneas para la producción, el comercio y el crecimiento que necesita cada economía para consolidarse de modo sostenido.

La empresa privada requiere de un medio propicio para ser eficaz y rentable. Frecuentemente, la creación de un ambiente favorable es una función que se asigna al estado, responsable de la macroeconomía, y que ejerce esta misión mediante la difusión de normas generales de regulación, fiscalización e incentivo, paralelas a su obligación de garantizar la estabilidad política. Sin embargo, este tipo de intervención no siempre se traduce en apoyo real y efectivo a la iniciativa emprendedora privada, ya que cae frecuentemente en los desequilibrios ocasionados por la falta de coherencia y de equidad de las opciones fiscales, proteccionistas y de fomento, que los políticos suelen implementar para satisfacer las exigencias de la sociedad, a través de una gestión administrativa que frecuentemente adolece de deficiencias y que carece de eficacia integral. Este tipo de anomalías suele manifestarse de modo dramático cuando se viven situaciones de crisis económica, en cuyo caso no solamente se ven erosionadas las perspectivas materiales y económicas de desarrollo empresarial, sino que a la vez se ven coartados los principios más elementales del "espíritu emprendedor".

No hay que olvidar que el empresario, como individuo promotor y gestor de iniciativas económicas, es quien normalmente genera la mayor competitividad por persona dentro de la sociedad. La fuerza y la estabilidad global de una economía se logran en gran medida y en proporción directa con el número de empresarios o de personas que asumen el autoempleo como vía de trabajo productivo. Esta realidad esencial sólo se puede lograr si el clima para ello es el adecuado, lo cual ocurre solamente como resultado directo de la eliminación de barreras y regulaciones legales de la actividad económica, de la simplificación de la burocracia administrativa, de la racionalización de la presión fiscal, de la incentivación del crédito, y de la flexibilización y estabilización del mercado laboral. En otras palabras, el clima favorable al auge empresarial es producto de la coexistencia de aquellas medidas esenciales que permiten al individuo emprendedor asumir el riesgo que implica toda iniciativa económica.

El actual estado de la evolución de la economía mundial señala una clara e ineludible tendencia a la consolidación de la globalización, hecho indiscutible tanto en relación con los mercados y el comercio internacional como con el movimiento de capitales. Por lo tanto, la macroeconomía clásica, considerada como un factor limitado al territorio nacional, ya no es suficiente como motor de la empresa privada, hecho que está demostrando el fracaso de los acostumbrados esquemas crediticios, fiscales y reguladores. La globalización diluye el efecto y el impacto tanto de los incentivos como de las presiones locales que la regulación estatal pueda generar, y en cambio aparece para las empresas la posibilidad de acceder con mayor facilidad a la financiación internacional, a unos costes que la propia competencia en el mercado de capitales tiende a reducir. No obstante, la velocidad y la volatilidad con que se evidencian los cambios y la evolución en este terreno, conducen al aparecimiento de fenómenos económicos de índole "global" que hubiesen sido considerados imposibles de ocurrir hace tan solo algunos años atrás. La crisis financiera mundial, así como las soluciones de "rescate" económico que han requerido últimamente instituciones bancarias y países de la Comunidad Europea, son claros ejemplos del dramático cambio que está ocurriendo en estas esferas.

El acceso a fuentes de financiación internacional favorece sobre todo a las grandes empresas, pero la tendencia es que cada vez más las pequeñas y medianas compañías puedan acceder a mayores y mejores condiciones de obtención de capital por esta vía. Esta realidad evolutiva se basa además en la globalización paralela de los mercados de consumo, que genera mayor demanda, y que dinamiza la competencia entre empresas de diferentes países, factores todos ellos que obligan a las compañías a ser más competitivas, a producir bienes y servicios de mayor calidad, y a destacar, mediante la iniciativa, la innovación y la creatividad, con ventajas competitivas que las hagan prósperas y estables.

La globalización de la economía desvirtuará gradualmente las estrategias macroeconómicas basadas en los subsidios y en el proteccionismo. Estas medidas han demostrado ser poco eficaces a la hora de generar una economía sana, ya que tienden a favorecer intereses especiales que no siempre son los de la mayoría. Por esta vía se tiende a migrar recursos hacia actividades necesitadas que interesa mantener por razones políticas, en perjuicio directo de los contribuyentes y de las empresas verdaderamente competitivas y de futuro prometedor. El proceso, en todo caso, coarta la innovación y la iniciativa, dificultando y retrasando el cambio hacia estructuras empresariales dinámicas, eficaces y progresistas por pérdida del estímulo a la iniciativa y al empuje empresarial. Paralelamente, es fácil constatar que las medidas de subsidio suelen tener efectos limitados y pasajeros en los sectores a los cuales pretenden socorrer.

La competencia es el auténtico motor de producción de riqueza económica, y funciona como tal si existen las oportunidades y los recursos idóneos, así como la capacidad de trabajo de los individuos. El capital requerido para ello ha de estar oportunamente disponible, y la intervención gubernamental sólo ha de constituir un factor de orientación y de disciplina para las empresas privadas, procurando equilibrar las relaciones entre inversión, consumo y capital, con adecuados mecanismos de control, apoyo y regulación. Los gobiernos pueden dar fuerza a los mercados mediante la equilibrada inversión pública en recursos, pero no deben hacerlo a través de políticas ambiguas de distribución de los frutos de la economía. La igualdad de oportunidades ha de primar sobre la igualdad de participación en los resultados, ya que esta última se ha de ajustar más bien a su coherencia con el nivel de esfuerzo e iniciativa aplicado al proceso productivo, tanto por parte del empresario, como por parte de cada uno de los trabajadores que intervienen en la empresa y se identifican proactivamente con sus objetivos específicos.

Lo importante de cara al futuro de la empresa dentro de un contexto de economía y de sociedad globalizadas será el mantenimiento de una demanda mundial agregada, factor que desde el principio exigirá la convergencia de las políticas económicas internacionales por la vía de la cooperación. Por consiguiente, el apoyo público a la iniciativa empresarial privada deberá ser genérico, y no proclive al favorecimiento tendencioso de determinados sectores, que acaban siendo transformados en auténticos lastres para la economía local. Los gobiernos deben incentivar la iniciativa y la innovación prestando servicios de apoyo a las empresas para permitirles competir con mayor eficacia en los mercados internos y externos, en lugar de proteger artificialmente a la empresa con la oferta más económica, pero de cuestionable calidad. La inversión se ha de efectuar en recursos que mejoren la infraestructura productiva, a la vez que se promueven los adecuados mecanismos de incentivo, la adecuada disciplina fiscal y monetaria, la estrategia global de mercados, y el pacto social con y entre trabajadores y empresas. En síntesis, se trata de instaurar un compromiso estratégico abierto a una dimensión planetaria.

En definitiva, un reto de esta naturaleza implica mejorar el bienestar, los niveles de ingreso, la calidad de vida y los beneficios, para ampliar de este modo las oportunidades de lograr una economía sostenible. La evolución hacia este planteamiento supone afrontar los necesarios cambios en el modo de producir y de funcionar de las empresas, lo cual implica simultáneamente el requisito de asumir modos diferentes de efectuar el trabajo, producto sobre todo de la incorporación de nuevas tecnologías al proceso productivo. La empresa del mundo global ha de ser más flexible y adaptativa frente a las circunstancias y exigencias del mercado, ajustando sus objetivos a una economía de demanda. La producción y los servicios deben hoy en día ser diseñados y desarrollados con criterios más selectivos y menos masivos, instaurando como filosofía empresarial los principios de la innovación, de la calidad total, de la mejora continua y del ajuste a la demanda de los clientes, lo cual permite realzar el protagonismo responsable tanto de los líderes como de los actores directos del proceso productivo.

La empresa se ve cada día más obligada a funcionar de acuerdo con un nuevo orden organizativo, dentro del cual son requisitos fundamentales la mayor participación, involucración y compromiso por parte del trabajador. Dentro de un orden y de lo posible, este último debe poder tener acceso a la propiedad empresarial y a la toma de decisiones, y concretamente, a la participación en los beneficios del negocio. Este nuevo orden organizativo implica también la disminución de las jerarquías y la distribución del poder dentro de la empresa, creando el clima propicio para la plena expansión de las facultades creativas y de los atributos de responsabilidad del individuo. Se entra de este modo en una etapa en que la habilidad y el conocimiento del trabajador constituyen su activo más importante, así como su verdadera fuente de seguridad y estabilidad en el mercado laboral, por lo cual la formación como estrategia permanente representa un campo de inversión aplicable a todos los niveles, implantándose el aprendizaje continuo como fuente imprescindible de información y capacitación de los recursos humanos.

El desempeño exitoso de la empresa privada es esencial para consolidar una economía sana dentro de una dimensión planetaria. Surge dentro de este nuevo enfoque empresarial la necesidad de contar con organizaciones más dinámicas, menos burocráticas, más innovadoras y más competitivas. La evolución hacia este objetivo pasa obligatoriamente por el imperativo de reducir el tamaño de las estructuras empresariales, adquiriendo mayor relevancia la pequeña y mediana empresa. Ya es posible detectar importantes cambios en esta dirección, prueba de lo cual la constituyen el auge del fraccionamiento de las grandes corporaciones tradicionales en todo el mundo, el aumento de la especialización en la mayoría de los sectores empresariales, y el fomento creciente de las alianzas estratégicas y esquemas de colaboración entre empresas complementarias, o entre sus plataformas de incidencia paralela en el mercado. Este tipo de esquema favorece sin duda alguna el florecimiento de numerosas sinergias operativas y la optimización en el uso de los recursos productivos integrales, entre los cuales el ser humano adquiere una importancia cada vez más relevante.

Como es fácil de apreciar, el papel preponderante de la empresa en la economía globalizada es indiscutible, pero no hay de excluir la necesidad de soporte por parte de una macroeconomía sana y estimulante. Por esta razón, la función de los gobiernos ha de ser cada vez más la de proporcionar un adecuado clima sociopolítico de confianza y estímulo a la iniciativa privada, implementando las oportunas políticas fiscales y de regulación, efectuando las inversiones estratégicas en apropiadas infraestructuras, apostando a largo plazo, y orientando todo el conjunto con criterios que fomenten la sana competencia, opción prioritaria e imprescindible para generar tanto las oportunidades como los estímulos para la actividad empresarial.

A menudo se ha podido observar, durante los últimos años, el importante papel que ha ejercido la llamada "economía sumergida" como respuesta a situaciones de crisis económica, de excesiva regulación y de falta de clima apropiado para la actividad empresarial. Es innegable el valor de esta reacción como elemento coyuntural para evitar la inestabilidad social y el estancamiento económico de un país, e inclusive, como factor moderador de las tensiones que generan la falta de expectativas y el desempleo. Pero, si bien es cierto que la economía sumergida es favorable a corto plazo, no constituye en cambio una solución definitiva de cara a lograr una economía integral sana y estable, dado su carácter insolidario, y sus efectos perjudiciales para las actividades de índole normal. Las ventajas inmediatas de la economía sumergida hacen que ésta sea frecuentemente considerada como un mal menor por parte de la sociedad, e incluso por parte de los estamentos políticos, que no la condenan abiertamente, ya que inclusive permite "maquillar" ciertas estadísticas de productividad, empleo y competitividad de un determinado país o sector.

El horizonte empresarial del futuro se ha de articular con enfoques de mercado, de modo que sea la demanda el motor de la economía global, y no la presión de una oferta desajustada a las necesidades y expectativas genuinas de la sociedad. La investigación, al igual que la tecnología que de ella deriva, es una buena herramienta para ayudar a alcanzar los objetivos de una economía globalizada basada en la libre empresa, pero no servirá de nada si su enfoque no apunta al mercado. La tecnología sólo adquiere valor económico en sus manifestaciones comerciales, postulado que reafirma la necesidad de explotar conjuntamente las disciplinas del diseño y de la ingeniería con las de la mercadotecnia si se quiere generar beneficios a través de la consolidación de una economía agregada.

Tanto en lo económico como en lo político y social, el mundo ha cambiado y lo sigue haciendo con gran celeridad, a un ritmo muy superior a lo que ocurrió antes de mediados del siglo pasado. La economía internacional que surge desde ahora, y que se proyecta hacia el futuro, ha de ser competitiva e interdependiente a la vez. Hoy se dispone de indicadores irrefutables que señalan que el camino hacia el nuevo orden es ya una realidad que ha empezado a manifestarse en diferentes escenarios: el ascenso de China como superpotencia financiera y comercial, la relevancia y los cambios subyacentes en el ámbito de la Comunidad Económica Europea, la progresiva e infrenable introducción del capitalismo en las economías del este de Europa y de la ex-Unión Soviética, y el acceso de la mayor parte del mundo a las modernas tecnologías de comunicación, de información y de producción, son algunos ejemplos que confirman la importancia de este fenómeno.

Pero para lograr que la transformación del ámbito económico contemporáneo en un esquema estable y sostenible sea exitosa, la capacidad de evolución de los actuales sistemas sociales y políticos constituye un factor decisivo. Sólo estructuras con auténtica orientación futurista serán capaces de desalojar viejas soluciones y estrategias, tan equivocadas como obsoletas, del contexto globalizado. Empresarios, políticos, ejecutivos y sociedad en general han de asumir con valor y decisión el reto de hacer frente a los hechos, realidades y circunstancias del presente y del futuro para crear un entorno apropiado a un progreso sostenido, aún cuando ello implique cambios radicales en las ideas, en los esquemas y en el modo de pensar de las personas, y la renuncia a derechos que muchas veces puedan haber sido considerados, con actitud conformista, como cómodos, definitivos e inamovibles.

HACIA LA SOCIEDAD DEL CONOCIMIENTO Y DE LA INFORMACION

El período transcurrido entre aproximadamente los años 1750 y 1900 se caracterizó por el auge del capitalismo y de la tecnología, fenómenos que conquistaron el planeta a gran velocidad, y que se difundieron ampliamente por todas las geografías, culturas y clases sociales del mundo, configurando lo que muchos llamaron y reconocen como la "revolución industrial".

Tal revolución tuvo como característica fundamental la de aplicar el conocimiento del hombre al proceso de producción y a las herramientas necesarias para ello, con un sentido que muchas veces pasó por encima de la propia naturaleza humana, y que generó las conocidas tensiones sociales, producto de la alienación de clases, que desembocaron en el florecimiento paralelo de la ideología comunista, la clásica contrapartida utópica al materialismo capitalista. En su esencia más pura, es preciso reconocer que la revolución industrial instauró una auténtica sociedad de clases.

Después de la revolución industrial, y durante un período que abarcó hasta la segunda guerra mundial, el enfoque cambió en cierta medida. Se inició así una etapa a lo largo de la cual se dio mayor importancia a la aplicación del conocimiento al trabajo, sentando las bases para el logro de objetivos de aumento de la productividad. Durante este período, generador de mayores ingresos no sólo para el capital, sino también para la masa trabajadora, adquirió relevancia la clase media, fue perdiendo cada vez más sentido la guerra de clases, y se inició el proceso de derrota de la ideología comunista, que abandonó paulatinamente posiciones en el mundo desarrollado occidental, a pesar de persistir aún hasta hoy, aunque debilitada y aisladamente, en algunos bloques del Este Europeo y Asiático, y en algunos rincones del Tercer Mundo.

A partir de la segunda guerra mundial, la economía se centró en sacar partido del conocimiento para optimizar la gestión de los recursos productivos integrales, incluido el hombre como aportador del recurso "trabajo" y, sobre todo, del factor "conocimiento". Se inició así lo que algunos han denominado "revolución de la gestión", caracterizada precisamente por el desplazamiento del capital como elemento clave del proceso productivo, para ser sustituido en cambio por la aplicación del conocimiento, concentrado en el hombre como depositario de talento y de acopio de experiencias, y de un proceso de aprendizaje y de especialización cada día más evidente y necesario para la racionalización y a la organización de la actividad productiva.

El conocimiento, mediante esta evolución, ha dejado así de ser un bien privado, referido exclusivamente al individuo, para constituirse en un recurso y en un bien público aplicado al hacer empresarial y al logro de una productividad optimizada. Esta modalidad de enfoque económico es la que generó la evolución hacia la era o la sociedad "del conocimiento", proceso que ya se encuentra identificado con las connotaciones del presente, pero cuyas características definitivas se encuentran en estos momentos en plena fase de expansión, siendo aún imposible prever con exactitud la magnitud de su trascendencia.

El acopio de conocimientos empresariales por parte del individuo y de la sociedad se inició ya con la propia revolución industrial. Primero, se trató de convertir experiencia en conocimiento a través del aprendizaje práctico, para luego pasar a definir metodologías de aplicación al proceso productivo y de gestión. La tecnología fue induciendo importantes transformaciones sociales a lo largo de esta evolución, con lo cual, y debido a la rapidez de los cambios científicos y técnicos, aumentaron progresivamente la demanda de capital y las necesidades de concentrar y racionalizar la producción. Nació así la fábrica como centro productor en serie, masivo y altamente especializado, y la artesanía de los años anteriores fue perdiendo importancia como sistema productivo. La modificación de la producción trajo consigo la necesidad de nuevos esquemas de racionalización y de organización, todo lo cual debió afrontarse a una velocidad similar a la de asimilación de los cambios provocados por la revolución industrial y la revolución capitalista, a través de un proceso muchas veces traumático que, como nadie puede negar, no estuvo desprovisto ni de tensiones ni de conflictos sociales.

No obstante, se ha llegado al momento en que la mayor productividad, en mayor o menor medida, beneficia sin lugar a dudas al propio trabajador. La incipiente pero progresiva alineación de objetivos e intereses que se hace evidente entre la dirección de la empresa y sus colaboradores, plasmada muchas veces desde las plataformas de negociación de los llamados "agentes sociales", ha permitido apuntar hacia la defensa de intereses comunes, sobre la base de una armonía de objetivos basada en la aplicación del conocimiento al trabajo y a la gestión. De hecho, este modelo fue el adoptado por Japón después de la segunda guerra mundial, y su adopción paralela o posterior por naciones como Estados Unidos, Taiwan, Corea del Sur, Hong-Kong y Singapur explica en gran medida el auge de sus economías a partir del final de dicha confrontación bélica.

Este singular auge económico se basó principalmente en los rápidos aumentos de productividad generados por una mano de obra barata, por un adecuado proceso de capacitación, adiestramiento y aprendizaje, y por una rigurosa y autoritaria modalidad de gestión empresarial, a veces suavizada con indicios de consenso. La aplicación del conocimiento al trabajo permitió en todos estos casos lograr con rapidez unas economías fuertes y desarrolladas, lo cual vino acompañado simultáneamente por el inicio del cambio del concepto de autoridad basada en la propiedad, por el de autoridad fundamentada en el conocimiento y en la preparación de las personas.

Se ha de asumir que en la era basada en el conocimiento, este último constituye el recurso productivo y personal esencial para la economía y para la sociedad. A nivel de empresa, los recursos productivos clásicos, como el capital y los demás elementos físicos y naturales, pasan a segundo plano, y deben en todo caso ser considerados, si cabe, como posibles elementos restrictivos, puestos al servicio del conocimiento para obtener resultados sociales y económicos. Precisamente, en este escenario las técnicas de gestión deben canalizarse de modo que se aplique el conocimiento para lograr una mejor utilización del mismo y del resto de los factores productivos, considerados integradamente. Del adecuado aprovechamiento de este singular bagaje se ha de extraer un rendimiento óptimo, expresado en función de resultados económicos, eficacia integral y mejoramiento social. Las estrategias, por lo tanto, han de apuntar hacia la innovación sistemática, consolidando de este modo una auténtica revolución paralela de la "gestión", y proyectándola a futuro como base de la era del conocimiento y de la información, dentro de la cual la prestación de servicios constituye la actividad más relevante.

La apropiada gestión, o administración como la llaman algunos eruditos, es un requisito no sólo para las empresas y para los negocios, sino también para la totalidad de los sectores sociales y gubernamentales. Cualquier organización debe utilizar la buena gestión como órgano genérico de la sociedad del conocimiento. Este concepto de gestión no se basa, como antaño, en la jerarquía, el poder o la propiedad, sino en la responsabilidad sobre los recursos humanos y sobre el rendimiento y la aplicación del conocimiento al aprovechamiento del resto de los recursos, incluido el capital. Este planteamiento es el que verdaderamente permite impartir al mundo del futuro la apropiada dinámica social, política y económica que se requiere para consolidar una auténtica sociedad del conocimiento.

La aceptación de esta tendencia obliga a pensar que el conocimiento no deberá considerarse nunca más como algo general, sino en cambio como un factor que se hará cada vez más especializado. Su valor se pondrá sistemáticamente de manifiesto a través de la acción enfocada a resultados por la aplicación coherente, metódica e inteligente del mismo. La propia globalización de los esquemas socioeconómicos obliga a ello, puesto que dicha realidad implica compartir conocimientos altamente especializados dentro de un contexto de trabajo en equipo, interconectado y descentralizado a la vez, en el cual las tecnologías de la información adquieren especial relevancia como instrumento de soporte operativo. Sin duda, merecerá la pena insistir reiteradamente sobre la importancia de este último aspecto, fundamental como componente de los esquemas operativos del presente milenio. El conocimiento es un activo social y económico que se ha de institucionalizar, difundir e implantar como recurso básico en la sociedad con la cual el mundo actual se identifica. Como tal, ha de ser asumido por la empresa, por la sociedad y por el estado.

Es imposible actualmente definir la configuración y las características finales y definitivas que tendrá la sociedad basada en el conocimiento y en la economía terciaria, pero sí es factible anticipar los cambios de forma y contenido que inducirá el conocimiento aplicado. En igual sentido, es fácil comprender el indiscutible valor del conocimiento y su significado como elemento modulador de los esquemas económicos, sociales y políticos, incluidos los principios de orden ético que han de acompañarlo. Como en toda evolución, sólo es posible anticipar los factores esenciales y esquemáticos de un nuevo orden de cosas. El resultado final, sobre todo si se trata de procesos dinámicos afectados por un entorno complejo y por su propia retroalimentación y ajuste, depende del ritmo de adaptación cultural a los nuevos valores, y de la voluntad de los actores para asumir los cambios con oportunidad, responsabilidad y sentido de perspectiva.

El advenimiento y consolidación de la era del conocimiento y de la información plantea al individuo la necesidad de adoptar no sólo nuevos valores, sino también nuevas visiones, creencias y estilos de comportamiento. El individuo que desee subsistir y prosperar en este entorno con buenas perspectivas de desarrollo de sus facultades socioeconómicas y con vocación empresarial innovadora, deberá estar preparado para vivir en un mundo global, con mentalidad de "ciudadano del mundo", dispuesto a defender y destacar su singularidad dentro de un contexto de amplia diversidad. Deberá estar dispuesto a proteger y enriquecer su cultura y su tradición local, y a defender sus raíces autóctonas, al mismo tiempo que forma parte comprometida de un grupo pluralista y de un equipo responsable, cada vez más intercomunicado con sus miembros, debiendo desempeñar su labor de acuerdo con su especialización concreta, pero en estrecha sintonía con los objetivos de dicho grupo.

El individuo de la sociedad del conocimiento forma parte de una organización estructurada, de características marcadamente "virtuales", dentro de la cual prima el equilibrio entre sus miembros, y en cuyo seno prevalece el liderazgo de la capacidad y de la habilidad, y no el de la autoridad jerárquica ni el de la propiedad. El poder, y también la propiedad, tienden en este caso a estar distribuidos dentro de la organización, destacando la complementariedad entre los actores de este escenario socioeconómico, así como su versatilidad y adaptabilidad, lo cual exige igualmente a cada uno de ellos una importante dosis de esfuerzo y de predisposición a la evolución y al cambio.

Cuando las manifestaciones de la economía y de la sociedad adquieren dimensión planetaria, sus integrantes han de adquirir y poner en juego mentalidades y actitudes pluridisciplinares en relación con el conocimiento, poniendo de relieve esquemas culturales generalistas, a pesar del necesario grado de especialización que cada especialidad laboral en particular pueda requerir. La dinámica actual del mercado laboral y empresarial está por lo tanto marcada por el requisito ineludible de que cada integrante de la comunidad de a conocer y comparta sus conocimientos específicos, y de que la gestión adecuada del talento humano y de los recursos disponibles permita la organización de dichos conocimientos con fines productivos, tanto desde el punto de vista social como económico.

Obviamente, las repercusiones de este esquema en el plano político son también fáciles de deducir, y es a este nivel donde adquieren mayor relevancia y significado como consecuencia de la racionalización casi automática de los elementos que orientan y controlan el proceso de evolución y consolidación global. Sin lugar a dudas, alcanzar el clímax de la sociedad del conocimiento llevará tiempo, no será tarea fácil, e inclusive podrá parecer una aventura utópica. Pero si la sociedad y la economía se articulan de modo armonizado de acuerdo con un mandato que priorice el conocimiento y la información, la política consecuente llegará por añadidura de modo prácticamente espontáneo y natural. Será por esta vía que será posible erradicar y superar los elementos tradicionales de conflicto mediante el predominio de la razón, de la lógica y del interés común sobre el partidismo y la distorsión de valores.

Es evidente que la economía mundial evoluciona hacia la consolidación de una era en la que predominan las actividades de servicios basadas en el conocimiento y en demandas de tipo más cualitativo por parte del mercado. Ya no se trata prioritariamente de que las empresas produzcan bienes materiales mediante métodos físicos, tecnológicos o mecánicos, sino más bien de que aporten a la comunidad una serie de soportes de naturaleza intangible basados en la aplicación de la experiencia transformada en conocimiento. En las naciones de economía desarrollada, este hecho constituye el mayor reto, no sólo desde el punto de vista de la productividad empresarial, sino también para los líderes y actores que participan en la "producción" de los servicios que el nuevo esquema demanda. Dentro de este esquema, el objetivo es dar especial importancia a factores como la preparación, la experiencia, la habilidad y la aptitud del trabajador, para conferir al sistema el necesario grado de eficiencia en la utilización de recursos, y de eficacia en el logro de resultados. Por otro lado, para los países en etapa de transición, el advenimiento de la sociedad del conocimiento constituye a la vez un verdadero desafío y una oportunidad sin precedentes.

Durante los últimos cien años, las mejoras de la productividad de los sistemas clásicos de producción industrial permitieron la expansión general de la economía de los países más avanzados, y están favoreciendo por la misma vía el progreso paulatino de las naciones en desarrollo. Resultado indiscutible de todo ello ha sido, y continúa siendo, el logro de mayores ingresos, de más poder adquisitivo, de mayor disponibilidad de tiempo para el ocio, la reducción de la jornada laboral, el mejoramiento de los niveles de educación y salud y, en general, el notable aumento del grado de riqueza y de lo que a veces se suele llamar el "estado de bienestar" de la sociedad. El hecho de que este fenómeno no esté aún extendido de modo homogéneo por toda la geografía del planeta, y de que sus beneficios no alcancen aún por igual a toda la sociedad, no excluye su carácter real e imparable. El ritmo y magnitud de los cambios logrados hasta ahora no tienen precedentes, como tampoco lo tiene la constatación de las diferencias y desequilibrios que se han generado como consecuencia de este proceso entre los países pobres y las naciones ricas, y entre los diferentes estratos sociales de la comunidad de un mismo país, producto todo ello del desfase cronológico y coyuntural con que se han manifestado sus efectos en los distintos rincones del planeta.

Los incrementos aceptables de la productividad "clásica" se mantienen en los países desarrollados, y permiten a la vez deducir que el desarrollo definitivo de las naciones en transición o del tercer mundo es posible si se acelera y gestiona oportuna y debidamente el proceso productivo basado en la tecnología. No obstante, si bien en los países pobres esta alternativa constituye una opción futurista, a menudo supeditada a dar previamente solución a necesidades elementales de subsistencia, en las naciones más ricas, salvo en sectores muy concretos, el incremento de productividad tradicional ha dejado de ser una revolución y una solución de cara a los retos que plantea el futuro. De hecho, se constata en las naciones menos desarrolladas la tendencia a la proporcional y gradual discriminación de las actividades dedicadas directamente a producir bienes de consumo básico, pero a pesar de que el sector terciario aumenta en ellas, aún no lo hace de modo paralelo el nivel de productividad de las actividades basadas en el conocimiento y en la prestación de servicios de los países avanzados, entre otras razones debido a que es difícil medir objetivamente algo que en principio no se percibe directamente, dada su naturaleza intangible, y que muchas veces se considera de ocurrencia normal y obligada en una sociedad avanzada y opulenta.

En una economía basada en los servicios y en la aplicación del conocimiento, no es recomendable sustituir el capital por mano de obra para lograr por este conducto cambios en la productividad por aumento de la producción física. Tampoco las nuevas tecnologías generan mayor productividad de modo espontáneo y automático. La mayor productividad depende siempre de lo que las personas hagan con una buena combinación de capital y tecnología, para lo cual hay de poner en práctica sus habilidades y aptitudes, con objetivos claros y adecuadamente definidos. Se creyó durante algunos años que con la adopción de nuevas tecnologías, en diferentes sectores, incluido el de servicios, disminuirían las necesidades de personal. No obstante, ha ocurrido todo lo contrario, ya que la proyección de las nuevas opciones ha generado más campos de aplicación y diversificación que los originalmente sospechados, como es el caso, por ejemplo, de la informática. El trabajo "inteligente" ha permitido en numerosas ocasiones el aumento de la productividad de las actividades tradicionales potenciando los efectos de la tecnología. Esta alternativa es la clave para obtener el mismo resultado en la era del conocimiento y de la información.

La valoración de la productividad de las actividades basadas en el conocimiento exige efectuar el análisis detallado de las tareas, funciones y objetivos del producto "servicio", lo cual ha de pasar por la redefinición de la organización del trabajo, por la racionalización y por la eliminación de las actividades superfluas. En otras palabras, como el proceso exige rigor y requiere de tiempo, dado su carácter de proyección dinámica a largo plazo, se impone definitivamente como herramienta empresarial de gestión del cambio, la adopción de la planificación estratégica. Es preciso tener en cuenta que este esquema organizativo requiere, entre otras, la necesidad de contar con individuos dispuestos a asumir múltiples funciones a la vez, a parte de la que tengan asignada como prioritaria, y a trabajar en equipo, interconectados unos con otros en red, aplicando un alto grado de comunicación, coordinación y responsabilidad. En otros apartados de este ensayo se alude con más detalle a nuevos esquemas organizativos, pero a estas alturas es conveniente destacar que la productividad en una economía de servicios basada en el conocimiento se verá considerablemente reducida si se la limita al objetivo de la tarea central del individuo, pero será en cambio enriquecida al atender este último funciones paralelas y marginales a dicha tarea central, integrándose a nivel de equipo el grado de productividad global esperado, que es el que verdaderamente interesa desde el punto de vista no sólo económico, sino también social.

Una conclusión clara derivada de todo lo anterior es la de que en una economía basada en el conocimiento se requiere centrar a las personas en su especialización, de acuerdo con su habilidad, preparación y experiencia, promoviendo la coordinación entre especialistas. No procede ya valorar el trabajo en sí, sino la función del "desempeño", expresado en términos de calidad, satisfacción del cliente, rendimiento y eficacia global. Estos conceptos son generalmente subjetivos, ambiguos y, por lo tanto, difíciles de cuantificar, lo cual hace difícil la valoración no sólo del citado desempeño, sino también de la productividad en sí, entendida como término de expresión cuantitativa. No obstante, proceder a este tipo de valoración constituye un requisito básico para dar sentido y poder controlar la evolución de este inevitable contexto económico.

El cambio definitivo hacia la economía y hacia la era de la información basada en la inteligencia y en el conocimiento será inevitablemente gradual, a veces lento, pero esencialmente dinámico, evolutivo y permanente. El proceso habrá de gestionarse y planificarse sobre todo a nivel de la empresa, que es donde en definitiva se plasma y toma forma. Como tal, se habrá de controlar y de revisar de acuerdo a su evolución y a las circunstancias internas y externas que puedan de uno u otro modo condicionarlo, adaptándolo si es preciso, y provocando los incrementos de productividad global requeridos o esperados mediante la asignación de responsabilidades a equipos de trabajo participativos y proactivos, ajustados a esquemas organizativos innovadores, que promuevan las oportunas actitudes y el necesario entusiasmo y estímulo en los individuos.

Para conseguir este objetivo, los nuevos esquemas organizativos han de contemplar adecuados mecanismos de formación que potencien el conocimiento de los trabajadores en relación a su función específica y a su trabajo, así como a su papel dentro del proceso, y a sus relaciones con el resto del equipo. El logro de la adecuada productividad de los servicios requiere mayores niveles de aprendizaje permanente, tanto técnico como organizativo, que los acostumbrados en el ámbito de la producción física tradicional de bienes de consumo, si bien las experiencias de aumentos de productividad logradas a lo largo de la historia de esta última se podrán también aplicar a la economía del conocimiento, siempre y cuando se efectúen las adaptaciones y las correcciones pertinentes, y se asuman las diferencias conceptuales y de valoración existentes entre ambos planteamientos. No se debe dejar de reconocer que, pese a que la tendencia de la economía que avanza y progresa apunta indudablemente, como reiteradamente se ha observado, a la era de los servicios, la persistencia en mayor o menor grado de la economía productiva clásica continuará también siendo una realidad. El cambio de valores de la sociedad, así como su nivel puntual de evolución y manifestación local, marcarán el grado de protagonismo de una u otra opción, así como su esquema de convivencia y complementariedad, factores que también se habrán de tener en cuenta a la hora de expresar coherentemente en términos macroeconómicos la integración de los planteamientos empresariales y comerciales de las diferentes naciones o regiones del planeta.

De cara a la consolidación de la sociedad del conocimiento y de la economía de servicios, la colectividad en su totalidad, sea cual fuere su función y su posición dentro del esquema social, debe estar predispuesta a adoptar compromisos y a asumir los necesarios cambios que supone el advenimiento del nuevo orden. La trascendencia del tema obliga desde ya a una seria reflexión sobre sus implicaciones, pero se puede también anticipar, sin temor a caer en los peligros de la elucubración especulativa, que cualquier esfuerzo realizado para adelantarse a las circunstancias merece siempre la pena, y se ve sin duda recompensado con los beneficios que traen consigo las actitudes previsoras.

EL ADVENIMIENTO DE LA ECONOMIA DE SERVICIOS

La humanidad está viviendo un cambio sin precedentes relacionado con la transformación de la sociedad contemporánea en una sociedad basada en la prestación y el consumo de servicios, por algunos llamada también la sociedad del conocimiento, de las comunicaciones o de la información. De todos modos, y sea cual fuere la denominación que se quiera dar a este nuevo esquema de organización colectiva, la economía subyacente estará definitivamente marcada por pautas radicalmente diferentes de las que el hombre ha conocido y experimentado hasta la fecha.

Tal vez el cambio en curso sea tan trascendente como lo fueron en su día el auge de la economía agrícola y la revolución industrial. Ello augura un nuevo brote de prosperidad para el ser humano, pero hay que tener en cuenta que, siempre que se produce un proceso de transformación rápido y drástico, se tiene la confusa e incierta sensación inicial de que las cosas tenderán a empeorar, ya que las relaciones, pautas y posiciones dictadas por el orden establecido son radicalmente perturbadas y cambiadas. En cuanto el orden vigente tiende a disolverse por las presiones de la innovación, de la competencia y de otros múltiples factores asociados, el futuro ya no se percibe como algo sujeto a un orden establecido de antemano, y cunde el desconcierto y la angustiosa sensación de confusión y ansiedad en la colectividad. El cambio de valores conducente a la era del conocimiento y de la información es la base conceptual del advenimiento de la economía de los servicios.

Las personas dotadas de visión y de energía son las que están destinadas a dar forma al nuevo orden, al articular inteligentemente los recursos tecnológicos y humanos en nuevas y más productivas pautas de acción social, económica y política. Pese a ello, persistirá irremediablemente durante cierto tiempo la sensación que suele tener el ciudadano común al vivir este tipo de experiencia, y que se manifiesta como un estado de incertidumbre y desconcierto frente a lo desconocido, frente a la pérdida de familiaridad con lo que no sea lo acostumbrado y asequible, y frente a todo aquello con lo cual no está preparado para convivir.

Es posible observar con frecuencia que el aumento de la productividad es percibido a menudo como un sub-producto del agotamiento de los recursos del mundo, y no como una oportunidad y una alternativa para su renovación. A pesar de esta manifestación de catastrofismo que impera en algunos individuos marcados por el modelo heredado de la era industrial y post industrial, la pujanza de las cifras de crecimiento en las tres cuartas partes de la economía mundial, causa también de preocupación durante muchos años para gobernantes y ciudadanos, demuestra que no es tan importante la naturaleza intrínseca del nuevo orden económico, como sus interesantes perspectivas a largo plazo. Justifica esta afirmación el hecho de que los indicios relativos a las características que tendrá una consolidada sociedad de la información y de los servicios, señalan que el nuevo orden será en todo caso más armonizado con las necesidades e inquietudes genuinas y humanas de una sociedad también más culta y preparada. Sin embargo, la adaptación al cambio suele ser el aspecto más difícil de superar, sobre todo por la propensión que frecuentemente tienen los individuos a rechazar lo nuevo en sustitución de la cómoda opción representada por los derechos adquiridos a lo largo del tiempo.

Durante los últimos años, el sector de los servicios evoluciona como un factor predominante de la economía mundial, tendencia que lleva inexorablemente a la humanidad hacia una nueva proyección conceptual de las cosas, tanto si el planteamiento se efectúa desde el punto de vista social como económico. Desde las actividades no tradicionales enfocadas al consumo, como el turismo, la venta al detalle y el transporte, hasta las transacciones de repercusión a gran escala, como la banca, la publicidad, las telecomunicaciones y la informática, las firmas de servicios emplean gran parte de la población activa de las economías desarrolladas modernas, mientras que la importancia de las manufacturas fabriles clásicas ha descendido en las mismas a tan sólo la mitad de dicha magnitud, hablando en términos de rendimiento global.

El trabajo de tipo intelectual genera actualmente mayor proporción del PIB que la industria clásica en las naciones más avanzadas. Resulta claro, por lo tanto, que la eficacia de este nuevo motor de la economía se ha vuelto de vital importancia para la economía contemporánea, tendencia cuyas perspectivas perfilará y condicionará sin lugar a dudas el panorama empresarial y social de los años venideros.

Sin embargo, está claro que no resulta fácil evaluar la productividad de los servicios. Parte importante del incremento del rendimiento en este sector no se refleja aún de modo significativo en el sistema de precios al consumidor, ni como beneficio para el empresario, sino bajo la forma de aportaciones cualitativas, tales como mayor comodidad y mayor variedad de aspectos favorables al cliente consumidor. Pero se puede sin embargo afirmar que estos incrementos de productividad "cualitativa" se generan a un ritmo más acelerado a medida que las nuevas tecnologías y las personas son asignadas racionalmente a tareas mejor adaptadas al incremento de la productividad.

El aspecto más crucial para el crecimiento de la productividad de la empresa de servicios no consiste en reducir los recursos humanos supuestamente desplazados por la tecnología o por la aplicación del conocimiento, sino en organizarlos y gestionarlos en la forma más apropiada, lo cual hasta cierto punto explica la actual proliferación de compañías especializadas y consultoras cuyo cometido se enfoca prioritariamente al mejoramiento y a la optimización de los procesos operativos, organizativos y de gestión existentes en las estructuras empresariales. Este fenómeno es en cierta medida un claro indicador de que existe una inquietud en los medios empresariales por tomar la delantera y preparar la asimilación sin traumas del cambio necesario para hacer frente con éxito a los retos del futuro prácticamente inmediato.

La clave del crecimiento de la economía post-industrial consiste precisamente en reconciliar y reordenar la tecnología y el trabajo de acuerdo a pautas novedosas y productivas. Nuevamente es preciso hacer hincapié en las dificultades que supone la medición de la producción terciaria, y para percibir este hecho basta con tratar de intuir cómo se podría valorar la aportación a la economía y a la sociedad de instituciones de servicios como universidades, despachos de abogados, empresas consultoras, o la implementación de proyectos informáticos. En todos estos casos, el análisis de las respectivas cuentas de explotación de acuerdo a los parámetros tradicionales de la empresa fabril o mercantil no es válido, ya que no incluye la proyección social del valor añadido generado, el cual muchas veces sólo continúa favoreciendo el fin lucrativo y especulativo de la propiedad, o enmascarando el déficit institucional producto de la mala gestión. De todos modos, es indiscutible que los resultados de estas actividades, de un modo u otro, tarde o temprano, son también repercutidos e incorporados a la economía y a la sociedad civil bajo la forma de incremento del nivel de calidad de vida y bienestar.

Además de los indicadores económicos convencionales, entre ellos los precios, los servicios se ven marcados por connotaciones intangibles, básicamente asociadas al concepto de valor añadido, y que se deberían estudiar y valorar con mayor relevancia. Además, los avances tecnológicos decisivos que dan soporte a la era del conocimiento no generan resultados inmediatos, sino al cabo de un complejo y lento proceso de implantación, evolución y madurez. Frecuentemente disminuye inclusive al principio la eficacia de los nuevos servicios, como ocurre en el caso de los sistemas de información, por la convivencia temporal de los métodos tradicionales y de las nuevas tecnologías. De este modo, se produce una fragmentación estructural inicial antes de alcanzar la plena integración del nuevo dictamen operativo. También a veces ocurre que una falta de estrategia y de objetivos claros, así como la deficiente especificación de las necesidades de la demanda, retrasa el logro del pleno rendimiento del nuevo servicio o del nuevo esquema de trabajo empresarial basado en el conocimiento.

Una manera eficaz de gestionar y controlar la productividad de las empresas de servicios es la implantación de programas idóneos de calidad total y mejora continua, técnicas empresariales que últimamente han ido adquiriendo creciente auge. Su extensión a las relaciones de la empresa con sus proveedores y clientes es también un buen camino para aumentar la eficacia global y mejorar la agilidad operativa y los tiempos de respuesta a los cambios y requisitos del mercado, todo lo cual se ve significativamente favorecido por los nuevos esquemas empresariales de funcionamiento interconectado, y por las tecnologías de información y comunicación, cuya evolución es dinámica y permanente.

El sector servicios exige cada vez más la dotación y presencia de trabajadores muy especializados, factor clave, aunque también, a menudo, limitante del mismo. Ello apunta al surgimiento de un fenómeno paralelo que pone de relieve una de las características más relevantes de la economía del presente y del futuro, cual es la creciente difusión a nivel empresarial de las iniciativas de sub-contratación, y de los esquemas de alianzas estratégicas entre empresas, incluso entre compañías que compiten entre ellas en un mismo mercado o sector. Esta alternativa representa la auténtica culminación del esquema empresarial integrado y de trabajo colaborativo que seguramente prevalecerá con el advenimiento definitivo de la era del conocimiento y de la información.

La sub-contratación, producto de la creciente especialización, se proyecta principalmente como la utilización de servicios externos (consultoría, distribución, suministros, asesoramiento y otros), de los cuales la empresa contratante debe aprovechar las ventajas específicas que esta iniciativa puede generar: mayor valor añadido, mejor ajuste a las necesidades específicas que la empresa contratada desea resolver, menor coste relativo de los recursos, mayor calidad y eficacia de las soluciones comparadas con aquellas que permiten los medios propios, mayor efecto revulsivo por la imparcialidad, credibilidad y autoridad del agente externo, y mejores posibilidades de controlar los procesos, tanto desde el punto de vista económico como operativo. Dentro del esquema de un organigrama más horizontal y participativo, los servicios externos tienen mayor posibilidad de ser eficaces, útiles y exitosos, ya que la generación de sinergias es más viable dentro de un clima de colaboración y trabajo en equipo, lo cual paralelamente se ve reforzado por la creación de un auténtico ambiente de autocontrol y responsabilidad compartida. Simultáneamente, la empresa que subcontrata puede de este modo centrar sus medios y recursos en su propio cometido como tal, optimizando su productividad y su competitividad. De todos modos, la subcontratación, como cualquier otro recurso empresarial productivo u organizativo, ha de ser gestionado y controlado con el debido rigor y criterio, evitando caer en las tentaciones del simplismo y de la falta de perspectiva estratégica.

El sector terciario es directamente susceptible a los inconvenientes de los ciclos depresivos de la economía y a las crisis, dadas sus características de elemento en cierto grado prescindible para la sociedad y para la empresa, a cuyo nivel se tiende a marginar los servicios bajo condiciones adversas, anteponiendo a ellos las necesidades previas de satisfacer prioridades y urgencias más esenciales e inmediatas. Pero si bien es cierto que ésta es una realidad que es preciso asumir, lo más probable es que la tendencia se invierta radicalmente a medida que se consolida y estabilizada la era de la economía de los servicios, dentro de cuyo contexto son precisamente estos últimos los "bienes" de los cuales la sociedad no estará dispuesta a prescindir. Una vez cubiertas las necesidades vitales del hombre con las aportaciones estabilizadas de la economía productiva tradicional, la demanda de soluciones y prestaciones cualitativas, intangibles y de alto valor añadido e inmaterial, será la que configurará el estilo de comportamiento de los consumidores, a nivel de los cuales la satisfacción de expectativas será cubierta en función de la disponibilidad asegurada de prestaciones y soluciones cada vez más alejadas de los conocidos artículos de consumo generados por la industria clásica.

Es un hecho constatado el de que, cuando se viven etapas de recesión, se produce una pérdida de empleos superfluos en las actividades manufactureras, y que de lo primero que se prescinde es precisamente de los servicios que no sean imprescindibles o vitales para la empresa o para el consumidor. Esta es una realidad controvertida y discutida, pero no por ello menos palpable, y suele manifestarse en la sociedad de modo cíclico. En la práctica, los servicios deberían generar los empleos que se pierden como consecuencia de la evolución decreciente y de la reducción de la importancia relativa de la industria tradicional, pero aún no ocurre así en términos generales. El proceso evolutivo de la economía a largo plazo deberá sin duda facilitar este tipo de ajuste.

En realidad, ningún área de la economía ha de beneficiarse de una consideración privilegiada sobre las demás, y se debe en cambio hablar preferentemente de una sana complementariedad entre sectores, ajustada a la dinámica evolutiva global. Todo lo que se precisa es capacidad para generar la riqueza suficiente para que la sociedad civil pueda disfrutar de un nivel de vida digno, y no hay razón para pensar que la economía de los servicios logre impedir que así sea. De todos modos, ninguna economía puede prescindir del todo de los bienes y productos de consumo manufacturados. El mundo empresarial debe conservar ciertas dosis de pericia y de eficacia en este sector, ya que la sociedad no sólo necesita de los servicios, sino también de "objetos" para satisfacer sus necesidades colectivas vitales. De hecho, existen importantes nexos entre numerosos procesos productivos y servicios, como, por ejemplo, entre la ingeniería y los métodos de fabricación industrial, a cuyo servicio están tanto los ingenieros como los trabajadores especializados y los operarios de planta. También es evidente que la mayoría de productos y bienes de consumo material actualmente ofertados en el mercado llevan incorporada una proporción importante de servicios a su valor como tales, como consecuencia de sus respectivos procesos de diseño, fabricación y comercialización.

Medir la productividad de las empresas de servicios es algo sumamente dificultoso y eminentemente relativo, dada su intangibilidad y su escasa relación con los niveles de precios y con la percepción que el usuario tiene del valor añadido implícito en el servicio adquirido. En realidad, un servicio de calidad debe consistir en satisfacer de modo especializado y estable la necesidad concreta de un determinado segmento del mercado, con clara orientación a la demanda. La base de percepción del valor de un servicio radica en su calidad y en su utilidad práctica, y no se trata de ofrecer algo que el cliente no desea o no tiene capacidad de pagar.

A medida que se evoluciona inexorablemente hacia la consolidación de una economía de servicios, cabe cuestionarse si será posible generar en el futuro la riqueza necesaria para mantener la prosperidad de la humanidad. Durante el pasado relativamente reciente, una pujante economía basada en la industrialización llevó a muchas naciones a alcanzar altos niveles de éxito económico y de bienestar social, pero en la época actual y en la que se avecina hay pocos indicios de que este esquema se vaya a poder mantener como opción factible de inducir progresos importantes en el mismo sentido. La excepción la constituyen las naciones en proceso de evolución y transición, cuyo desarrollo integral está aún muy distante de los niveles económicos y beneficios sociales posibles de alcanzar, dando así cabida a oportunidades más concretas de avance en éste ámbito. A este fenómeno se suman además los ajustes derivados del fenómeno de la "deslocalización", opción que permite a las empresas de diferente ubicación y naturaleza defenderse de entornos poco favorables a su desarrollo local, buscando en cambio en otras áreas geográficas aquellas condiciones que les permitan obtener mejores resultados en materia de productividad, competitividad y rentabilidad.

El PIB de los países industrializados, generado fundamentalmente por la industria manufacturera, ha caído sustancialmente, en términos relativos y generales, desde la década de los años 70. La capacidad de crecimiento llega a sus límites a medida que las necesidades del mercado y de la sociedad se ven satisfechas, y que la saturación provocada por la competencia limita material y físicamente las posibilidades de expansión en tal sentido. Dicho de otro modo, la base fabril de las economías modernas pierde importancia dentro de la economía planetaria, y, dentro de este nuevo orden, el clásico trabajador de la fábrica de producción masiva y en serie es una auténtica "especie en vías de extinción".

Con la observación de este cambio casi universal, que se aleja de la producción de bienes exclusivamente materiales, es fácil deducir que las industrias manufactureras ya no son necesarias en proporción preponderante en las economías maduras. Se está produciendo una transformación de base en la índole de esas economías desarrolladas, y por lo tanto, no se puede hacer prácticamente nada para evitar la desaparición de empleos tradicionales en el sector industrial, lo cual además se ve acentuado por la creciente automatización y racionalización de los procesos productivos. Es imposible revertir esta tendencia, por más estímulos macroeconómicos que sean aplicados a los sectores tradicionales, tales como las subvenciones y las barreras comerciales y proteccionistas, o la eliminación de estas últimas. Cualquier intento de paliar los efectos coyunturales del proceso de cambio mediante la aplicación de medidas más de tipo político que estratégico, tiene solamente efectos a corto plazo, y si no se toman decisiones drásticas para gestionar apropiadamente dicho cambio, las soluciones parciales corren el riesgo de provocar problemas aún más difíciles de resolver. Buscar el alivio inmediato de la situación sin tomar consciencia de que se está jugando con un tema de trascendencia a largo plazo, constituye una medida temeraria que puede incluso hacer peligrar la posibilidad de asumir con seguridad los retos de la economía globalizada y de la era del conocimiento.

Paralelamente, adquiere relevancia en estos momentos el hecho de que las clásicas tácticas de gestión empresarial basadas en previsiones a corto, medio o largo plazo, deben ser sustituidas por estrategias de sostenibilidad, inteligentemente adaptadas a la volatilidad de los mercados, y a la dramática evolución evidente en las diferentes ramas de la tecnología.

Las empresas de servicios se insinúan como plataformas válidas para la absorción de la fuerza laboral desplazada de la industria tradicional, y es fácil prever el auge que esta alternativa tiene en el futuro inmediato. La inmensa mayoría de los trabajadores de los países altamente industrializados se gana actualmente la vida prestando algún tipo de servicio, situación cuya tendencia al incremento es indiscutible, sobre todo a medida que las diferentes naciones en transición alcanzan niveles de desarrollo alto y estable, y que los países industrializados avanzan en su proceso de progreso y de cambio hacia la era del conocimiento aplicado a actividades no fabriles. La gama de posibilidades que ofrece el sector servicios es de magnitud inimaginable, abarcando desde la simple jardinería doméstica hasta la compleja ingeniería informática y la asesoría de todo tipo. En síntesis, se puede afirmar que los productos de consumo del futuro serán de tipo inmaterial, pero no por ello perderán su condición de respuesta a una demanda social concreta.

En épocas que se avecinan, hay pocos indicios de que los esquemas empresariales clásicos se vayan a mantener como opción factible de inducir avances importantes en el mismo sentido. La excepción posiblemente la constituyen las naciones en proceso de evolución y transición, cuyo desarrollo integral está aún muy distante de los niveles factibles de conseguir, dando así cabida a oportunidades más concretas de avance en éste ámbito.

Se suele pensar hoy en día que los servicios son un factor "accesorio" de lo que en verdad es considerado importante como motor de la economía, o sea, la producción manufacturera. Si desaparecen las chimeneas en una determinada región, piensan algunos, pronto habrá poco trabajo para las actividades de servicios complementarios que prosperan alrededor de las fábricas, llevando teóricamente a una oferta decreciente de empleos tanto directo como indirecto. El resultado inevitable de un escenario de esta naturaleza es el descenso de los salarios y del nivel de vida, pero, sin embargo, la historia ha demostrado y confirma que esto no es así. De hecho, si se retrocede aún más en la historia del mundo económico, se observa que la transición de la economía agrícola a la era industrial no solamente no produjo una reducción del empleo, sino que, al contrario, lo aumentó, y al supuesto de que la reducción de trabajadores agrícolas haría disminuir paralelamente la producción de alimentos, se contrapuso el considerable aumento de la producción derivado de la mayor tecnificación y mecanización del campo, y por lo tanto, del incremento de la eficiencia y de la eficacia productiva.

En el área de la industria, la evolución lógica del proceso explica sólo parte del cambio, puesto que también influye y continuará influyendo en ello la transferencia de empleo a otros países, que se produce como consecuencia de la adaptación y búsqueda por parte de las empresas de las mejores condiciones en cuanto a costes, productividad y profesionalidad. Ya se hizo alusión a este fenómeno, coloquialmente denominado "deslocalización", en pleno apogeo cuando ocurren las crisis económicas que afectan cíclicamente a diferentes países o regiones del planeta. El descenso de la competitividad en el sector manufacturero también explica en parte el fenómeno. En todo caso, el hecho categórico es que se está desarrollando un proceso de cambio radical cuya dinámica y cuya complejidad indican que los correspondientes ajustes se han de materializar a lo largo de un período de tiempo considerable, difícil de acotar con exactitud, ya que el peso de sus connotaciones no sólo económicas, sino también sociales y políticas, adquiere especial trascendencia.

Un servicio de calidad es aquel con el cual siempre se puede contar con garantías, es decir, que es consistente. Esta consistencia, o sea, el alto nivel de accesibilidad y de calidad del servicio, se traduce de modo directo en más productividad, ya que aporta al consumidor lo que éste desea o necesita. A su vez, esta característica permite ofrecer empleo bien remunerado a un mayor número de personas, que son las que intervienen en su prestación cualificada.

Existen incoherencias entre los salarios industriales y los del sector servicios, al menos cuando dentro del proceso de evolución de la economía coinciden ambas opciones, en medio de un contexto que aún no consolida ni su estabilidad, ni su equilibrio, ni su configuración definitiva. Esto en parte se explica por la diferente forma en que se crea la riqueza en cada uno de estos sectores. En una fábrica, los que efectúan el trabajo manual aportan un valor añadido considerable, al menos desde el punto de vista tangible y directo, y por esta razón, en términos generales, se les remunera proporcionalmente bien. Sin embargo en las actividades relacionadas con la prestación de servicios, debido a la intangibilidad de la producción generada, resulta difícil aplicar criterios similares, a pesar de que su verdadero valor añadido, que es de tipo cualitativo, se debería valorar en proporción mucho mayor. Si se es consciente de que la transición hacia la sociedad de servicios implica la consideración y el reconocimiento formal de dicho valor añadido, se puede deducir que se ha de llegar también a la aceptación de tener que aplicar progresivamente mejores niveles de retribución en este sector. Inicialmente, y en líneas generales, en las empresas de servicios suelen ser proporcionalmente escasas las personas que aportan talento de alto valor añadido. De allí la gran diferencia de salarios y remuneraciones entre unas minorías altamente retribuidas, y las mayorías de soporte que sólo tienen acceso a remuneraciones modestas y marginales. Sin duda esta es una situación pasajera, típica de todo proceso evolutivo y de cambio, puesto que a medida que las empresas modifican su estilo y sus procedimientos de gestión de recursos humanos, la economía basada en los servicios permite evitar de modo gradual la amenaza subyacente de dividir a la sociedad entre minorías opulentas, las que detentan la pericia y el talento generadores de alto valor añadido, y las mayorías que aportan funciones de apoyo más rutinarias, pero no por ello menos importantes, a la actividad básica de la empresa, como es el caso, por ejemplo, de las actividades administrativas.

Sin embargo, la consolidación de la era de los servicios no es la única causa de dicha tendencia, ya que quizá la razón más importante de este fenómeno sean las reglamentaciones y orientaciones políticas y fiscales de la actividad económica. Con cierta frecuencia la reducción de impuestos en las naciones avanzadas ha fomentado la actividad económica de modo discriminatorio, especulativo y oportunista, centrándola en el sector servicios, donde por los motivos antes señalados las posibilidades de lograr una mayor dispersión de la riqueza son más escasas. No obstante, el incremento de salarios para todos, como resultado del mejoramiento de la productividad y de la calidad, es posible no solo en las industrias manufactureras, sino que ello es también extrapolable al sector servicios. Los oportunos sistemas de gestión son los que han de procurar a todos los colaboradores de la empresa del contemporánea la ocasión de hacer todas las aportaciones al valor añadido que se requieran para obtener a cambio un buen salario, o mejor aún, una equilibrada participación en los beneficios de la empresa, de acuerdo con la función social que ésta ha de cumplir. El hecho ineludible del paso de la era industrial a la de los servicios es tan real como el ocurrido hace años al final de la era agrícola, antes de iniciarse la revolución industrial. Gracias a la incorporación de nuevas tecnologías al proceso productivo, la economía del presente, y también la del futuro, requieren sin duda alguna de una menor proporción relativa de fábricas de tipo tradicional, lo mismo que en su día fueron necesarias menos granjas de tipo primario para mantener, o incluso incrementar, la producción de alimentos y materias primas agrícolas, lo cual se logró en cambio con el advenimiento de la agricultura extensiva y mecanizada. Pero tampoco es posible ni deseable contener el proceso de manufactura fabril. El trabajo en el sector servicios puede ser menos fatigoso desde el punto de vista físico, menos peligroso, y tal vez más gratificante, tanto en lo personal como en lo material, pero no obstante plantea un desafío evidente teniendo en cuenta sus exigencias en el plano de la creatividad, de la intuición y de la responsabilidad personal. El individuo protagonista de la sociedad del conocimiento debe demostrar importantes capacidades de autocontrol para poder integrarse productivamente dentro de esquemas organizativos más participativos que, en todo caso, han de proyectarse laboralmente de acuerdo con planteamientos prioritariamente humanistas y sociales.

Durante la era industrial, la prosperidad fue fruto de la productividad, lograda a través del uso de la tecnología al servicio de la calidad. Esta fórmula es aún de aplicación universal, y las empresas del sector terciario deben también encontrar la fórmula para aplicarla con éxito en el ámbito de aquellas actividades cuya productividad se ha de medir, por su carácter intangible, en función de indicadores cualitativos, en sintonía con esquemas que están necesariamente condicionados por el fenómeno de la globalización integral, como es incontestablemente fácil de percibir en los momentos actuales.

EL "CIBERESPACIO" Y LAS TECNOLOGIAS DE LA INFORMACION Y DE LA COMUNICACION

Dominar las tecnologías de la información y de la comunicación constituye un objetivo estratégico y un requisito crucial para todas las actividades socioeconómicas del siglo XXI.

Por un lado, las industrias de la electrónica, la informática y las telecomunicaciones forman un conjunto que, con un volumen de negocio global sin precedentes, adquiere en el presente siglo una importancia preponderante, con características que le elevan a la condición de primer sector industrial mundial. Por otro lado, dichas tecnologías son difusoras, es decir, se van infiltrando gradualmente en todo el entramado económico y social, y se van haciendo parte integrante y destacada de los procesos de producción, trabajo, desempeño y vida de empresas, instituciones, entidades, e inclusive, de individuos.

Las tecnologías de la información y de la comunicación influyen considerablemente en la competitividad de la economía moderna, en el crecimiento económico y en el nivel de empleo, y por lo tanto, son vitales para configurar con éxito el espacio económico y social del milenio, y para que el mundo en general pueda gobernar su futuro inmediato. Además, paralelamente, dichas tecnologías van poniendo a disposición de la sociedad un nuevo tipo de riqueza inmaterial, representado por la información, que está transformando radicalmente la manera de organizar el trabajo y la vida, y que influye en un número cada vez mayor de actividades en los ámbitos más diversos, como son, por ejemplo y entre otros, la educación, la cultura, la salud, el ocio, el consumo, la organización de la actividad empresarial, los transportes y los esquemas de comunicación entre individuos. En síntesis, dichas tecnologías afectan a toda la sociedad en su conjunto.

Las tecnologías de la información tienen un carácter ambivalente. Por un lado, representan como tales un sector de actividad industrial de importancia creciente, que produce directamente un conjunto complejo de bienes y servicios, componentes, ordenadores, electrónica de consumo, soportes lógicos, asesoramiento y consultoría, y un número indeterminado de complementos variados. Por otro lado, las tecnologías de la información actúan como transmisoras de las tecnologías genéricas clásicas y de difusión, que se integran en productos y servicios fabricados y utilizados en múltiples actividades económicas, cuya competitividad acrecientan. Al mismo tiempo, abren caminos a nuevos campos de investigación y desarrollo, en particular dentro del ámbito de la alta tecnología, como es el caso, por ejemplo, de la biotecnología, de la ingeniería genética y de los materiales de diversa naturaleza.

Por consiguiente, el dominio de las mencionadas tecnologías se presenta como un requisito vital para la sociedad del conocimiento. Mantenerse en este mercado exige sin embargo a las empresas considerables recursos humanos y financieros, en constante incremento, sobre todo en el terreno de la investigación y desarrollo.
Para afrontar e intentar resolver las incógnitas que plantea esta realidad es preciso iniciar actividades desde la base, estimulando la cooperación entre los oportunos agentes, tales como industrias, centros de investigación y universidades, en los campos de la investigación genérica, con el fin de elevar el correspondiente nivel tecnológico.

Por otro lado, la evolución mundial de la industria informática y electrónica demuestra la creciente interdependencia entre las diferentes familias de tecnologías, y la necesidad de llevar a cabo programas de investigación cada vez más globales. A modo de ejemplo, se puede citar el caso de la televisión de alta definición, que integra numerosas tecnologías de la información y de la comunicación, y de la que depende gran parte del futuro de la electrónica de consumo del mundo. Otro ejemplo similar lo constituyen la telefonía móvil y la telemática, áreas que están revolucionando el mundo de la comunicación global.

Es preciso tener en cuenta también que las telecomunicaciones representan un sector clave para la consecución y culminación del gran mercado globalizado, puesto que constituyen la base de la revolución de la información: estimulan la productividad industrial, favorecen la expansión de la economía de servicios, y actúan de eslabón entre la industria, los servicios y el mercado. La evolución tecnológica actual convierte a las telecomunicaciones en uno de los motores más importantes del crecimiento de los mercados y de la prosperidad futura de la humanidad. Paralelamente, las telecomunicaciones absorben gran cantidad de inversiones, tanto las que se refieren a infraestructuras como a servicios de valor añadido.

En este sector, así como en el espacial, se efectuará durante los próximos años la mayor parte de la inversión civil mundial en nuevas tecnologías, sobre todo en las naciones más avanzadas. Pero también esta realidad estará presente en los países menos desarrollados, a cuyo nivel la implantación y crecimiento del nuevo orden tecnológico serán proporcionalmente más rápidos y espectaculares, dadas la dinámica expansión y difusión tecnológica, y la simultánea reducción de los costes de la misma, que provocarán una difusión imposible de frenar a lo largo de un proceso evolutivo dentro del cual se harán también fundamentales, prioritarias e imprescindibles. Se puede decir que la verdadera revolución tecnológica ha surgido de la confluencia de las telecomunicaciones con la informática y con el sector audiovisual.

Entre los retos que plantea la inminente e irreversible tendencia a la globalización de la economía y de la sociedad a nivel mundial, se encuentra el de fijar como meta lograr gestionar adecuadamente la revolución de la información, es decir, desarrollar la capacidad de la sociedad para comunicarse entre sí fácil y rápidamente, para intercambiar datos de todo tipo, y para poder acceder a ellos sin dificultad. Esto puede ayudar a alinear el logro del espacio económico y social renovado que el mundo global necesita para poder funcionar de modo eficaz y estable. La disponibilidad de información y la capacidad para intercambiar datos se están convirtiendo en medios indispensables para conseguir que la mayoría de los sectores económicos sean competitivos. Además, estos recursos constituyen cada vez en mayor magnitud un motor de progreso de la sociedad en ámbitos de gran trascendencia y tan diferentes entre sí, como la educación y la protección del medio ambiente, por citar sólo dos ejemplos de indiscutible actualidad. Prácticamente se puede afirmar que el espacio económico y social del mundo global necesita de un auténtico "sistema nervioso", constituido por las tecnologías que integran la revolución de la información, es decir, todo un conjunto de redes, relaciones e interacciones de comunicación que permiten la interconexión, la coordinación y la cohesión de la información disponible, así como su selección, clasificación, procesamiento y almacenaje. El término "Ciberespacio" que algunos expertos y observadores utilizan para denominar el nuevo contexto que ha de dar soporte a la era del conocimiento y de la información, define de modo gráfico y dramático el alcance del orden tecnológico emergente.

Dentro de este esquema innovador, el intercambio electrónico de datos y la telemática son dos de las componentes específicas de las tecnologías de la información que están destinadas a cumplir también un papel predominante para conseguir la necesaria cohesión y consistencia en la transmisión y utilización de datos. Las ventajas de las aplicaciones prácticas directas de las nuevas tecnologías en las áreas de los transportes, de la asistencia sanitaria, de la educación a distancia, de la investigación y de la ingeniería, y también en el ámbito del desarrollo de las zonas rurales, son hoy en día incuestionables. Ayudan al desarrollo de tipos de esquemas organizativos ajustados a las nuevas necesidades el innovador concepto de trabajo remoto, desvinculado de la presencia física del individuo en el puesto de trabajo tradicional, y esta descentralización permite sin duda descongestionar los ámbitos y sistemas de vida y trabajo asociados al modelo económico y productivo tradicional, derivado de la revolución industrial durante las etapas previas al surgimiento de las tecnologías de la información, de las telecomunicaciones y de la telemática.

Las actividades desarrolladas para impulsar la investigación que permite hacer frente al reto de las telecomunicaciones, y para crear sistemas telemáticos de interés general, no son las únicas componentes de la política mundial requerida en este campo. También existen otras de tipo horizontal que deben completar dicha política, y le han de conferir su dimensión global. Se trata de las actividades que se han que llevar a cabo, además de las actualmente en curso, en el terreno de la normalización, la innovación y el aprovechamiento de la investigación y desarrollo multisectorial. Junto con ello, es preciso estructurar los servicios de información, los sistemas de seguridad y protección de datos, y también aquellos aspectos pertinentes de naturaleza internacional, sobre todo los que se refieren a la anteriormente aludida normalización. Esta última es un instrumento fundamental para lograr la integración a nivel de mercados y consolidar su cohesión, ya que resulta indispensable para asegurar y garantizar la compatibilidad de los equipos, instalaciones y soportes lógicos, así como la interoperabilidad entre ellos y los servicios que prestan. En otras palabras, se trata de que el sistema funcione de acuerdo con un lenguaje común único, hecho factible desde el momento en que se cuenta con la adecuada base de estandarización de métodos, herramientas, sistemas y procedimientos.

El fomento de la innovación y el aprovechamiento de las actividades de investigación y desarrollo son requisitos obvios para la nueva era, que se explican por su carácter indisociable del proceso evolutivo hacia el afianzamiento de la sociedad del conocimiento y de los servicios, que exige grandes dosis de iniciativa y creatividad a las personas. El fomento de los servicios de información viene exigido por la creciente necesidad de comunicación entre personas, instituciones y empresas, así como dentro de las estructuras orgánicas de estas últimas. El crecimiento de la capacidad de comunicar de la sociedad, así como el volumen de los servicios de información relacionados con el tema, aumentan vertiginosamente cada día, y la creación de actividad empresarial y de puestos de trabajo en sectores afines y complementarios continuará también siendo importante en el futuro, por razones obvias y de sentido común.

Es conveniente insistir en que la regularización y la normalización de todos los aspectos anteriormente comentados ha de ser de naturaleza esencialmente internacional, con el objeto de que el proceso de globalización cuente con una infraestructura uniforme y coherente, que permita impartir a todos los aspectos relacionados con las tecnologías de la información y de las telecomunicaciones un carácter homogéneo y cohesionado.

La calidad de información actualmente disponible en el mundo no ha alcanzado aún un nivel equiparable al de su cantidad. El cúmulo total de la información y el número de cauces para transmitirla, distribuirla y asimilarla son tan importantes de tener en cuenta como la dificultad para tener acceso a información válida y correcta cuando realmente se la necesita. El verdadero peligro no consiste en subestimar o sobrevalorar la información, ni tampoco radica en el volumen de la información disponible, sino en dejarse hipnotizar, confundir o anestesiar por ella. Las tecnologías de la información pueden favorecer o amenazar indistintamente los intereses del individuo y el sentido de comunidad. La tecnología no constituye una fuerza impulsora de la historia si se la considera disociada de la voluntad del hombre. En sí misma, la tecnología no es capaz de destruir ni de modificar las estructuras jerárquicas del poder, pero es sin embargo capaz de lograrlo si la humanidad decide aplicarla con tal fin.

La erupción de la revolución cultural global alimentada por la rápida evolución de las tecnologías de la información y de la comunicación, ha dado lugar a la significativa reducción de lo que se ha llamado "grandes diferencias" entre los sistemas socio-políticos del mundo, sobre todo de los países más desarrollados. El teletrabajo, o sea, la opción de trabajar sin salir del hogar, con un "smartphone" y un ordenador conectado a través de una red de comunicaciones a una oficina central, o el uso de herramientas informáticas fuertemente arraigadas hoy en la sociedad civil, tales como las conexiones "on line", el correo electrónico y las "web", dan más libertad al hombre en cuanto a disposición del tiempo y del espacio, al permitir que las personas trabajen juntas, pero en sitios y horarios remotos y diferentes. …en igual dirección apunta el espectacular auge de las "redes sociales" como herramientas de interacción polivalentes en ámbitos de dimensión planetaria.

Sin embargo, algunos aspectos de este nuevo esquema podrían traer consigo inconvenientes más o menos relevantes, según se asuma y gestione el cambio cultural y de comportamiento que implica el paso a una diferente escala de valores. Puede ocurrir, por ejemplo, que algunos empleados de la organización "virtual" nunca se conozcan unos a otros en persona, ni disfruten de los beneficios de la relación social, de la camaradería y del contacto personal, factores que tienen gran importancia de cara a la eficacia de la organización, sobre todo si se tiene en cuenta las ventajas del espíritu del trabajo en equipo, indispensable para lograr adecuados niveles de motivación, compromiso e identificación con los objetivos de la empresa. Algo similar puede ocurrir con la inapropiada generalización de la "teleconferencia", técnica de gestión empresarial en continua expansión que, si bien favorece la libertad, el ahorro de tiempo y la reducción de los costes de desplazamientos, y concentra con eficacia la energía en el trabajo por realizar, induce sin embargo la pérdida de interesantes oportunidades de contar con uno de los mayores beneficios de la reunión directa: la interacción social y el revulsivo que conduce a la creatividad.

La experiencia sugiere que las nuevas aplicaciones de trabajo a distancia se deberán crear en función del servicio deseado, y no de la tecnología disponible. Es muy fácil dejarse llevar por el asombro y por el entusiasmo ante la innovación tecnológica. Sin embargo, sus aplicaciones se arraigan o fracasan solamente en función del servicio que ofrecen y de las necesidades que satisfacen. También en este sentido es importante tener en cuenta que quien vaya a poner en práctica una nueva aplicación de las telecomunicaciones se deberá abstener de prometer demasiado o de abordar problemas que la tecnología aún no es capaz de resolver. Una justa medida de las expectativas en función de las posibilidades constituye un sano ejercicio a la hora de planificar las posibles opciones, sobre todo si se quiere evitar dilapidar recursos y evitar defraudar y desmotivar al equipo humano.

La generalización de los servicios que permiten el trabajo interactivo se traduce naturalmente en la reducción gradual de costes, dando opción también a menudo a la respuesta y al incentivo que motivan a compartir las redes y a trabajar en conjunto. El hecho de compartir la red permite a grupos de usuarios repartirse entre ellos el coste, y amortizar de manera más holgada las inversiones que inevitablemente subyacen en los nuevos sistemas. Además, una vez que la red adquiere forma, ello puede dar lugar a que los propios grupos conciban y diseñen nuevos esquemas de trabajo conjunto, como consecuencia del proceso de aprendizaje organizativo implícito en tal tendencia.

Teniendo en cuenta que la información es un requisito clave para ejercer el poder dentro de una organización, es fácil constatar que la autoridad central tradicional tiende precisamente a debilitarse cuando dicha información es compartida de modo corporativo, y cuando todos los que tienen acceso a ésta adquieres cierto nivel de poder. Cuando se descentraliza la información, es evidente que las instancias de delegación de la autoridad y de redistribución del poder dentro de la organización aumentan. Para lograr que las grandes organizaciones, a veces hipertrofiadas y monolíticas, se vuelvan eficientes y eficaces, es preciso dividirlas en unidades operativas más pequeñas, y ligar todo el conjunto por medio de las tecnologías de la información y de las comunicaciones avanzadas.

Si bien la información y la comunicación refuerzan también las posibilidades de "control" por parte de la autoridad central, aumentan a su vez la libertad y la iniciativa en el nivel local. Esto es importante, ya que en un entorno cada vez más competitivo, donde las respuestas rápidas y flexibles a situaciones cambiantes constituyen la diferencia entre el éxito y el fracaso, la iniciativa constituye un factor esencial para lograr la eficacia global de la organización. Inclusive, con el fin de aprovechar todo el potencial de la tecnología para humanizar y democratizar el sistema, y para elevar su eficacia, las personas deben tener la facultad de "anular" la tecnología, o sea, de quebrantar las reglas del juego cuando la situación así lo justifique.

También es posible superar los inconvenientes de la organización excesivamente hipertrofiada mediante su fraccionamiento en unidades más reducidas y manejables, utilizando tecnologías avanzadas para "informar" y cohesionar apropiadamente a todo el conjunto. En este modelo organizativo, la autoridad para la toma de decisiones debe estar totalmente descentralizada, pero el conjunto no caerá en la anarquía si la tecnología bien aplicada imparte unidad, propósito, significado y misión definida a unos cuantos valores comunes a todo el sistema. Si bien es cierto que también es posible aumentar el poder mediante técnicas de control, la auténtica eficiencia sólo se logrará a través de las ideas, creencias, responsabilidades y tradiciones compartidas. En síntesis, por medio del ejercicio del liderazgo adecuadamente planteado.

Una característica importante de las tecnologías de la información es su capacidad para registrar y documentar con gran precisión los errores. Estos se pueden identificar y rastrear con rapidez hasta su fuente, lo cual permite sancionar al culpable con poco riesgo de culpar al inocente. En el plano del trabajo, este hecho plantea algunas interrogantes en relación a quién debe manejar la información, a cuáles son los límites de la autoridad de los que la utilizan, y con qué propósito se emplea tal o cual dato. En el trabajo, el ordenador puede registrar todas las pequeñas decisiones de rutina, y por lo tanto, la clave está en definir quién toma las decisiones discrecionales más importantes: el trabajador que se enfrenta al problema, o el jefe de más alta jerarquía. Si la eficacia de la organización es la meta, el mejor modo de usar la información es distribuir el poder al nivel más bajo posible. La tecnología lo puede cambiar todo menos la naturaleza humana, y un aspecto diferencial de dicha naturaleza consiste en preocuparse más por adquirir el poder que por actuar en debida forma. Lo que sí está claro es que hasta hoy nadie ha podido sustituir a las personas en la ecuación de la productividad. La cúspide del liderazgo es importante, al margen de cuánto se haya podido invertir en tecnología. En el otro extremo de la jerarquía clásica, el trabajador podrá cometer errores cuando utilice procesos altamente automatizados, pero su iniciativa será siempre la clave de la alta productividad, sobre todo en los nuevos modelos de organización participativa horizontal, y aún en el caso en que trabaje de acuerdo a esquemas que supongan un alto grado de informatización. Por lo tanto, su nivel de motivación, generado en gran parte por su sensación de responsabilidad y poder compartidos, será crucial en tal sentido.

El empresario que invierta en la más moderna tecnología de la información seguirá dependiendo del esfuerzo solidario de cada uno de sus colaboradores. A la larga, las compañías no podrán alcanzar el éxito si no facilitan a su personal la herramienta más productiva. Sin embargo, por sí solos, ni el equipo tecnológico más avanzado ni el capital más abundante podrán garantizar una alta productividad si no se cuenta con la voluntad de las personas.

El planteamiento final habrá de ser obligadamente algo parecido a lo siguiente: no se trata sólo de aceptar que las tecnologías de la información van, sin duda alguna, a modificar las formas de vida de la sociedad, sino en estimar cómo lo harán. Las consecuencias de los grandes cambios son imprevisibles, pero se los puede, y se los debe, hasta cierto punto, controlar. Las opciones son numerosas y variadas, y la cuestión radica en tomar oportunamente las mejores decisiones. En definitiva, lo importante es aprovechar la ocasión de utilizar las nuevas máquinas y herramientas como instrumentos susceptibles de conferir y distribuir apropiadamente el poder, y por lo tanto, la responsabilidad, en lugar de ejercer el control absoluto mediante ellas. Cuando se habla de poder, el enfoque se hace por lo tanto extensivo a cada uno de los miembros de la organización, concebida como unidad participativa y como sistema empresarial humanizado y democrático, sin que este último término implique la igualdad de derechos disociada de la asunción simultánea de las responsabilidades que la trascendencia de cada caso supone.

Recapitulando algunas ideas y conceptos, se puede volver a afirmar que las ciencias de la información y de las telecomunicaciones constituyen la infraestructura clave del presente siglo, y en ello se incluyen tanto los aspectos empresariales como culturales y educativos de la sociedad y de la economía. Durante el siglo XXI, el ordenador, el televisor, el teléfono y otros avances tecnológicos estarán ligados entre sí por medio de satélites artificiales y fibra óptica de modo generalizado, y se podrá de este modo disponer de auténticas "autopistas de la información", de "universidades electrónicas" de carácter virtual, y de un sinnúmero de posibilidades prácticas ilimitadas. El alumno, en el caso de la formación "on line" ya puede en estos momentos efectuar consultas y preguntas a su profesor, controlar su ritmo de aprendizaje y tomar parte en servicios de tutoría y seminarios, todo ello sin salir de su casa. Este esquema coincide con lo que también ocurre en relación a los puestos de trabajo remoto, ajustados al esquema que configura el funcionamiento de la ya conocida como "empresa virtual", y que facilita simultáneamente la conciliación familiar, el estado de bienestar y el disfrute del tiempo de ocio.

Si se analiza el tema en términos retrospectivos, es fácil constatar que se dan unas cuantas semejanzas entre la introducción de las técnicas de escritura en el sistema de educación de la antigua Grecia, que fue un acontecimiento verdaderamente revolucionario, y la implantación de las tecnologías de la información y de las comunicaciones en el sistema empresarial y cultural de los años contemporáneos. En realidad, las ciencias elementales de la información y de las telecomunicaciones existen desde hace más de cien años, y desde entonces han influido de modo gradual y profundo en la evolución y en la configuración de las actividades y esquemas organizativos de empresas e instituciones de diferente índole, así como en las pautas culturales, de comunicación, de comportamiento y de relaciones dentro de la sociedad civil. Esta situación será creciente y más espectacular a lo largo de la trayectoria evolutiva hacia la consolidación de la sociedad del conocimiento. El concepto de enseñanza electrónica a distancia se ha expandido en forma notable, y en este cambio la nueva tecnología ha asumido un papel de creciente protagonismo, a la vez que se ha hecho más asequible, más barata, más versátil, con posibilidades de aplicación práctica aún insospechadas.

Esta realidad, un hecho real actualmente en auge, implica que los forjadores de la correspondiente política deben hacer énfasis en el tipo y en la calidad de recursos que se han de aportar a la empresa y a la sociedad, y no en la tecnología por medio de la cual se implante. En cambio, han de hacer uso de los instrumentos tecnológicos disponibles para analizar el conocimiento vigente y aprovecharlo para inducir el máximo rendimiento práctico.

Los nuevos servicios de telecomunicaciones tienden a ser cada vez más interactivos y más participativos. Esta interacción puede adoptar muchas formas, algunas de las cuales están ya presentes y vigentes de modo más que incipiente en los actuales esquemas socioeconómicos, como son el diálogo instantáneo "on line" en directo por medio de canales de audio y vídeo, los programas de simulación, el intercambio de datos por medio de la telemática y del correo electrónico, o diversos sistemas de videoconferencia. La interacción apoya un sistema general y global de trabajo y de aprendizaje dentro del cual los distintos colaboradores de una empresa o los alumnos de una entidad docente son partícipes proactivos de un proceso de trabajo y asimilación de conocimientos, y no solo receptores pasivos de la información.

A este tipo de fenómeno contribuye también el hecho de que se hayan creado numerosas empresas e instituciones, y que se constituyan también otras nuevas en el futuro, para el desarrollo, la gestión y el uso de servicios compartidos de telemática. A menudo esta realidad trasciende más allá de los límites subyacentes entre el sector público y privado, y sobrepasa las fronteras regionales y nacionales adquiriendo un inconfundible carácter global. Lo mismo es válido en cuanto a nuevos y diversos servicios empresariales, entre los cuales se incluyen el asesoramiento en su sentido más amplio, los esquemas para compartir recursos técnicos y comerciales entre empresas, la gestión financiera integrada, y las alianzas estratégicas entre negocios. Todo lo cual se traduce en reducción de costes, en empleo extensivo de redes y demás recursos existentes, en creación de nuevas infraestructuras, y en aumento de la capacidad de interacción por utilización de recursos en plan compartido. Los satélites de telecomunicaciones son un claro ejemplo de cómo los costes de las comunicaciones se han ido reduciendo de modo dramático a lo largo de los últimos años, y cómo la versatilidad de las mismas se va extendiendo de modo integral, aún cuando se insinúan de modo acelerado otras opciones inclusive más innovadoras que están destinadas a marcar nuevas pautas en el futuro inmediato.

Las redes de telecomunicaciones son el elemento clave de las infraestructuras empresariales y sociales del presente milenio, hecho constatado que marca actualmente algunas de las pautas del comportamiento socioeconómico contemporáneo, del mismo modo que lo fue la carretera y el ferrocarril para la infraestructura productiva del siglo XX. El término "autopistas de la información", acuñado ante las perspectivas de la tecnología emergente, adquiere cada día mayor relevancia y significado en los medios económicos y sociales, así como a nivel de las decisiones políticas. Un adecuado sistema de este tipo permite hoy en día que zonas rurales hasta ahora marginadas del proceso de desarrollo, constituyan lugares lógicos y buscados para la ubicación y expansión de las empresas, ya que la flexibilidad de ubicación geográfica y territorial, así como el trabajo remoto, permiten la descentralización y la dispersión física de las organizaciones, facilitando la descongestión de los esquemas característicos adoptados como consecuencia de la pasada revolución industrial. La educación a distancia es también una opción factible y competitiva dentro del esquema de una economía planetaria, puesto que favorece la interacción participativa y el uso compartido de los recursos, independientemente de la localización física de los actores en juego.

El esquema básico del sistema integrado de telecomunicaciones disponibles para la sociedad civil es ya una realidad, si se le analiza desde el punto de vista de la cantidad de infraestructuras específicas disponibles. Muchos de los elementos de las "autopistas de la información" y de las telecomunicaciones están actualmente en su sitio. Es el caso, por ejemplo, de la televisión pública y privada, que se ha convertido en un servicio de telecomunicaciones que incluye satélites de transmisión directa, televisión didáctica, teletexto y conexión a Internet, además de las estaciones y circuitos de difusión ordinarios. También existen actualmente servicios diversos de transmisión e intercambio directo de datos por vía satélite. También en el sector privado, la televisión por cable y las redes telefónicas y telemáticas tienen amplio alcance y repercusión social, y se irán perfeccionando sin lugar a dudas y de modo notable y permanente durante los próximos años.

No obstante lo anterior, parte importante de la infraestructura de comunicaciones actualmente existente está muy dispersa. Muchas entidades vinculadas al tema están convenientemente dotadas para prestar los servicios, pero también hay muchas que no lo están. Lo que es preciso procurar es que, mediante el aprovechamiento de los elementos ya existentes a nivel de infraestructura de telecomunicaciones, se procure una fusión de medios entre sí para conseguir que operen globalmente como un auténtico sistema de carreteras, ya que así el servicio podrá llegar oportunamente a quienes lo necesiten, solventando las deficiencias técnicas remanentes, de tal modo que todos los usuarios potenciales tengan acceso al sistema de modo expedito.

Es indiscutible que la planificación y promoción de este tipo de estructuras integradas debe contar con un adecuado soporte, con un buen apoyo y con un mínimo impulso por parte de los organismos y estamentos oficiales, además del respaldo de las oportunas políticas a medio y largo plazo. La base fundamental del espíritu político y empresarial que ha de impulsar este tipo de iniciativa existe, y son también reales sus fundamentos tecnológicos, pero, sin duda alguna, la acción gubernamental ha de intervenir siempre en ello de modo destacado realizando campañas nacionales e internacionales a fin de corregir y evitar los vicios y deficiencias de las infraestructuras de telecomunicaciones, y de desarrollar una red poderosa de servicios de todo tipo, cuyo esquema de funcionamiento sea remoto, atomizado y coherente a la vez, provisto del necesario grado de imparcialidad, y desechando toda tentación de censura y uso partidista. Las instituciones y organismos internacionales surgidos como producto de la globalización de

la economía y de la sociedad juegan también aquí un papel
destacado.

Extrapolando algunas de las posibles repercusiones de la
generalización de las tecnologías de la información y de las
telecomunicaciones al mundo de la empresa, se pueden
extraer algunas interesantes conclusiones prácticas. Partiendo
de la base de que dichas tecnologías favorecen la
"organización virtual", hay que reconocer que esta
característica constituye la piedra angular esencial para
fundamentar los esquemas organizativos de la empresa de la
era global. No obstante, el proceso de implementación de un
esquema organizativo moderno se ha de llevar a cabo de modo
controlado, gestionado y planificado. Las empresas cuentan
hoy en día con las herramientas básicas requeridas para ello,
pero deben por otro lado estar dispuestas a asumir cambios
radicales en sus estilos de gestión, y en sus esquemas de
distribución del poder y de las responsabilidades dentro de sus
organigramas, ajustándose al mayor predominio de los
aspectos éticos, sociales y humanos de la aplicación de la
tecnología.

La revolución marcada por la incorporación de las tecnologías
de la información al mundo empresarial, económico y social es
tanto de índole tecnológica como organizativa, y la
"información" como activo se sitúa en el centro de la cuestión.
Los cambios en las técnicas de gestión empresarial han de ser
visualizados desde una perspectiva de tecnologías de
información como consecuencia directa de la interacción entre
dichas tecnologías y la organización subyacente. El uso
extensivo de tales tecnologías, así como la generalización del
ciberespacio como infraestructura y como filosofía de trabajo,
conduce forzosamente a cambios sustanciales en el modo en
que las personas se organizan y desempeñan sus actividades.
Además, las nuevas tecnologías dan lugar al aparecimiento

permanente de productos y servicios completamente nuevos en el mercado.

La interacción empresa – trabajador se produce en ambos sentidos, y por ello las personas necesitan poner en práctica nuevas aptitudes para utilizar apropiadamente las tecnologías disponibles, lo cual implica también cambios radicales en sus actuales esquemas de comportamiento laboral y social. La gestión de recursos humanos adquiere especial relevancia como actividad organizativa en la empresa contemporánea, y su función como tal debe contemplar estos factores de cambio y de ajuste, para así evitar traumas y suavizar su impacto negativo mediante la armonización, la motivación y la formación. En el pasado, las actividades industriales clásicas se ajustaron a organizaciones más bien rígidas y jerarquizadas, para hacer frente a un proceso productivo de características simples, rutinarias, repetitivas, mecánicas y secuenciales. Sin embargo, los indicios que conducen a perfilar los complejos esquemas de trabajo de la era global apuntan en cambio a la necesidad de organizar las empresas de acuerdo con un diseño de naturaleza interactiva, participativa, con relevancia de los equipos "virtuales" interconectados.

Las tecnologías de la información y de las comunicaciones constituyen sin duda alguna la infraestructura y la herramienta apropiada para dar paso con eficacia y consistencia a este planteamiento funcional. Resulta claro, después de analizar todo lo anterior, que la incorporación y generalización de las tecnologías de la información y de la comunicación, conducen necesariamente al desarrollo de aptitudes personales básicas distintas de las conocidas, y al examen crítico del conocimiento vigente, aspectos que llevan inevitablemente al descubrimiento, a la innovación y a la creatividad. Desarrollo de aptitudes y análisis del conocimiento son dos aspectos fundamentales para garantizar que las personas y las empresas sean capaces de competir favorablemente y prosperar en el hábitat globalizado del ciberespacio.

Descubrir nuevas opciones por medio de la innovación y de la creatividad, es la estrategia apropiada para alcanzar la excelencia y la consolidación de los nuevos valores culturales y actitudes de comportamiento que requiere este nuevo orden de cosas. Dentro de este escenario, situado en el singular contexto del Siglo XXI, parece indiscutible que el espíritu de empresa estará destinado, una vez más, a mantener, e incluso incrementar, su papel protagonista como motor de una sociedad civil equilibrada y sostenible.

EMPRESA, ECONOMIA Y ECOLOGIA

La preocupación real por los temas ambientales se ha hecho progresivamente evidente a partir del último cuarto del siglo pasado, como producto del gradual aumento de la sensibilidad de la sociedad en relación con la integridad y futuro de su entorno físico.

A pesar de que los problemas de agresión al hábitat se iniciaron ya en el momento mismo de la aparición del hombre sobre el planeta, la magnitud e intensidad del impacto y de los cambios provocados han ido progresivamente en aumento a lo largo de la historia de las civilizaciones, adquiriendo especial relevancia y trascendencia durante el corto lapso de los últimos doscientos años, es decir, el período abarcado por el auge de la era industrial y el espectacular avance de la ciencia y de la tecnología.

Una visión en retrospectiva de la temática del medio ambiente, asociada a la evolución histórica de personas, pueblos y naciones, señala con total dramatismo que el camino que éstos han recorrido podría haber sido otro muy diferente, pero no ha ocurrido así. Una realidad esencialmente pluridisciplinar, multifacética, con connotaciones de globalidad y de proyección mundial, que trasciende sin fronteras en el tiempo y en el espacio, genera, sin lugar a dudas, repercusiones no sólo de tipo político, económico y social, sino también ético. Y ello lleva necesariamente al inevitable debate y a la obligada controversia enfocados al replanteamiento de los clásicos temas relativos a los centros de poder, a los intereses creados, a los valores morales, e inclusive a las consideraciones filosóficas de la condición humana como protagonista y centro de atención tanto de la actividad económica como de la dinámica del entorno vital.

La problemática del medio ambiente y sus repercusiones en los ámbitos económico, social y político implican sin duda alguna la necesidad de una reflexión seria a lo largo de todo el proceso en que la realidad del tema se manifiesta de múltiples maneras. Llega inevitablemente el momento en que el diálogo y la negociación prudentes aparecen como alternativas imprescindibles de asunción de responsabilidades, mediante las cuales sea posible promover acciones básicamente marcadas por un sincero y desinteresado pragmatismo y por una clara objetividad, de modo que aparezca factible concretar finalmente actitudes responsables. Este es prácticamente el único camino para lograr hacer frente a realidades consumadas y a alternativas previsoras con mentalidad constructiva, libre de triunfalismos, de soberbia y de intención oportunista.

La rápida y sorprendente evolución de la humanidad ha inducido profundos cambios de actitud y de índole cultural en la sociedad, que han configurado, entre otras, las peculiares características de las relaciones entre las actividades del hombre y su sustrato vital. Voluntaria o inconscientemente, el primero ha explotado y moldeado al segundo en beneficio propio, sin medir las consecuencias a largo plazo de sus actos, y sin asumir la naturaleza finita de los recursos en juego. De este modo, lamentablemente, esta evolución en cultura y actitudes aún no ha alcanzado hoy el grado de madurez ecológica que requieren tanto la trascendencia como la importancia del tema.

Las agresiones al medio ambiente son en su mayor parte producto de la actividad humana. Si se tiene en cuenta que el hombre lleva a cabo sus actividades canalizándolas a través de una u otra forma de organización empresarial, resulta insoslayable reconocer el papel que juega la empresa dentro de este contexto, enfoque que además es indisociable de sus repercusiones en los ya citados planos social, político y económico. La temática medioambiental y su relación con el mundo de la empresa es además un hecho real, variado y complejo. Su vigencia está por encima del transcurso del tiempo, del contexto, de las opiniones, de la percepción de la magnitud e importancia relativa atribuida a ciertos problemas y situaciones puntuales, y de las alternativas de solución o control aportadas por la propia evolución paralela de la ciencia y de la tecnología.

La reacción que a lo largo de los últimos años ha empezado a provocar en la sociedad civil la incipiente percepción de los problemas medioambientales justifica un breve análisis de la situación, insistiendo en aquellos aspectos más relevantes sobre los cuales es preciso reflexionar seriamente, antes de perfilar y asumir las estrategias de supervivencia y desarrollo sostenido que la sociedad ha de formular para asegurar su entrada y su trayectoria digna y equilibrada dentro del actual milenio. Para el ser humano, como elemento eminentemente emprendedor, dicho desafío es a la vez un requisito ineludible, que le obliga necesariamente a su definitiva reconciliación con el medio físico y natural, del cual depende indisociablemente, y al cual le ata además un obligado compromiso de inteligente gestión y riguroso respeto.

Desde un punto de vista macroeconómico, se debe reconocer que el planeta tierra es forzosamente un sistema "autosuficiente", que funciona como una unidad cerrada, en base a sus recursos propios y finitos, exceptuando lo relativo a la aportación de energía solar y al reflejo y emisión de energía y temperatura hacia el espacio. Constituye un todo limitado, sujeto a la utilización dinámica y cíclica de unos recursos renovables y de otros no renovables. Por lo tanto, el sistema ecológico debe administrarse con criterios económicos y políticos ajustados a esta realidad y a las necesidades sociales que ha de satisfacer.

La consideración del tema ambiental en el ámbito económico y de la empresa es desde hace bastante tiempo una realidad que ha sido gradualmente asumida por los actores en juego. A nivel global, han empezado a surgir indicios de lo que podría denominarse la "nueva economía", planteada en función de la modificación de las escalas de valores tradicionales y de las actitudes sociales que de ellos derivan. La puesta en entredicho de indicadores macroeconómicos clásicos, como el PIB, así como la gradual adopción de nuevos criterios de valoración de los recursos productivos esenciales y de los efectos de la contaminación, reflejan todos ellos un avance significativo en tal sentido. En las primeras reuniones internacionales sobre medio ambiente y desarrollo, tales como las de Estocolmo (1972) y Rio de Janeiro (1992), fueron ya planteados importantes compromisos y alternativas tendentes a fijar los criterios básicos para el establecimiento de un nuevo orden económico y ecológico, que han culminado últimamente con los controvertidos intentos de reducción de las emisiones a la atmósfera de gases de efecto invernadero. Prescindiendo de la relatividad y trascendencia del alcance y de la materialización práctica de los acuerdos adoptados en tales eventos, al menos ha quedado demostrado a través de ellos la preocupación y la voluntad social y política por garantizar a la humanidad la capacidad de sustentación del planeta, así como las perspectivas de desarrollo sostenido, sin perjuicio de un entorno digno y agradable para el hombre.

Para prosperar en el siglo XXI con plenas garantías de éxito y bonanza, el mundo empresarial y económico ha de tener en cuenta la plena asunción de los retos y compromisos que supone su interacción con el medio ambiente. La sociedad cuenta actualmente con las herramientas necesarias para asumir dicho reto, puesto que la ciencia y la tecnología, consideradas como bases doctrinales liberadas de ideologías dogmáticas, constituyen sin duda un apropiado y valioso soporte para ello. Sin embargo, poco se conseguirá avanzar en tal sentido si no se adoptan paralelamente las actitudes y esquemas de comportamiento social que el nuevo orden económico y el compromiso ecológico exigen, lo cual implica al mismo tiempo la necesidad de cambio, o por lo menos de modificación sustancial, a nivel de las instituciones vigentes.

La empresa, como unidad productora de bienes y servicios, al margen de su actividad específica, de su ubicación física y de su ámbito geográfico, constituye a la vez un elemento utilizador de recursos naturales renovables y no renovables, y una plataforma susceptible de contaminar el aire, el agua y la tierra. Por lo tanto, si su actividad no es regulada y convenientemente gestionada, puede transformarse en fuente de agotamiento de recursos y en foco de agresión ambiental. En consecuencia, y sin descartar el papel que también deben jugar en ello los estamentos políticos, la empresa es una entidad a nivel de la cual se ha de ejercer mayormente la responsabilidad por administrar los recursos limitados, y por controlar y contabilizar los costes de los mismos, así como los del eventual deterioro del entorno. La integración de las actitudes ambientales de las diversas empresas existentes a nivel de regiones y naciones, será la que determinará y perfilará en el futuro la naturaleza y los efectos de sus actividades dentro del ámbito del orden socioeconómico globalizado. Todas las empresas, grandes y pequeñas, de ámbito nacional o multinacional, influyen de uno u otro modo en la problemática ambiental, y se ven tarde o temprano enfrentadas a la necesidad de adoptar medidas correctoras o preventivas en relación a agresiones que deterioran o amenazan en mayor o menor medida el entorno físico y natural. Ejemplos conocidos y dramáticos de esta realidad lo constituyen las grandes empresas de los sectores del petróleo, de la industria química, y las promotoras de gigantescas obras de ingeniería.

Dentro del sector del petróleo, la sensibilización por los problemas ecológicos se desencadenó a partir de las conocidas catástrofes sufridas por varios superpetroleros, cuyo impacto en la vida oceánica, en las actividades pesqueras y en el turismo, sobre todo en zonas costeras, es actualmente incuestionable. De este modo, una actividad eminentemente extractiva, que preocupaba relativamente poco desde el punto de vista medioambiental a los países productores, ha pasado al primer plano de la controversia y de la censura por parte de grupos políticos, sociales y de opinión pública. Si a ello se añaden los problemas paralelos surgidos de los accidentes en oleoductos y refinerías, así como las emisiones contaminantes del aire, del agua y del suelo que provocan las industrias relacionadas o derivadas del petróleo, se constata que el sector ha pasado a constituir un blanco atractivo para un sinnúmero de reivindicaciones y presiones de tipo ecológico, político, jurídico y social, ampliamente respaldadas por actitudes radicales por parte de organismos, instituciones y movimientos ambientales de diversa índole.

Esta realidad ha desencadenado normativas y acciones fiscalizadoras que en su gran mayoría persiguen objetivos positivos, a pesar del radicalismo y de la demagogia que puedan subyacer en sus primeras etapas, y de los efectos negativos que puedan imponer a la gestión de las empresas hasta que éstas no se adaptan a la realidad y no acatan las nuevas reglas del juego en cuanto a responsabilidades y medidas de prevención, corrección y gestión innovadoras.

En el sector de la industria química y afines ha ocurrido algo similar. Accidentes de gran magnitud y trascendencia en plantas elaboradoras, como el ocurrido en Bhopal en 1984, generaron reacciones inmediatas en amplios sectores sociales y políticos, dando lugar a las correspondientes tendencias de cambio en las normativas y enfoques estratégicos del sector.

No obstante, la industria química ha sido tal vez una de las que más han tomado parte activa en la formulación de acciones ambientales preventivas y correctoras, hecho que tuvo sus inicios en relación con los controvertidos y polémicos movimientos transfronterizos de residuos, y que acabó dando lugar a su racionalización por vía de los acuerdos de la Convención de Basilea (1989). Un caso similar ocurrió con el tema de los Clorofluorocarbonos (CFC), cuya reglamentación internacional empezó a tomar forma con los Protocolos de Montreal (1987), plataforma que intentó abordar la problemática implicando de modo multisectorial e internacional a los actores involucrados en la acción: gobiernos, empresas, instituciones diversas, organizaciones científicas y organismos nacionales e internacionales. Iniciativas de este tipo, así como las antes mencionadas conferencias internacionales de medio ambiente, son positivas cuando se trata de generar el suficiente grado de compromiso y responsabilidad en todos los implicados, y la justa dosis de mentalización social y política. Sin embargo, y lamentablemente, su nivel de implementación práctica está aún muy alejado del que realmente se requiere para lograr resultados efectivos y definitivos.

Este tipo de proyección global ha marcado muchas pautas de acción, que son las que en último término han de inducir el cambio necesario para asumir actitudes y estrategias empresariales compatibles con el compromiso y con la responsabilidad de aportar soluciones multisectoriales a un problema cuya naturaleza es también polifacética y compleja, como es el caso específico de la protección y adecuada gestión de los recursos del planeta. A ello obliga también el hecho cada día más patente de que existe la dificultad creciente para encontrar los que hasta hace poco se denominaban "paraísos" residuales, poco o nada regulados por una genuina legislación ambiental, y a los cuales recurrían con facilidad e impunidad los países y corporaciones generadores de residuos peligrosos y conflictivos. Dichos paraísos para residuos normalmente se ubicaban en áreas geográficas del tercer mundo, pero también su existencia estaba supeditada a transacciones y dudosas negociaciones entre naciones industrializadas, y entre éstas y los países en desarrollo, cuya sensibilización por el entorno ha ido creciendo de modo paralelo y en acelerado ritmo. Afortunadamente, la sensibilización pública y social, e incluso política, hacen que recurrir a este tipo de opción sea cada día más difícil.

Dentro del mundo de la construcción y de las grandes obras de ingeniería civil, es también posible constatar efectos que pueden afectar al medio ambiente de diversas formas, que van desde la obtención extractiva de materiales, el impacto ambiental ocasionado por la construcción de grandes presas y embalses, hasta la generación de residuos inertes y escombros, con los consecuentes resultados en cuanto a impacto visual y agresión al territorio físico y natural. También la construcción genera fenómenos ambientales indirectos, relacionados con la adopción de nuevos esquemas de vida, el aumento de los desplazamientos y el singular cambio del comportamiento socioeconómico derivado del establecimiento de grandes infraestructuras, como son carreteras, embalses, instalaciones nucleares y urbanizaciones.

Resulta fácil constatar que en el futuro será cada vez más difícil emprender grandes proyectos de ingeniería sin antes someterlos a estudios serios y rigurosos de impacto ambiental, y sin prever la regeneración o restauración del territorio que pueda eventualmente ser afectado por obras de gran envergadura. Lamentablemente, muchas obras de ingeniería ecológicamente conflictivas constituyen una deplorable realidad desde hace años en muchos países industrializados, e inclusive en algunas naciones en proceso de transición, y sus efectos negativos sobre el entorno son irreversibles, quedando solamente la alternativa de corregir al máximo las agresiones causadas, y de evitar futuros impactos sobre el medio mediante la adecuada planificación. Esta última opción representa una gran oportunidad para las empresas del sector que lleven a cabo proyectos de infraestructura tanto en el tercer mundo como en los países industrializados, ya que les permite ajustarlos a una estrategia inteligentemente adaptada a un desarrollo sostenible y armonizado con los requisitos ineludibles que plantea la protección del entorno físico y natural.

Los ejemplos generales anteriormente descritos señalan que la incidencia y la interacción de las empresas en y con el medio ambiente son importantes, independientemente de su tamaño, actividad y localización. En realidad, incluso las empresas de tamaño pequeño y mediano ejercen sobre el entorno el efecto derivado de la integración de sus actividades, y por lo tanto, sus responsabilidades en este sentido son también indiscutibles. Es a nivel de los sistemas y técnicas de gestión empresarial donde cabe adoptar las medidas que permitan reconciliar la actividad económica y la producción sostenida de bienes y servicios, con el mantenimiento de un ambiente sano, acogedor y propicio para la vida digna de las personas, haciéndolo así compatible con los aspectos sociales y económicos que la comunidad requiere.

Para ello, es cada vez más necesario buscar el justo equilibrio entre los aspectos cualitativos y cuantitativos del proceso productivo, valorando costes y beneficios en función de la consideración económica de aspectos ecológicos que hasta la fecha no han sido tenidos en cuenta con el debido rigor, como ocurre con la valoración real de las materias primas y del importe de la contaminación generada por los procesos de fabricación, comercialización y prestación de servicios.

Últimamente se tiene la sensación de que son las grandes empresas, sobre todo las de ámbito multinacional, las que primero han asumido un protagonismo cada vez más destacado dentro del contexto de la problemática ambiental. Debido a su magnitud y capacidad financiera, abarcan gran parte de la actividad económica mundial, tanto si se tiene en cuenta el aspecto productivo, como los de gestión y distribución comercial. En lo que respecta a las actividades que implican peligro o conflictividad de cara al medio ambiente, esta posición adquiere especial relevancia y trascendencia. Por otro lado, las llamadas "corporaciones" han demostrado también ser un punto crucial a partir del cual es posible encontrar y aplicar estrategias y soluciones ambientales eficaces, debido a su capacidad y poder para configurar el cambio tecnológico y el escenario mercantil a nivel mundial. Desde esta posición, están en condiciones de innovar técnicamente, y de transmitir tales innovaciones con proyección amplia, ajustándose de este modo a los imperativos de la globalización de la economía y de la sociedad. También poseen la capacidad necesaria para generar ideas revolucionarias en el plano comercial internacional, por lo cual es a su nivel donde se pueden generar con éxito las acciones decisivas para perfilar estrategias ecológicas coherentes. Su poder y su capacidad de acción permiten dar forma a modalidades de desempeño a nivel de la sociedad, y a alternativas políticas a nivel de los gobiernos, que faciliten armonizar los planteamientos, hasta ahora frecuentemente opuestos, entre economía y ecología. Lamentablemente, todos estos argumentos y posibilidades se ven frecuentemente opacados por la demagogia, por los intereses creados y por el afán especulativo que se ocultan detrás de oportunistas declaraciones de buenas intenciones.

Por otro lado, las corporaciones multinacionales están más sujetas a la regulación medioambiental nacional e internacional que las empresas de tipo local y convencional, hecho que es consecuencia directa de las fuerzas de sensibilización ecológica presentes y en incremento a nivel de la opinión pública de todos los rincones del mundo. Tanto las corporaciones como las empresas en general deben reconocer esta realidad ineludible y, más aún, capitalizarla en beneficio de aprovechar las oportunidades empresariales que inclusive pueden derivar de una acción medioambiental positiva por parte de las mismas. La creciente preocupación por los temas que afectan al entorno es un motivo real para la creación de negocios y nuevas actividades empresariales relacionadas con el tema, factor que además dará lugar sin duda a la creación de nuevos empleos durante un período de tiempo importante. Los temas relacionados con la protección del medio ambiente deben ser considerados por todas las empresas, incluidas corporaciones y negocios de pequeño y mediano tamaño, como componente de valor a añadir a sus sistemas convencionales de planificación estratégica, y como un factor más de competitividad en el mercado, asumiendo iniciativas que permitan asegurar posiciones de aptitud sostenible y compatible entre los objetivos específicamente empresariales, y los requisitos de protección del entorno físico y de los recursos. El planteamiento de nuevos conceptos de producción, comercialización y consumo debe ser el generador de oportunidades a partir del reto ecológico, siempre y cuando sean adecuadamente gestionadas las interacciones entre inversiones y medio ambiente, cada vez más obligadas a defender una buena imagen empresarial frente a un público más inquisitivo, marcado por crecientes niveles de exigencia, y que inclusive a menudo se manifiesta de forma hostil frente a toda actividad empresarial que no tenga en cuenta seriamente los aspectos y repercusiones sociales de la economía.

Las empresas deben asumir la progresiva convergencia de la ética, de los negocios y de la política con el tema del medio ambiente, ya que la creciente legislación ecológica y los diversos grupos de presión conducen a la inevitable globalización de planteamientos de todo tipo por esta vía. El alcance integral del tema ambiental apunta inevitablemente a la adopción de políticas y al desarrollo de acciones que también poseen carácter global. En este escenario, las empresas se ven afectadas en su totalidad, independientemente de su tamaño y del sector en el cual operan.

El desafío empresarial del siglo XXI implica mantener ventajas competitivas bajo la presencia de la ecología como factor fiscalizador. Las empresas no sólo deben preocuparse de su excelencia productiva y económica y de su cometido social, sino que han de proceder paralelamente a la adopción de esquemas operativos que incluyan la valoración permanente de riesgos y respuestas contingentes frente a posibles agresiones que amenacen al medio ambiente. Esta situación ha de permitir igualmente a las empresas intervenir en las plataformas apropiadas para contribuir a "moldear" y configurar proactivamente la política pública, lo cual constituye para ellas otra oportunidad real de protagonismo creativo, siempre y cuando su actuación sea efectuada de acuerdo con los principios fundamentales de la ética, y no como consecuencia de las presiones de una opinión pública madura, pero hostil y reticente, susceptible de manifestar reacciones crispadas provocadas por los hechos consumados. Esta oportunidad de actuar preventiva y visionariamente es además susceptible de ser llevada a la práctica bajo la forma de alianzas estratégicas entre organizaciones, liberando la energía colectiva que permite el aprovechamiento de las sinergias que genera la utilización mancomunada de medios y recursos de todo tipo, favoreciendo simultáneamente el encauzamiento de las correspondientes deliberaciones hacia la calidad y la congruencia, con enfoques e iniciativas globales.

Tradicionalmente, la propiedad de la empresa se ha centrado en sus accionistas, o en una u otra forma de participación individual en su capital y en sus resultados. En la medida en que la globalización de la economía y de la sociedad se manifiesta con energía, los esquemas de distribución del poder y de las responsabilidades dentro de las organizaciones empresariales llevan a un mayor grado de participación de los colaboradores en dicha propiedad y en los citados resultados. Ello conduce rápidamente a la conclusión de que las empresas se verán cada vez más obligadas a asegurar el crecimiento sostenido de su productividad y de su rentabilidad, con el fin de satisfacer las exigencias de su cometido social. Por este mismo motivo, la responsabilidad prioritaria de los directivos del futuro será la de garantizar no sólo la pervivencia de las organizaciones empresariales a largo plazo, sino también la consolidación de esquemas funcionales de alto grado de eficiencia y eficacia.

De acuerdo con los anteriores planteamientos, que implican indiscutiblemente un serio compromiso de apuesta a futuro, las empresas disfrutarán de la libertad de encauzar dicho crecimiento ajustándolo a sistemas de gestión racionalizados, en función de los cuales podrán trabajar acertadamente para intentar resolver el dilema economía-ecología. A un lado de la escala de valores se tiene el tradicional paradigma del crecimiento ajustado al modelo capitalista, y al otro, el de la realidad de las crecientes amenazas de agresión al medio ambiente como producto de la actividad desenfrenada. El auténtico reto es, por lo tanto, reconducir el crecimiento económico basado en la iniciativa emprendedora, de modo que produzca el mínimo perjuicio ambiental posible, lo cual implica demandas sin precedentes de voluntad previsora y de creatividad por parte de los empresarios y ejecutivos de renovada generación, el grupo integrante de la sociedad que ha de ejercer un liderazgo responsable, y que prácticamente monopoliza las auténticas oportunidades de entrar en la acción provocando los cambios que el caso requiere.

Algunos expertos recomiendan volver a enfocar el proceso empresarial poniendo en marcha nuevas alternativas y criterios de gestión enfocados a conseguir actividades sostenibles. Una primera opción en tal sentido se refiere a las técnicas de "contabilidad ecológica", o sea, la valoración de las cantidades "extraídas" del entorno, y su expresión financiera en los balances y cuentas de resultados de la empresa. Esta ingeniosa alternativa, que algunas empresas progresistas han puesto ya en práctica con interesantes resultados, permite procesar información ambiental del mismo modo que se procesa la información financiera y contable. Con esta herramienta, el "valor añadido" ya no es un indicador aleatoriamente relacionado sólo con las ventas, sino que debe corregirse de acuerdo con el precio de la pérdida de "valor ambiental" implícito en la totalidad del proceso de producción tanto de bienes como de servicios. Similares criterios de "contabilidad ecológica" son también aplicables a la hora de estimar indicadores tales como las emisiones de Dióxido de Carbono a la atmósfera, y su justa repercusión en las cuentas de explotación de las empresas responsables de dichas emisiones.

La adopción de criterios de gestión innovadores que contemplen la asunción de los aspectos relativos al ambiente, implica desde luego la selección, diseño y adopción de las herramientas adecuadas al caso. La expresión del valor económico de la anteriormente citada "extracción" se podría en este caso efectuar en función de los costes teóricos de sus opciones alternativas, de las posibilidades sustitutorias, o del coste de reposición o restauración de la agresión causada que no sea susceptible de ser compensada a través de los mecanismos naturales del ecosistema. Obviamente, es a este nivel que cabe también valorar las eventuales ventajas de las alternativas de reciclaje y reutilización de recursos y materiales. En todo caso, también es importante expresar estos costes en términos económicos, y no solamente en valores relativos o estimativos. Mediante este proceder, la inevitable constatación del perjuicio motivará objetivamente la adopción de las medidas y esfuerzos necesarios para evitar situaciones de crisis ambiental, poniendo en evidencia los niveles de responsabilidad involucrados.

Desde luego, la incorporación de nuevos principios y conceptos de contabilidad e inventario de activos y costes ecológicos en los métodos de gestión de las empresas, supone asumir una diferente percepción de la tradicional contabilidad corporativa, y un cambio radical que lleve del estricto análisis financiero hacia la comprensión más amplia de los criterios de utilización de los recursos del planeta, los cuales a su vez han de adquirir mayor importancia relativa en las correspondientes cuentas de explotación. Algunas iniciativas incipientes señalan en tal sentido que el cambio de criterios contables es absolutamente factible si el propósito se enfoca convenientemente. Una estrategia bien diseñada debe permitir definir el coste ecológico real de los bienes y servicios que una empresa produce, mediante la adopción de parámetros uniformes y coherentes, plenamente aceptados por el sector empresarial, justificando de este modo la integración de costes totales no solamente en base a sus tradicionales componentes directos de escandallo de producción, sino además teniendo en cuenta la incorporación de sus vertientes ambientales. En igual sentido, al plantear objetivos estratégicos, los convencionales conceptos de "corto", "medio" o "largo" plazo deben ser definitivamente sustituidos por el criterio de planificación único e insoslayable basado en la "sostenibilidad".

Los métodos y sistemas de "contabilidad ecológica", generados a nivel empresarial, deberán ser integrados a nivel nacional y regional, para así corregir convenientemente los clásicos indicadores económicos, que quedarán desfasados dentro del nuevo orden, y entre los cuales destaca por excelencia el antes citado PIB. Esta expresión de competitividad deberá sustituirse, dentro de lo posible, por un nuevo indicador, que se podría denominar "Producto Interior Útil", o "Producto Interior Ambiental Neto", y que expresaría de forma más lógica y racional las comparaciones de estudios, análisis y estadísticas entre naciones y regiones del planeta, corrigiendo inclusive las aparentes y relativas diferencias percibidas a causa de los distintos grados de desarrollo que eventualmente pudiesen darse entre ellas.

El cambio, indudablemente, se deberá implementar con proyección transversal, haciéndolo extensivo al sistema económico, fiscal y político como un todo, y sin circunscribirlo solamente al nivel de la empresa y a su ámbito específico. Deberá proyectarse a la macroeconomía como integración de su aplicación a nivel empresarial, permitiendo la definición de nuevas pautas y procedimientos de evaluación y contabilización que contemplen criterios uniformes. En último término, se tratará de tener en cuenta y de apreciar que la sanidad del planeta, como fuente de suministro de recursos integrales para el desarrollo sostenido y la prosperidad, es esencial, y que la gestión de dichos recursos se deberá efectuar atendiendo a su condición limitada y a su escasez, en base a lo cual su incorporación valorada a los costes de producción habrá de ser rigurosa, responsable y objetiva.

Otra de las opciones que han sido sugeridas como complemento de la anterior, tendente también a provocar la reconciliación entre economía y ecología, se refiere a la implementación del "impuesto sobre el valor extraído", que permitiría precisar el verdadero valor de las materias primas y recursos incorporados a productos y servicios, constituyendo además una fórmula práctica y equitativa de repercutir los costes ambientales globales al consumidor, y no sólo el valor intrínseco tradicional de dichos productos y servicios. Su aplicación gradual podrá así facilitar las estrategias empresariales en diversos sectores dispuestos a afrontar las nuevas reglas del juego, despertando iniciativas y generando paso a paso el clima favorable al cambio de actitudes y hábitos, tanto a nivel de las empresas como de los consumidores.

La convergencia de intereses entre las actividades empresariales, la economía y la ecología, se puede alcanzar también mediante el compromiso de reparación o compensación de los daños y perjuicios infringidos al entorno por el proceso productivo, canalizando para ello parte de los ingresos obtenidos con el impuesto antes señalado, y cerrando así uno de los circuitos conducentes a una economía auténticamente sostenible. No obstante, es fácil deducir, por simple lógica, que una adecuada estrategia económica y empresarial ajustada a los requisitos de protección del medio ambiente, habrá de contemplar necesariamente la aplicación combinada y simultánea de las anteriores alternativas, así como de otras que parezcan apropiadas a la gestión de un tema de tanta complejidad y variedad operativa.

A la luz de estos nuevos sistemas de valoración, podrán aparecer interesantes, rentables y justificadas todas aquellas iniciativas ecológicas que hoy en día se perciben en general solamente como opciones de relativa y dudosa rentabilidad inmediata para las empresas, y cuya utilidad práctica se ve actualmente supeditada a prioridades más de tipo político que económico, a pesar de su indiscutible potencial como alternativas efectivas de acción. Es el caso, entre otras, de las técnicas de reciclaje, de optimización del consumo energético, y de los nuevos hábitos y modas de consumo ecológico, manifestaciones de comportamiento empresarial y social cuya aparición ha obedecido más a motivos de imagen que a una auténtica preocupación por los problemas ambientales. Sin embargo, estos ejemplos demuestran a pesar de todo que la viabilidad de las iniciativas de producción y consumo ecológico es real, lo cual permite esperar con optimismo el advenimiento de modelos mercantiles dentro de los cuales los productos y servicios que incorporen los nuevos parámetros contables gozarán de buena aceptación por parte de los consumidores. En todo caso, es un hecho también evidente que estos últimos serán cada vez más exigentes en tal sentido, en gran parte por su imparable demanda de aspectos asociados al bienestar y a la seguridad, por lo cual aceptarán con mayor receptividad, y sin oponerse a ellos, los variados esquemas de estandarización a todos los niveles que el caso requiera. Por lo demás, el surgimiento de nuevos criterios de demanda cualitativa es ya una realidad, sin duda impulsada por este nuevo tipo de fuerzas socioeconómicas, producto del florecimiento de una colectividad más culta y mentalizada en relación con los aspectos ambientales, que en gran medida condicionan el estado de bienestar de la era de los servicios, del conocimiento y de la globalización.

Más que formular conclusiones definitivas en cuanto a las relaciones y compromisos de la empresa con el entorno, hay que partir de la base conceptual irrefutable de que el progreso económico sostenido y la singladura empresarial son totalmente compatibles con el mantenimiento de unas condiciones medioambientales adecuadas para la digna supervivencia de la humanidad, siempre y cuando se actúe con inteligencia y con sentido de responsabilidad. A lo largo de la visualización general llevada a cabo en los párrafos anteriores, ha sido posible constatar que bajo el binomio economía-ecología subyacen tanto retos como oportunidades, que afectan por igual a la empresa y al ámbito social, político y económico del cual depende, y al cual contribuye también en gran medida a configurar, de acuerdo a una dinámica relación de interdependencia.

Se ha hablado de algunas pautas generales que pueden aportar una cierta orientación global en cuanto a la filosofía empresarial del futuro, y a su vinculación con la creciente sensibilización ecológica de la sociedad civil, simbiosis ineludible que plantea requisitos de mutua dependencia, pero a partir de la cual es posible también obtener interesantes sinergias. A partir de una reflexión de esta naturaleza, y sin pretensiones de sentar cátedra en este ámbito, se puede no obstante insinuar que una inteligente política ambiental a poner en práctica por parte de la empresa que desee integrarse en el siglo XXI con aceptables perspectivas de éxito, ha de tener en cuenta por lo menos la práctica de los principios de desempeño general plasmados a continuación de modo esquemático y resumido:

- Asumir la responsabilidad social de la actividad empresarial en lo que respecta a evitar y prevenir el deterioro del entorno comunitario.

- Ajustar las estructuras organizativas y los métodos de gestión a un esquema de participación responsable de cada uno de sus integrantes, promoviendo simultáneamente el protagonismo y el compromiso proactivo de los mismos con sus objetivos económicos y sociales.

- Desarrollar productos y servicios auténticamente "amigables" con el medio ambiente, ajustándolos a la demanda "genuina" y más bien cualitativa de la sociedad.

- Participar proactivamente en la formulación de políticas medioambientales, en colaboración con los estamentos oficiales y agentes sociales involucrados en el tema.

- Acatar la emergente legislación orientadora y fiscalizadora en materia de medio ambiente, y contribuir a formular las pautas y alternativas que la integren y complementen.

- Respetar las normativas del comercio nacional e internacional en cuanto a requisitos y disposiciones que atañen al medio ambiente.

- Contabilizar como costes de producción las "externalidades" medioambientales: costes reales de materias primas, costes reales de reposición de recursos, y costes reales de las agresiones ocasionadas al entorno.

- Evitar el mal uso y derroche de recursos renovables y no renovables, previendo inclusive alternativas para su reutilización y reciclaje.

- Contabilizar y asumir los costes de la contaminación y del deterioro ambiental eventualmente generados a lo largo del proceso productivo de bienes y servicios.

- Repercutir equitativamente los anteriores costes ecológicos a los productos y servicios manufacturados y prestados, dando por asegurada su aceptación por parte de una comunidad consumidora plenamente mentalizada en tal sentido.

- Adoptar técnicas y prácticas de producción y comercio ajustadas a una verdadera ética ambiental y a una dimensión humana de la demanda, descartando la publicidad engañosa y los propósitos especulativos.
- Invertir en control medioambiental y en investigación pertinente, así como en el desarrollo de técnicas y procedimientos de prevención y corrección de agresiones al entorno físico y natural.

Está claro que la empresa del mundo planetario no puede por ningún motivo desvincularse de su responsabilidad y protagonismo en relación a sus interacciones con el medio ambiente, al igual que tampoco debe eludir el compromiso que la obliga al cumplimiento de su función social. Tal realidad responde a su condición de núcleo imprescindible para la generación de riqueza, bienestar, prosperidad y estabilidad económica.

Profundizando algo más y desde otro punto de vista en la trilogía empresa-ecología-economía, resulta interesante constatar que el mundo actual se enfrenta simultáneamente a dos problemas cruciales: el desempleo y la agresión a los recursos naturales. Ambos fenómenos derivan fundamentalmente de los deficientes sistemas fiscales vigentes en las economías, sobre todo en las occidentales, y en los cuales se basan en gran proporción los ingresos públicos. Paradójicamente, los sistemas impositivos clásicos implican gravámenes que afectan principalmente a los ingresos personales y empresariales, pero no al uso de las materias primas.

Frente a la presión fiscal, las empresas reaccionan reduciendo al mínimo la utilización de recursos humanos, aún si ello implica utilizar más energía y materias primas. Esta actitud explica la tendencia apreciada durante muchos años a efectuar un uso y consumo extractivo de los recursos, a menudo con connotaciones de despilfarro, considerándolos como aparentemente inagotables, sin valorar su coste de reposición, aparentemente marginal para el proceso productivo. A medida que las presiones del aumento poblacional y de la sofisticación tecnológica han ido en aumento, los esquemas de consumo de la sociedad se han disparado hasta niveles que han obligado seriamente a considerar las consecuencias de este esquema devastador. Solamente al llegar a este punto ha comenzado a insinuarse un cierto grado de mentalización y de responsabilidad por el tema.

Si se considera que es el actual sistema fiscal una de las principales causas de este fenómeno, la alternativa prudente y aconsejable sería entonces cambiarlo por un esquema que contemplara la aplicación de tributos sobre el uso de materias primas, al mismo tiempo que redujese la presión recaudatoria sobre el empleo y sobre la actividad productiva. Ello incentivaría a las empresas a optimizar sus procesos de producción, a reducir y racionalizar el consumo de materias primas, a producir artículos más duraderos, y a enfocar sus estrategias sobre la base de una economía de naturaleza más de "servicios", de índole más "sostenible", y no típicamente "extractiva" y "materialista". Como resultado, el proceso productivo emplearía más personal, y se juzgaría la actividad empresarial en función del valor añadido incorporado a sus productos y servicios. Todo ello habría de ir acompañado de una arraigada filosofía de respeto hacia el entorno físico, que es la fuente de los recursos y el punto de destino de los materiales residuales del proceso de producción. Esta situación sería por sí misma propicia para motivar un sentido de respeto y previsión que evitase toda posibilidad de agresión susceptible de ser lamentada a largo plazo, y que pudiese poner en entredicho el desarrollo de las actividades económicas, y por lo tanto, la estabilidad de la sociedad y la prosperidad del planeta.

Un planteamiento innovador de tal naturaleza es el que ha de imperar en el universo empresarial y económico de un mundo planetario, si se pretende gestionar apropiadamente unos recursos que, en definitiva, constituyen un patrimonio y una herencia colectiva que resulta del todo inmoral dilapidar. La gestión de recursos escasos y limitados se ha de efectuar aplicando los mismos criterios que permiten hacer viable y rentable a cualquier empresa, es decir, con rigor y proyección a futuro. Lo cual implica una vez más que los recursos naturales se han de administrar y contabilizar haciendo uso de criterios tanto económicos como ecológicos, diseñando para ello mecanismos que aseguren el crecimiento sostenido que a su vez permita la libertad del ejercicio empresarial, sin poner en entredicho los recursos de la tierra.

La puesta en práctica de iniciativas que impartan coherencia a las relaciones entre economía, empresa y ecología, implica la reiteradamente aludida necesidad de asumir cambios radicales de valores y actitudes a nivel social, razón por la cual el camino a recorrer no es precisamente fácil. La gestión del cambio implícito supone al menos el paso de una o dos generaciones antes de alcanzar los efectos deseados, tal y como históricamente ocurrió con otras transformaciones de trascendencia que en su día afectaron a la sociedad, principalmente aquellas que ocurrieron como consecuencia de la revolución industrial, pero que demostraron sin embargo que la transformación era viable y posible. El cambio es inevitable e indispensable, y en él radica el éxito esperado. La verdadera oportunidad está en saber adelantarse a las circunstancias y en transformar el reto del cambio en ventajas. En todo caso, se trata de un cambio que puede ser asumido, controlado y gestionado, evitando las situaciones traumáticas, anticipando estrategias inteligentes que permitan incluso hacer frente a los imprevistos, que sólo traen más problemas y más dificultades cuando, por falta de planificación, adquieren carácter sorpresivo.

La respuesta de las empresas a nuevas estrategias fiscales y contables podrá ser gradual, pero debe contar en todo caso con un cierto grado de coordinación global que incluya el soporte de inteligentes políticas de apoyo y control oficial, fijando para ello una agenda de prioridades basada en el rigor científico y tecnológico. No se deben tampoco despreciar las lecciones surgidas de la propia y espontánea evolución natural del proceso de cambio, que podrá por sí mismo insinuar alternativas complementarias e innovadoras, producto del ventajoso fenómeno de aprendizaje siempre implícito en el ejercicio y en el desempeño de la acción y de la práctica.

Los criterios para llevar a cabo este tipo de iniciativas se han de basar en la ciencia y en las tecnologías adecuadamente enfocadas, y en un nuevo modelo de juicio empresarial riguroso y responsable. El objetivo de toda empresa es asegurar permanentemente su continuidad, crecimiento y rentabilidad, en beneficio de sus propietarios, de sus accionistas, de sus empleados y del cumplimiento de su función social, principio que deberá hacerse extensivo en su alcance a la totalidad del planeta y sus recursos. La tierra es un sistema dinámico que debe ser considerado como una "empresa global", cuya misión es garantizar la estabilidad y la prosperidad de la sociedad que en ella vive, la cual, a través de sus actos, condiciona y determina su capacidad de sustentación, de acuerdo a un esquema de estrecha interrelación y reciprocidad.

La constatación de esta realidad no es ya un hecho que responda a vagos planteamientos teóricos o a matizaciones especulativas, sino más bien, como se ha visto y argumentado, a requisitos de tipo económico y ecológico. Como cualquier otro proceso radical de cambios al cual la humanidad haya hecho frente en el pasado, la consolidación de la sociedad planetaria se ha de basar en fuentes de inspiración y de inventiva que permitan implementar las medidas de adaptación gradual que el caso requiere. Una de las facetas motivadoras más relevantes del siglo XXI es, sin lugar a dudas, la responsabilidad de impartir a las actividades empresariales y económicas, auténticas fuerzas motoras de la humanidad, el necesario grado de estabilidad, para lo cual el contar con un sustrato físico y natural sólido y sano, constituye un requisito absolutamente imprescindible.

LOS RECURSOS HUMANOS FRENTE A LA GLOBALIZACION

Al orientar el establecimiento del mundo empresarial en el siglo XXI, es preciso aludir con frecuencia a un fenómeno evolutivo de tipo integral: la humanidad está viviendo un proceso fundamental de cambio de sus estructuras económicas y sociales, caracterizado entre otras cosas por la modificación en la forma y en el lugar en que se desarrolla el trabajo.

En cuanto a la forma, cabe reflexionar brevemente sobre los aspectos que tal vez inciden con mayor fuerza a lo largo del proceso de adaptación laboral a la era del conocimiento, de la información y de los servicios: motivación, autorrealización, protagonismo individual, responsabilidad e identificación con los objetivos empresariales. Al comentar más adelante ciertos temas relacionados con las vertientes organizativas de la empresa del mundo global, se volverá a insistir sobre algunos de estos aspectos.

El análisis de las características puramente formales del trabajo humano cabe iniciarlo comentando el sentido evolutivo del contexto laboral. Dentro de las tendencias sociales hacia demandas de tipo más cualitativo, se deben situar con preferencia las de un trabajo marcado por destacadas inquietudes de éxito y superación por parte de los individuos, entendiendo que este término se identifica no sólo con el alcance aislado de los intereses personales, sino con la dependencia natural del hombre respecto a la comunidad.

El trabajador ya no puede ser considerado como un mero instrumento en manos del empresario. Como en otras facetas de su vida y de su actividad, el hombre espera también lograr un cierto grado de satisfacción en su trabajo profesional. La historia ha conocido épocas en las que la sociedad apenas era consciente de los problemas sociales derivados de la gestión de recursos humanos, y sólo el advenimiento de ciertas pautas de organización han sido las que han ido creando normas de conducta que han hecho más o menos soportable la vida en el trabajo. En tal sentido, el ejercicio de políticas sociales adecuadas dentro de empresas que comprendieron a tiempo este aspecto, aportó ventajas y orientaciones significativas en cuanto a generar condiciones de mayor estabilidad y productividad laboral, disminuyendo al mismo tiempo los niveles de conflictividad, creando el ambiente propicio para una mayor identificación del trabajador con los objetivos de la empresa, y para que esta última iniciase el proceso de asumir la práctica de su cometido social. Existen buenos precedentes sobre el aspecto anteriormente comentado, lo cual permite prever algunos planteamientos que serán útiles para hacer frente a un orden socioeconómico que se impone sin que sea posible revertirlo. Aun cuando el comentar en detalle este asunto escapa a los objetivos del presente ensayo, es fácil intuir que las técnicas de gestión empresarial continuarán evolucionando hacia la adopción y puesta en práctica de innovadores sistemas de gestión de recursos humanos.

Si la empresa quiere alcanzar el éxito en el sentido más amplio de la expresión, además de asegurar su competitividad y su rentabilidad, deberá también procurar tener en cuenta, a sus niveles de liderazgo y decisión, los intereses de todos los grupos humanos que intervienen en la misma, ya se trate de trabajadores, accionistas, proveedores o clientes, armonizando los intereses en juego en función de su cometido social como fuente de bienestar, y de su continuidad como unidad económica de generación de riqueza. El clásico enfrentamiento entre capital y trabajo, surgido a raíz de la revolución industrial, es sustituido por la reconciliación entre dirección y trabajo, es decir, entre los agentes sociales que definen la proyección de la actividad económica y empresarial, todo ello como consecuencia del advenimiento de la era del conocimiento.

Hay que tener en cuenta que las personas ganan en competencia personal y empresarial mediante el acopio de experiencia y el ejercicio de la responsabilidad. Ninguna formación teórica o estudio de ningún tipo pueden sustituir al aprendizaje práctico logrado mediante la acción. Por lo tanto, es cada vez más necesario descartar las soluciones empíricas y dogmáticas cuando se trata de administrar recursos laborales y de optimizar el trabajo, observando en cambio lo que sucede en la práctica para ajustar de este modo con objetividad los procedimientos y recursos que atañen al desempeño del capital humano dentro del nuevo mandato organizativo.

El empleado, hoy en día y cada vez más, ya no está dispuesto a trabajar "para" la empresa o "para" el propietario del capital. Desea trabajar "en" la empresa, con la intención de encontrar en ella su realización personal y profesional, y en la misma medida, esta actitud se identifica con su papel en la propia sociedad. Por lo tanto, se confirma como evidente e indispensable la necesidad creciente de procurar alinear la motivación de los empleados con la obtención de beneficios del capital y con la voluntad de éxito y continuidad empresarial de la dirección. En tal sentido, el conocido modelo japonés de empresa, en funcionamiento desde hace ya bastantes décadas, es sorprendente y asombroso. Los logros conseguidos por Japón en cuanto a productividad, competitividad y calidad de sus productos y servicios no constituyen ningún "milagro" fortuito, sino, al contrario, el resultado del consenso, del compromiso y de la predisposición al esfuerzo por parte de sus recursos humanos integrales, incluidos los productivos, los directivos , e inclusive, los clientes y proveedores. Desde luego, sobre este esquema ha de imperar un alto grado de responsabilidad y de motivación, logrado a través de la delegación del poder y de la asunción solidaria de compromisos.

En la medida en que se da al hombre la posibilidad de desarrollar sus facultades para superar dificultades y afrontar retos, se le está también dando la ocasión de tener acceso a su satisfacción profesional y personal, y por lo tanto, a su felicidad y estabilidad emocional. Este hecho, motor fundamental de la productividad, se hace aún más evidente al promoverse mayores cuotas de protagonismo en tal sentido, respondiendo de este modo a las inquietudes típicas del individuo en cuanto a cubrir sus expectativas de creatividad, reconocimiento y espíritu emprendedor, con proyección a largo plazo.

Las inversiones en personal, así como en su formación y adiestramiento continuo, son cada vez más importantes para la evolución, prosperidad sostenida y supervivencia de la empresa contemporánea. A parte de que éste es un factor esencial para asegurar el funcionamiento eficaz de la empresa y el logro de sus objetivos económicos específicos, la formación es también un factor muy importante de motivación humana. El resultado económico de la actividad empresarial no sólo ha de servir para asegurar el sustento de las personas, sino que el trabajo de éstas debe constituir parte importante y positiva de su vida personal, para lo cual el entorno de trabajo ha de ser cualitativa y físicamente propicio al desarrollo de sus aptitudes y facultades. Dentro del mundo del trabajo, todo individuo busca realizarse e identificarse con su actividad. Actualmente, y más aún como consecuencia de los cambios en curso, se necesitan más que nunca empleados motivados y cualificados, dispuestos a asumir responsabilidades y a compartir en equipo su experiencia y sus conocimientos.

Existe también otro aspecto relativo a la forma de organizar el trabajo y los recursos humanos que debe ser sometido a profundas reflexiones a la hora de perfilar los esquemas de gestión general de las empresas. Se refiere a los modelos de actuación y al papel de los sindicatos, y a la dinámica de las relaciones entre los agentes sociales. En este ámbito son sin duda necesarios diferentes y revolucionarios esquemas de relación, acción y funcionamiento estratégico, marcados sobre todo por la necesidad de cambios radicales en las bases de confrontación y en los estilos de negociación entre las fuerzas en juego, así como en la legislación pertinente. Es preciso lograr un óptimo acercamiento de posiciones y opiniones en las plataformas del debate, todo ello enfocado al requisito de lograr la definitiva armonización de intereses entre capital y trabajo, con proyección humana y social. Obviamente, resolver esta necesidad, tarea compleja, crónicamente amenazada por conocidos y diversos conflictos de intereses, implica un auténtico reto no solo para los actores de este escenario, sino también para políticos, legisladores y expertos en materias específicamente relacionadas con el tema.

En cuanto al lugar donde se desarrolla el trabajo, otro factor crucial de cambio anteriormente enunciado, cabe empezar afirmando que éste es el motor fundamental de las transformaciones en este terreno. Ha surgido y se está extendiendo rápidamente una fuerza laboral de carácter mundial, dotada de talento y capacidad para llevar a cabo acciones productivas en cualquier lugar, inclusive con facultades, habilidades, aptitudes y motivaciones migratorias cuya magnitud tal vez no cuenta con precedentes históricos. Las empresas no buscan ya solamente situarse en mercados que provean mano de obra cualificada y facilidades de tipo territorial, sino que pretenden simultáneamente alcanzar el establecimiento de operaciones complejas de producción o prestación de servicios en mercados que prometen el mayor crecimiento a medio y largo plazo, lo cual suele a menudo ocurrir en los países de economía emergente o en etapa de crecimiento y transición.

Al hablar de la generalización del uso de las tecnologías de la información y de las comunicaciones, se aludió anteriormente al fenómeno de dispersión que afecta progresivamente al puesto físico de trabajo de los individuos, disociando la actividad del clásico centro operativo, para implantar a cambio un sistema de trabajo remoto y autónomo, plenamente integrado mediante novedosos métodos de actividad interconectada y coordinada en red. Este concepto de descentralización laboral implica características que afectan al ámbito de las actividades específicas y locales de una empresa, y a sus proyecciones regionales e internacionales, cuando sus actividades habituales sobrepasan las fronteras entre países. No obstante, es fácil deducir que el fenómeno de expansión territorial del mercado laboral va mucho más allá de las respuestas espontáneas a la introducción de las nuevas tecnologías de la información y de las comunicaciones, y que la búsqueda de oportunidades y de mejores condiciones por parte de las empresas, así como de expectativas más favorables por parte de la masa laboral, superan en gran medida las opciones inmediatas ofrecidas por esta progresiva realidad.

La migración de empleos a nuevas tierras tampoco constituye una alternativa directa mediante la cual, por cada empleo que se crea en los puntos remotos, se pierde otro en el país industrializado donde se ha originado la iniciativa empresarial. Las nuevas tecnologías y la continua búsqueda de mayor productividad impulsan a las empresas a implantar centros productivos y de servicios en las naciones emergentes, donde sólo se requiere una fracción de los costes en recursos humanos que serían precisos para desarrollar una actividad similar en sus países de origen. Así y todo, está demostrado que el trasvase de recursos humanos y de conocimientos desde dichos países, y la creación de nuevas opciones locales de empleo, tienden a equilibrarse a lo largo del proceso. Y, bajo ciertas condiciones, es igualmente posible que en algún momento el proceso migratorio se invierta, fenómeno que ocurre cuando en los países menos desarrollados no se dan condiciones de trabajo próspero y estable para sus habitantes, o cuando los países más avanzados entran en ciclos de crisis económica.

No obstante, ni tan siquiera de modo orientativo es actualmente posible imaginar con claridad cuál será la forma definitiva del mundo del trabajo dentro de un contexto de globalización. Sin embargo, existen muchos motivos de preocupación, pero también de entusiasmo, al efectuar prospecciones intuitivas sobre el tema, que vienen dados como consecuencia de las características generales de la transformación que está en marcha. Este fenómeno queda de manifiesto a través del evidente proceso de traslado de empresas hacia países de mano de obra más barata, como es el caso contemporáneo de los países del Este de Europa, actualmente en proceso de plena incorporación a la economía occidental, tal y como ocurrió en su día en relación a naciones como Tailandia, la India y otros países del sudeste asiático, donde los niveles de remuneración de la mano de obra son incluso aun sustancialmente más reducidos, y donde la reglamentación jurídica, fiscal y ambiental relativa a las actividades empresariales es todavía, aunque sea difícil apreciar hasta cuándo, más benevolente.

La anterior realidad de tendencia global contrasta abiertamente con lo que está ocurriendo concretamente en el mundo occidental, donde se está produciendo una contracción laboral permanente, no libre de tensiones, aunque dentro de un cierto orden, fenómeno similar al que ocurrió también en el sector agrícola de principios del siglo pasado con el avance de la era industrial. El exceso general de oferta de mano de obra en occidente provoca irremediablemente la caída relativa del poder adquisitivo de los salarios en todo el mundo desarrollado, por lo menos hasta el momento en que la consolidación de la economía de servicios compense la pérdida de protagonismo de las actividades manufactureras. Esta situación, que perdurará al menos durante un período de tiempo más o menos largo, generará la creación de una fuerza de trabajo "mundial", puesto que a la movilidad del capital y de la tecnología se añadirá la facilidad y versatilidad que en tal sentido aporta la oferta de trabajo para trasladar la producción de bienes y servicios a los sitios donde se den las mejores condiciones desde el punto de vista de rentabilidad, productividad, estabilidad y costes.

Es obvio que el movimiento mundial de la fuerza de trabajo generará a menudo mayor productividad que la que se obtendría en el país de origen bajo condiciones de trabajo convencionales. El mayor rendimiento de la mano de obra es un hecho patente en estos casos, bien sea debido a una mejor organización y racionalización de los procedimientos de gestión, o como consecuencia de una mayor entrega, de mayor motivación, de más responsabilidad y de menores vicios operativos por parte de la fuerza laboral, que se incorpora al proceso productivo con mayores expectativas y con mayor entusiasmo frente a las oportunidades que se le ofrecen desde fuera de su entorno habitual, dentro del cual ve frustradas sus ambiciones o, simplemente, sus posibilidades de digna subsistencia. A ello también se añade el hecho de que muchas compañías cambian en estas situaciones sus sistemas organizativos y sus estrategias de crecimiento y expansión, virando de un proceso de integración vertical propio hacia la subcontratación de empresas y servicios especializados que les suministren, o bien servicios, o bien componentes, para incorporarlos a sus propios procesos de fabricación. Tal y como fue anteriormente comentado, ello responde al requisito de adaptación, especialización y fraccionamiento de las estructuras empresariales, como camino hacia el logro de mayor eficiencia y eficacia integral.

La incorporación a la economía globalizada de la fuerza laboral proveniente de las naciones del Este europeo, ahora integradas en el mercado, y también de las naciones en proceso de desarrollo, a medida que éstas alcanzan niveles de progreso pertinentes, representa igualmente un reto importante que transformará, modificará o fomentará de modo dinámico la evolución de la oferta y de la demanda laboral de una forma muy peculiar. Indudablemente, esto también afectará directamente a los precios y costes de la mano de obra. Los países que hasta la fecha constituyen "reservas" o "paraísos" en cuanto a costes laborales, están naturalmente sujetos a todo un proceso de resurgimiento socioeconómico y de reivindicaciones que probablemente cuestionen la propia pervivencia en ellos de esta situación de bajos costes de mano de obra. La misma competitividad, y el mismo fenómeno reivindicativo surgido de la evolución socioeconómica de estos pueblos, puede que hagan nuevamente subir en ellos los costes laborales al cabo de un período de transformación estructural y de sensibilización social. Este fenómeno es fácil de predecir y de acotar si se toma como referencia la evolución de este aspecto a lo largo de la historia de la humanidad, marcada por ciclos de inversión de las tendencias migratorias desde o hacia horizontes de mayor o menor uniformidad de condiciones de competencia. Las conocidas situaciones de "deslocalización" y "relocalización" de empresas que ha sido posible observar últimamente, son igualmente ilustrativas de este tipo de escenarios.

Tampoco el sector servicios es inmune a los efectos de la globalización. Los espectaculares avances de las tecnologías de la información y de las comunicaciones, así como el dinámico empeño de los países en crecimiento por fortalecer sus sistemas de educación y formación, imparten necesariamente un importante impulso a todo tipo de actividades, desde el área de los seguros hasta la ingeniería informática y el diseño e implementación de revolucionarios programas de producción y gestión. Sin embargo, la consolidación de una fuerza de trabajo mundial plantea preguntas e incógnitas difíciles de dilucidar cuando se trata de precisar hacia qué formas definitivas de actividad económica se dirigirán los países industrializados. Resulta complicado estimar con un mínimo de exactitud si la prosperidad llegará al ritmo necesario a las naciones en transición, y plantear si el afianzamiento definitivo de la sociedad del conocimiento y el proceso de globalización laboral servirán realmente para eliminar las diferencias entre el tercer mundo y el mundo industrializado, o si, por el contrario, únicamente se conseguirá por esta vía aumentar la tradicional brecha que los separa.

Es probable que las esferas de competencia de la fuerza de trabajo de un país concreto cambien con el tiempo, pero la ventaja evidente será para aquellos que acojan con más entusiasmo la novedad y las oportunidades de las nuevas opciones. Lo que está ocurriendo en el ámbito laboral mundial es de magnitud y trascendencia inconmensurables, que además carecen de precedentes históricos. Tal vez se trate de un proceso de "realineación" similar al ocurrido al final de la era agrícola en los países de occidente, cuando la gente dejó las tierras y migró a las ciudades para trabajar en la industria. El paso de la era agrícola a la era industrial, así como los cambios en ello implícitos, son similares en tal sentido a los del paso hacia la era de la información desde la época post industrial. Sin embargo, el asunto no es tan sencillo en la práctica como sobre el papel. La sociedad seguirá necesitando bienes y productos que se habrán de fabricar en algún sitio, simultáneamente a la implementación de la economía de servicios. Sin embargo, y sea cual fuere la forma que adopte este cambio, conviene tener presente una incuestionable realidad: ahora y en el futuro, más que nunca antes en la historia de la humanidad, el trabajo se desplazará a los lugares que estén mejor preparados para realizarlo de la forma más económica y más eficiente.

La velocidad y la precisión con la cual se transmite la información garantizan que los líderes de la empresa contemporánea cuenten con los medios para decidir acertadamente y elegir la ubicación más adecuada para las actividades de la misma, con la seguridad de que dispondrá de los recursos de mano de obra en calidad y cantidad ajustadas a los requisitos de un proceso productivo y de prestación de servicios cada vez más complejo y exigente desde el punto de vista de la relación calidad/coste. Lo cual no excluye, por los motivos obvios, que la gestión de recursos humanos y la planificación estratégica de las actividades y objetivos empresariales son requisitos ineludibles de una buena dirección, obligada a asumir los retos del contexto socioeconómico del siglo XXI, y a asegurar la supervivencia rentable de las estructuras productivas bajo circunstancias de complejidad e imprevisibilidad.

Las opciones para el empresario son claras en este sentido, y las reglas del juego para el desempeño exitoso en el siglo XXI están ya prácticamente definidas. La gran incógnita subyacente continúa siendo sin embargo la evolución del proceso social y de la conciencia colectiva, así como de sus manifestaciones más o menos favorables a la trayectoria paralela de la macroeconomía, de la política y del entorno del mercado en general. Conseguir la plena estabilidad que necesita el mundo de la empresa y que requiere una sociedad planetaria, depende de la adopción responsable de nuevos esquemas, valores y actitudes, no sólo por parte los empresarios y trabajadores, sino también a nivel de las plataformas desde las cuales ejercen sus derechos y expresan sus inquietudes y plantean sus reivindicaciones. Legisladores, políticos y ciudadanos tienen también mucho que opinar y que acometer dentro del contexto globalizado, pero han de reflexionar a la vez sobre el hecho de que la adecuada gestión de los recursos humanos constituye un factor crítico para alcanzar la plena excelencia económica y social.

CONSUMISMO, MATERIALISMO, PUBLICIDAD Y SOCIEDAD DEL CONOCIMIENTO

Es un hecho que en la sociedad globalizada y del conocimiento prevalecerá la economía de servicios, pero no se deberá descartar por ello la presencia de una cantidad considerable de bienes de consumo material. Los bienes materiales han contribuido a fomentar y consolidar una corriente de libre elección y de orgullo personal en las sociedades industrializadas, del mismo modo que la imposibilidad o dificultad para acceder a ellos da lugar a frustraciones y estados de ansiedad peligrosos para la estabilidad e integridad de los pueblos o estratos sociales más marginados del proceso de desarrollo. Esta percepción de los bienes materiales tiene un alcance que va incluso más allá de su utilidad práctica o de su valor intrínseco.

A pesar del escepticismo de algunos críticos sociales ante el materialismo, se puede no obstante concluir que no es una mera coincidencia que el capitalismo y la democracia hayan marchado siempre de la mano, hecho que ha sido reiteradamente demostrado por la historia. La cultura del consumo, la publicidad y los procesos electorales de participación popular son las evidencias más representativas que fomentan la ideología de la libertad de opción en la sociedad actual. La abundancia y la libre elección brindan al individuo la sensación de seguridad y de tranquilidad social, e inclusive de equilibrio espiritual, que por tendencia natural necesita y anhela. Lo contrario, conduce a la decepción y a la frustración.

Muchas veces la crítica a la publicidad es radical, ya que ésta es censurada como el emblema más patente del materialismo, e inclusive, como una de sus causas y consecuencias más fundamentales. Sin embargo, a pesar de las críticas históricas, hay que reconocer que la publicidad es hoy también el símbolo más inequívoco, y tal vez el motor más importante, de la cultura del consumo.

A menudo se ha afirmado que la publicidad responde a la necesidad de estimular el consumo de bienes que ofrece la economía opulenta, y que ésta necesita fomentar para retroalimentar el sistema económico y mercantil. La publicidad es una de las instituciones socioeconómicas de las cuales se puede decir con acierto que son instrumentos de control social. Según este planteamiento, la publicidad considera al hombre como un consumidor pasivo, y no como protagonista que asume su condición de tal con capacidad de razonamiento, discernimiento, selección y decisión, producto de su condición diferencial de proyección intelectual más trascendente. Desde este punto de vista, la publicidad se puede considerar también como un potente elemento de manipulación social al generar actitudes de tipo compulsivo.

El control social siempre tiene una dimensión simbólica y cultural. Los símbolos son también parte de los medios empleados en escuelas, centros de trabajo y rituales religiosos, así como en las estrategias publicitarias que hacen uso de ellos como instrumento de difusión consumista en medio de la sociedad, que luego configura su esquema cultural en base a ellos. Sin embargo, aun cuando el fenómeno social tiene siempre una dimensión cultural, no ocurre lo mismo a la inversa: un medio cultural y simbólico como la publicidad no ejerce forzosamente una influencia social. En otras palabras, los aspectos sociales y el consumo no dependen única y exclusivamente de la publicidad. El entorno social, particularmente a través de la moda y de la tendencia de las personas a "imitar", puede influir bastante más en este sentido que el sólo hecho del fenómeno publicitario como tal.

El placer de la posesión, la vanidad, la comodidad, el dominio y la propiedad nada tienen que ver con los anuncios publicitarios, sino más bien con la satisfacción de un deseo innato y subjetivo, que la publicidad sí puede contribuir a despertar y a fomentar. La cultura del consumo no se sostiene en la sociedad por medio de imágenes y mensajes, sino por medio del rendimiento práctico de los propios bienes y servicios como tales, expresado a través de su uso. La publicidad es una herramienta de información compleja, dispendiosa y a menudo de mal gusto para una economía de consumo, utilizada por empresas rivales y por medios de información que compiten entre sí. Constituye un importante sistema de señales para orientar convenientemente a las empresas, y también a los consumidores y al vendedor de productos de consumo. Mirada desde este punto de vista, la publicidad no tiene importancia alguna fuera de los citados ámbitos de impacto e inducción cultural. Combinada o ejercida, juntamente con, o a través de los medios de comunicación tradicionales, aporta y difunde la iconografía de la abundancia, pero no es el motor generador de la misma.

La publicidad no surgió como respuesta a la necesidad de educar al consumidor en relación con sus gustos y deseos, sino como reacción frente a los retos y problemas específicos de la producción industrial y de la comercialización de bienes y artículos fabricados por ciertas empresas de finales del siglo XIX. Fue el medio mediante el cual una amplia gama de fabricantes y comerciantes se adaptó a una nueva forma de vida urbana, en la que existían distritos centrales de negocio, transportes públicos y periódicos de circulación masiva, susceptibles de ser utilizados como elementos transmisores de novedades. A partir de allí, la publicidad fue configurando técnicas y estrategias cuyas características y nivel de impacto en la sociedad obedecieron a la adopción paralela de hábitos y estilos de consumo derivados de la propia revolución industrial, de acuerdo con un proceso de mutua interacción entre dichas técnicas y los fenómenos sociológicos.

La publicidad dio lugar desde su nacimiento a numerosas objeciones y críticas. Algunas, defensoras de la espiritualidad, censuran el fomento de ciertas actitudes populares frente a los bienes materiales. Otras, buscan la sencillez y atacan en cambio las cualidades intrínsecas de los bienes. Varias, apelan a la racionalidad cívica, oponiéndose a las consecuencias de la propiedad y a la prevalencia de los valores del consumo sobre manifestaciones más relevantes de la vida. Pero también hay quien defiende que la publicidad moderna es la mejor prueba de que los integrantes de la sociedad actual no son materialistas, pues la función de los anuncios consiste sólo en dar un valor añadido al producto como tal.
En algunos casos, la industria contemporánea está marcada y dirigida por la obsolescencia planificada, es decir, por la provocación del cambio periódico y sistemático de los productos, con el fin de inducir a la gente a adquirir modelos nuevos, con mejores prestaciones puramente marginales, aun cuando los que estén utilizando estén en perfecto estado. En este caso, cuyo ejemplo más paradigmático lo constituyen el sector del automóvil y el de los electrodomésticos, los cambios que se hacen a los productos no sólo son en su gran mayoría inútiles, sino que expresan una manipulación que da lugar a diferenciaciones puramente ociosas y frecuentemente absurdas de los artículos, a las cuales sin embargo el consumidor, manipulado en su instinto irracional de compra, atribuye un significado infundado.

Evidentemente, los enfoques y procedimientos de la publicidad habrán de cambiar sustancialmente a medida que se produce el avance de la sociedad del conocimiento y de la economía de servicios, detrás de lo cual subyace la profunda transformación de los valores, estilos y actitudes de la sociedad global. Si se admite el hecho de que el consumo racionalizado es más práctico, menos ostentoso, menos dilapidador, lo cual lo hace inclusive más justificable desde el punto de vista ético, merece la pena reflexionar sobre cuál debes ser el nivel apropiado de refinamiento que debe tener un producto determinado, y de qué modo es preciso comparar un producto costoso y ostentoso con otro de idéntica utilidad, pero de naturaleza más modesta y práctica. El primero utiliza con toda probabilidad más recursos en su fabricación, para dar prestaciones de uso menos eficientes, al menos en términos relativos, pero no necesariamente es más seguro y más duradero que el segundo. Todo lo cual obliga a plantear el análisis desde puntos de vista más bien asociados con las necesidades reales que dicho producto está destinado a satisfacer. Al efectuar este tipo de reflexión es indispensable asumir de entrada que no es fácil medir el coste relativo de un producto, si se quiere tener en cuenta los aspectos marginales que integran su precio, sobre todo aquellos relacionados, por ejemplo, con el medio ambiente y con la sociedad.

Algunas opiniones sostienen que entre los bienes de consumo de un determinado tipo no deberían existir diferencias significativas en cuanto a niveles de calidad, utilidad, prestaciones, eficacia y comodidad, que fuesen más allá de los criterios de utilidad normal aceptados por algún tipo de consenso social. Tampoco se debería, de acuerdo con esta posición, multiplicar desproporcionadamente la producción de bienes, si éstos son lo suficientemente duraderos como para ser compartidos o utilizados varias veces. Aun así, el dilema radica en poder precisar la norma que permita establecer cuál es la utilidad objetiva y real de un producto, y quién la deberá o la podrá dictar, asumiendo los imperativos que propone un modelo de consumo menos derrochador y mejor ajustado a las demandas genuinas de la colectividad.

Algunos estudios inducen a pensar que el papel de los consumidores en el proceso de decidir los bienes que compran es mucho más activo, incluso prescindiendo del factor publicidad. Numerosos análisis sociológicos sobre el trabajo reconocen que sólo a través de esta vía el ser humano puede tener acceso a encontrar satisfacciones reales en la vida, y que todas las demás actividades han de ser consideradas como complementos y sustitutos ilusorios y más o menos relativos en este aspecto. Sin embargo, no se puede aceptar "a priori" que el consumo es un asunto de importancia secundaria, ajeno a los factores clave de la realización humana. El trabajo y el ejercicio del oficio y de la profesión son indudablemente de gran importancia en este sentido, pero hay que reconocer que también hay algo de metafísico en hacer del consumo el rasgo que define importantes aspectos de satisfacción para las personas.

Según la teoría marxista, comunista o socialista radical, si se analiza el sistema económico desde el punto de vista del consumo, este último refleja la intencionalidad de dominio del trabajador por parte del capitalismo. Los marxistas y otros expresaron en su día que ésta era una de las metas de la sociedad de consumo, enfocada a distraer la mente y el cuerpo de los trabajadores, y a hacer del consumo el "opio" del pueblo, todo ello con el objeto de disimular la insatisfacción de la vida en el centro de trabajo "explotador". La historia, y en parte los argumentos expuestos más arriba, demostraron claramente la falacia de este tipo de planteamiento, que sólo constituyó un elemento y un intento fallido de consolidar el dominio coyuntural de unas condiciones sociales y económicas de especial naturaleza, pero que sin embargo ejerció en la sociedad un impacto manipulador similar, o incluso superior, al que los propios promotores del sistema atribuían a la publicidad consumista.

Puede también haber una objeción estética a la sociedad de consumo, basada en el hecho de que ésta promueve la fealdad y la defensa de la cultura de la uniformidad, en lugar de promover la diversidad. De acuerdo con esta posición, los bienes producidos en masa son feos y aburridos, y su utilización práctica cae tarde o temprano en la rutina. Lo malo de esta crítica es su obvio perjuicio para la democracia, ya que, si bien los bienes fabricados a gran escala pueden ser considerados poco estéticos por algunos consumidores, normalmente son más baratos que los producidos a mano, de modo artesanal, o a medida de una demanda elitista y minoritaria. Una vez más, el problema está relacionado con la relatividad de los puntos de vista.

Puede haber casos en que un artículo es hermoso y de alto prestigio cuando posee un carácter exclusivo, es decir, cuando sólo limitadas personas pueden acceder a él. Este tipo de valoración de lo exclusivo lleva a afirmar que si algo es fino, raro, escaso y hermoso, confirma su condición de diferenciador social en la selección de la calidad. El problema de no disponer de pautas con las cuales todo el mundo esté de acuerdo se complica por el hecho de que precisamente hay demasiados criterios estéticos que en sí mismos van en contra de la democracia. De todas formas, estas valoraciones y opiniones tienen evidentemente un marcado carácter subjetivo, ya que la percepción de toda esta realidad depende en gran medida de los puntos de vista de quien efectúa dicha observación y dicho análisis, o de quien vive dentro del mundo del consumismo marcado también por los efectos de la publicidad, de la moda y de la imposición de hábitos y costumbres sociales por parte del orden establecido, fomentados además por la inercia, la pasividad y la resignación frente a situaciones que acaban siendo totalmente rutinarias.

La consideración del consumo desde un punto de vista ético lleva igualmente al análisis de diferentes posiciones y criterios. Algunos pensadores ven a las posesiones materiales como algo impropio de la vida, por muy valiosas que sean. Otros defienden un criterio más ecológico que admite los bienes materiales, y que en su versión moderna pasa del rechazo radical a la aceptación de las ventajas de la variedad de los mismos, sin perjuicio del reconocimiento de la idea de dispendio que su consumo implica en un mundo de desigualdad y de escasez de recursos. Hay por otro lado la opinión que repara en el peligro de la satisfacción privada de necesidades, frente a los requisitos de la estabilidad social, no porque la primera sea negativa en sí misma, sino porque supuestamente induce a los individuos a perder interés por los elementos esenciales de la vida en comunidad. Otra visión es la que considera que por cada acto de consumo existe paralelamente otro de producción, y que defiende por lo tanto que en todos los cálculos del valor moral del consumo de bienes se debería también tener en cuenta la dignidad del trabajo humano incluido en su producción, así como la importancia de todo el ciclo producción-consumo como elemento dinamizador de la economía. Por último, está la posición del elitismo estático que, sin hacer de la belleza un privilegio de clase, o de la artesanía un culto místico, aprecia las manifestaciones utilitarias y estéticas del estilo, de la forma, de la función y de la sostenibilidad.

Los anteriores criterios confirman una vez más la complejidad del tema, y sirven de base para llegar a la conclusión práctica de que se han de tener presentes todos ellos en conjunto y a la vez, de modo que la sociedad pueda así vivir en base a una gama de valores y orientaciones éticas en lo que atañe al consumo. La conciencia creciente en relación a los problemas del deterioro ambiental, y los enlaces recíprocos de la ecología con las demás disciplinas socioeconómicas, hacen que esto aparezca hoy más obvio que nunca. A pesar de todo, es poco probable que se llegue a un acuerdo en cuanto a si son justificables o no ciertos productos que la colectividad adquiere y consume, así como el modo en que los utiliza y administra. Las reformas políticas y sociales desarrolladas en los países del este de Europa y en otras naciones del planeta, así como la evolución del mundo empresarial, de la sociedad y de la economía hacia una era globalizada, indican que estas reflexiones sobre el tema del consumo habrán de mantenerse, y que se habrá de profundizar sobre la cuestión de cara a una mejor planificación en el contexto del presente milenio. Es el momento de analizar seriamente el propio concepto de cultura del consumo sobre la base de lo ocurrido en las sociedades de occidente, donde se goza de relativa prodigalidad, y de aquello que puede ocurrir como consecuencia de la inevitable evolución de los países emergentes y del tercer mundo, en los cuales la realidad es totalmente distinta, y a cuyo nivel los efectos de una publicidad mal enfocada, y de la implantación de una cultura de consumo equivocada, pueden tener efectos deplorables a corto, medio y largo plazo, fundamentalmente en deterioro de la sostenibilidad.

A veces se ve en la publicidad la imagen del materialismo en su peor forma, o sea, la del fomento de la idolatría de los bienes materiales, separada de la utilidad o de la satisfacción que éstos puedan brindar. No obstante, la publicidad ofrece y expresa una ideología de libre elección, y unifica a la sociedad en torno a esta realidad y al principio de aceptación de la diferencia, de la variedad, de la abundancia, del pluralismo y de la democracia. La cultura del consumo y la publicidad, junto con el proceso electoral democrático, son las instituciones que representan con mayor claridad la ideología de la libertad de opción. Sin embargo, aun cuando la publicidad y el sistema electoral dan al hombre la oportunidad de escoger entre caminos alternativos, distraen también a éste de la esencia misma del acto de elección. Es decir, como resultado de sutiles manipulaciones tendenciosas de la publicidad, limitan a menudo su posibilidad de apreciar las opciones que casi siempre subyacen simultáneamente detrás de las realmente "visibles" y aparentes, limitándole a menudo la oportunidad de comparar y de decidir sobre la base del conocimiento objetivo de un mayor número de alternativas.

La sociedad se deja fácilmente fascinar e influenciar por determinados planes de acción o campañas publicitarias, y de ahí el éxito que han demostrado los métodos y sistemas de promoción para fomentar el consumo. Impulsado por influencias mediáticas, el individuo prescinde normalmente de la inquietud por conocer los agentes y las razones que pueda haber tras ellos. Tal vez se llega con excesiva facilidad al convencimiento de que en el fondo son la soberanía popular y el instinto humano los que rigen tanto la política como la vida económica, y que, por lo tanto, el fenómeno publicitario no es más que la expresión formal de dicha voluntad en la práctica.

La evolución del modelo de transición de los países del este europeo hacia el capitalismo señala claramente la tendencia ineludible del mismo hacia una sociedad más abierta a los esquemas de economía de libre mercado, y por lo tanto, este hecho legitima aparentemente la cultura del consumo en el escenario mundial. Sin embargo, el único desafío que permanece es el de intentar evitar las distorsiones de un consumo descontrolado e insostenible que se oponga a los valores que han de prevalecer en la sociedad del conocimiento y de los servicios, lo cual implica apuntar desde ahora hacia un horizonte que ha de contemplar necesariamente diferentes esquemas de comportamiento social, político y económico, con el fin de potenciar las ventajas del sistema y de neutralizar sus posibles vicios y amenazas. Los países en proceso de cambio desde economías centralizadas y dirigidas hacia esquemas capitalistas y de mercado, se esfuerzan desde ya por tomar parte en este proceso atractivo y promisorio, y la propia transformación les plantea tanto oportunidades como retos en tal sentido. En todo caso, Occidente lleva ya dos o tres generaciones que han experimentado el modelo, y por lo tanto, las lecciones de la historia están allí para ser asumidas, comprendidas, aprovechadas y llevadas a la práctica con inteligencia y rigor.

Así y todo, la anterior visualización puede plantear dudas cuando se trata de efectuar una crítica serena y objetiva de la cultura del consumo. Es un hecho que la aprensión de la sociedad en relación con el desastre ambiental y ecológico va en aumento, tal y como ocurre en lo referente a los crónicos problemas de distribución global de la riqueza, del bienestar y del consumo, no sólo entre ricos y pobres de una determinada comunidad, sino entre las naciones más marginadas y las más opulentas del planeta, fenómenos de desequilibrio que no acaban de ser resueltos con claridad, y cuya evolución a futuro está condicionada por diversas incógnitas políticas y socioeconómicas. La creciente sensibilización sobre estos aspectos demuestra también la importancia que actualmente tiene el diseño de un modelo equitativo que permita la incorporación de los países en transición al sistema económico del mundo globalizado.

Al margen de las connotaciones morales, de los planteamientos éticos y del reconocimiento de cierto derecho y grado de dignidad y de racionalidad en el deseo de poseer bienes materiales, la humanidad debe intentar replantearse la dimensión integral de las opciones sociales y políticas sobre el consumo, y plasmarlas en un modelo de comportamiento diferente, más austero y sostenible, de acuerdo con el cual todo el mundo pueda vivir de modo equitativo. Está claro que publicidad y consumo son dos aspectos estrechamente vinculados que orientan los hábitos de conducta de la sociedad, y que han de tenerse muy en cuenta a la hora de hacer frente a los cambios que impone el paso hacia la era del conocimiento. La empresa juega un papel protagonista en relación con la manifestación de ambos fenómenos sociales, y por esta razón, sus estrategias han de modelarse en función de su capacidad para orientar el mercado y las actividades de las personas.

Una de las mayores debilidades de la civilización contemporánea la constituye el excesivo valor que el hombre da a las cosas superfluas, y el abuso que hace de ellas, frecuentemente con fines absurdos, en deterioro de su medio físico y de los valores asociados a su condición racional. Es el caso, por ejemplo, del automóvil, sobre todo cuando es utilizado en medios urbanos. O de objetos de variada índole cuyo fin principal no es el de satisfacer necesidades esenciales, sino el de generar un desmesurado afán de comodidad, o la ansiedad obsesiva de consumo, como ocurre en el caso de la influencia sicológica que ejercen ingeniosos y llamativos envases que contienen artículos de consumo cotidiano, y cuyo valor es a menudo superior al del producto que contienen. A pesar de que las actitudes humanas de consumo son a menudo en estos casos compulsivas, irracionales e inconscientes, el individuo experimenta un enorme sentido de frustración cuando es privado de cualquiera de estas pequeñeces, a las cuales está sugestivamente acostumbrado, pero que sin embargo alteran el concepto de equilibrio social y ambiental, y el de racionalidad intelectual.

Es un hecho conocido que la empresa, el mercado y la política incentivan frecuentemente la competitividad como argumento de crecimiento y progreso. Pero, por otro lado, se hacen diversos llamados a la estabilización y control de dicha competitividad cuando se trata de frenar las presiones sociales y económicas que conducen al deterioro del medio físico, para asegurar consecuentemente una situación de crecimiento integral equilibrado y sostenido. Esta dicotomía de planteamientos puede paradójicamente provenir de las mismas fuentes, como producto de puntos de vista influenciados por la demagogia, los intereses creados o la "moda" del momento, creando en todo caso confusión, y no pocas veces irritación, en el ciudadano, y estancando cualquier estrategia de acción sometida a la necesidad de basarse en planteamientos claros y coherentes.

Pocos perciben en su verdadera magnitud y trascendencia hasta qué punto el mercado ha llegado a condicionar y alienar al ser humano, inclusive utilizando el argumento económico, social o ambiental como arma persuasiva para presionar sobre el consumo. Es del todo dudosa, por ejemplo, la ética que subyace tras los refinados métodos de comercialización amparados por una publicidad agresiva y distorsionadora, que frecuentemente crea falsas expectativas al ciudadano, promoviendo el consumo de productos presuntamente "ecológicos", o que implican un importante "ahorro" por añadir supuestas cantidades "gratis" a su magnitud o condición habitual. En estos casos, y en muchos otros de naturaleza similar, la motivación de compra se genera más por imposición de la "moda" que por la adopción de una legítima conciencia de consumo racional, y la publicidad, que ha de ser sólo un elemento informador de la demanda, se convierte así en un factor de presión coercitiva. Muchos productos que aparentemente se ofrecen como más convenientes y "amigables" para el hombre y para el entorno, requieren a menudo procesos de fabricación tanto o más dilapidadores y contaminantes que los habituales, y van frecuentemente acompañados por envases y campañas de promoción detrás de cuyo diseño y fabricación se ocultan también serias agresiones al medio y a los recursos. Entre estas agresiones, no es despreciable el efecto de "contaminación cultural" que simultáneamente se genera en la comunidad. Detrás de estrategias de este tipo se oculta casi siempre un interés mezquino, que logra su propósito utilizando y manipulando la sensibilidad ignorante del consumidor. Tal carencia de una auténtica ética comercial trasciende inclusive más allá de las fronteras, y perfila la clásica y conocida brecha económica existente entre naciones ricas y pobres, y entre estratos altos y bajos de la sociedad, donde se arraigan de modo nefasto las relaciones de servidumbre y dominio, y se perpetúa indefinidamente la distorsión de los valores esenciales de la sociedad, implantando en su lugar el culto de lo absurdo y de lo suntuario. Todo ello, sin dejar de reconocer el efecto de frustración que produce la publicidad de bienes y artículos de alto precio en estratos de la sociedad que no tienen, ni tendrán a corto plazo, la capacidad económica para adquirirlos.

En contraposición con lo anterior, es un hecho actualmente evidente que el propio avance hacia la plena implantación de la sociedad del conocimiento trae también consigo la emergencia de un nuevo tipo de consumidor, más culto, mejor informado, más selectivo e intuitivo, que se inclina por el consumo "cualitativo" de bienes y servicios, buscando un mejor ajuste a la satisfacción de sus necesidades genuinas, entre las cuales no están desde luego excluidas las puramente lúdicas, de evasión, de bienestar y de comodidad. Este nuevo consumidor, saturado de sistemas publicitarios convencionales, se hace así más auténtico y personal, más exigente y más selectivo. Es preciso confiar en que, con el advenimiento de un nuevo orden y de nuevos valores sociales y culturales, y aun cuando persista el acto de la compra impulsiva e irracional, imposible de disociar de la naturaleza humana, el hombre será cada vez menos susceptible a la manipulación por parte de las técnicas y medios publicitarios.

El proceso de globalización de los mercados está llevando también a ritmos vertiginosos hacia la transformación de los sistemas de distribución y comercialización. Por otro lado, el tejido económico y los tiempos difíciles imponen la necesidad de mayor rigor en el planteamiento de las estrategias publicitarias, obligando fundamentalmente al requisito de promover una ecuación coste/beneficio más acorde con la realidad del mercado, o sea, con el ajuste de la producción a la demanda. Esta realidad afecta tanto a las convencionales empresas productoras de bienes y servicios, como a los propios agentes y medios publicitarios, que son también una actividad suministradora de servicios destinada a asumir un importante protagonismo en la era del conocimiento.

También las nuevas tecnologías añaden otro factor importante a este escenario, ya que, frente a los saturados medios de la publicidad tradicional, han surgido abundantes y variadas opciones innovadoras, tales como la comunicación interactiva y multimedia a través de las autopistas de la información, que inclusive se ajustan mejor al antes citado perfil del nuevo consumidor. Estos nuevos "canales" de comunicación son ya una realidad en el mundo actual, y su principal infraestructura es el "ciberespacio", al cual se aludió en capítulos precedentes. La opción de poder incidir directamente sobre el consumidor, dando a este último la posibilidad de recuperar su protagonismo como tal al actuar proactivamente en el proceso de "seleccionar" publicidad, abre indiscutibles oportunidades para el presente y para el futuro inmediato de las empresas del sector publicitario. Pero dichas oportunidades deben en todo caso ser evaluadas en términos de coste y rendimiento mediante la utilización de importantes dosis de imaginación, ingenio y creatividad. Las empresas de publicidad, por lo tanto, constituyen unas de las primeras organizaciones productoras de servicios que deben asumir los retos de la sociedad de la información, y los compromisos sociales de la actividad empresarial.

La creciente concentración de fabricantes y canales de distribución comercial, producto de la integración a través de alianzas estratégicas o fórmulas de colaboración entre empresas, es un indicio de un cambio de gran impacto que ya está ocurriendo en el contexto de los negocios. Frente a este nuevo escenario, lo más probable es que el consumidor huya del acoso publicitario y de todo aquello que coarte su libertad de juicio, selección y decisión, y por lo tanto, de los métodos publicitarios convencionales, vestigios de tiempos que ya se pueden considerar pasados y superados. El reto para que las empresas publicitarias puedan hacer frente de modo rentable y estable a este nuevo mandato, debe pasar necesariamente por asumir cambios radicales en sus métodos y estrategias de gestión, procurando ante todo reconciliar anunciantes y consumidores, aplicando iniciativas profesionales innovadoras, y buscando la eficacia integral dentro de un sector que, como cualquier otra manifestación de la era globalizada, está cada vez más condicionado por factores de imprevisibilidad e incertidumbre.

Los medios de comunicación social, soporte de la publicidad, tradicionalmente tan variados y poderosos, juegan un papel muy importante en este terreno. A ellos puede obedecer tanto la creación de falsas expectativas por la práctica de la desinformación y del sensacionalismo, como la consolidación de una auténtica ética informativa que intente neutralizar los intentos de manipulación ciudadana, que muchas veces ejercen por su conducto el poder político y los grupos de presión mercantil. Bien dirigidos, los medios de comunicación social pueden cambiar la tendenciosa y ampliamente conocida inclinación a imponer pautas y estilos de vida reñidos con un entorno socioeconómico equilibrado, sostenible y coherente.

Una razonable ética informativa, acompañada de oportunas estrategias de divulgación y formación ciudadana, puede cambiar el curso opresivo de quienes concentran en sus manos la producción, dominan el mercado, elaboran las políticas e imponen los estilos y esquemas de vida, dirigiéndolo en cambio hacia fines más humanistas basados en el cambio radical y definitivo de los valores fundamentales de la colectividad. Tal y como ocurre con la ciencia y con la tecnología, la información, a través de sus múltiples y eficaces manifestaciones, puede constituir tanto un factor de agresión como de salvación para el medio humano. El predominio de una u otra alternativa depende de cómo sea utilizada dicha información. Pero además, y sea cual sea su intencionalidad, la fuerza y el valor de la información como arma de influencia sobre el ser humano es enorme e indiscutible, ya que puede llegar a alcanzar su más profunda intimidad física e intelectual. El planteamiento de una nueva ética informativa ha de constituir el motor dinámico del cambio cultural que requiere la sociedad del conocimiento para modificar aquellos hábitos que han sido adoptados por inercia, por resignación, por comodidad o por imposición del mercado, y que no obstante han configurado modelos de comportamiento y consumo reñidos con los requisitos básicos de un entorno físico y emocional estable.

Para contribuir eficazmente a la implantación de una apropiada filosofía informativa y publicitaria, los medios de comunicación han de ser rigurosos y objetivos, no solamente al registrar, sino que también al procesar y difundir la información, sobre todo la que, de una u otra forma, adquiere carácter promocional. Esta función la han de cumplir honrada y objetivamente, aplicando enfoques polifacéticos, y aportando aquellos elementos de análisis responsable, de perspectiva y de debate constructivo a la sociedad, que así estará en condiciones de asumir con pleno conocimiento de causa las transformaciones esenciales y pertinentes, contando a la vez con su mayor grado de sensibilidad y madurez para hacer frente a las incógnitas que plantea un futuro apasionante, pero esencialmente complejo y diferente.

LA TECNOLOGIA, LAS FINANZAS Y LOS ESQUEMAS DE PRODUCCION EN LA ERA GLOBAL

A lo largo del presente ensayo se ha podido constatar con toda claridad la inevitable evolución de la humanidad hacia una era radicalmente diferente, y por lo tanto, hacia la ocurrencia de una serie de cambios de gran magnitud que afectarán durante largo tiempo a la sociedad, la cual los deberá asumir plenamente si desea establecerse en el presente siglo con garantías mínimas de prosperidad, estabilidad y bienestar.

La magnitud de los cambios en curso puede nuevamente compararse con la de aquellos que en su día dieron forma a la revolución industrial, a partir de los años cercanos a 1750, y que se prolongó hasta prácticamente la mitad del siglo XX. Pero lo que no ofrece punto de comparación es el tipo de transformación que afectó a aquella época, si se la tiene en cuenta en comparación con las diferentes circunstancias que motivan los nuevos cambios. Lo que en su día fue consecuencia de la incorporación a la economía productiva de la máquina de vapor, de los telares, de la energía eléctrica o de los sistemas de producción mecanizada en serie, actualmente ha sido sustituido por la comentada incorporación de los nuevos factores de cambio, entre los cuales destacan las tecnologías de la información y de las comunicaciones, la globalización de los mercados, y la consolidación de una sociedad democrática más interrelacionada planetariamente, cuyas demandas y expectativas obedecen a valores e inquietudes que no tienen precedentes en la historia de la humanidad.

Los cambios hacia el nuevo orden son de naturaleza mucho más dinámica y rápida, y sus efectos son también más amplios, alcanzando a todas las esferas y manifestaciones de la vida cotidiana. Ello es también consecuencia de la adopción de nuevas técnicas de producción y de gestión, así como de la configuración de un nuevo entorno laboral por parte de los agentes sociales, dentro de un esquema de sociedad más culta y partícipe de la problemática mundial. Todo lo cual lleva a la necesidad de efectuar una reflexión seria sobre cuáles serán las características fundamentales de los sistemas productivos que predominarán en la era del conocimiento y de los servicios.

La adopción y la aplicación de las nuevas tecnologías, principalmente de la electrónica digital y de la robótica, permiten la fabricación de productos más compactos, más eficaces, de menor coste y a un ritmo más rápido. Como consecuencia de este nuevo esquema productivo más dinámico y más económico, los términos de competencia se acentúan no sólo entre las empresas de un mismo sector o mercado, sino también entre las naciones, cada vez más integradas globalmente. Es difícil para empresas y países mantener un liderazgo productivo durante un cierto tiempo, ya que la competencia surge por todos lados en la medida en que las nuevas tecnologías se difunden con rapidez y eficacia a través de los múltiples y poderosos canales, medios y sistemas de información y comunicación. De este modo, empresas relativamente pequeñas, pero ágiles y bien organizadas, pueden adquirir coyunturalmente, en un determinado momento, una ventajosa posición estratégica de trascendencia mundial, que les permite competir inclusive en mercados que tradicionalmente han sido dominados casi exclusivamente por las grandes multinacionales.

Las facilidades de difusión y transmisión de los avances tecnológicos ponen por otro lado a las nuevas tecnologías productivas al alcance de la fuerza laboral de todo el mundo, permitiendo que trabajadores de países emergentes efectúen trabajos cada vez más sofisticados, a precios mucho más bajos que los de los países industrializados. Esta realidad ya contrastada es la que permite afirmar que la competitividad de una empresa o nación no está solo limitada por los costes laborales o financieros, ni por los niveles de preparación productiva, sino más bien por su capacidad de reacción frente al cambio y a las oportunidades.

En la era marcada por la explosión del conocimiento, el auge de nuevos trabajos de alta cualificación técnica no estará reservado sólo a los países más avanzados, y los países con costes laborales reducidos podrán también producir bienes de alta tecnología y competir con los industrializados, incluso con ventajas combinadas de costes y de economías de escala. Las políticas laborales, por lo tanto, deberán prestar atención no sólo a la protección de la gran masa productora directa de bienes y servicios, sino también a la reconducción laboral de los niveles ejecutivos y directivos clásicos, que serán temporalmente desplazados del esquema general a lo largo del proceso de nivelación de las jerarquías funcionales. Participación y distribución de poder y responsabilidad son la tónica dominante en el esquema productivo de la era planetaria, como resultado del fenómeno de democratización del sistema de relaciones dentro de las organizaciones empresariales, así como entre las empresas dentro del contexto global.

Es fácil deducir que la revolución de la información genera enormes oportunidades para quienes poseen un adecuado nivel de formación y experiencia actualizadas, juntamente con la iniciativa y la motivación que el caso requiere. Sin embargo, un mercado laboral de tipo global debe gestionarse con rigor y sentido de organización por parte de todos los agentes sociales, con el fin de evitar las tensiones que su dinámica pueda provocar. El poder de la fuerza laboral tal como se le ha conocido hasta ahora perderá importancia dentro del nuevo contexto, y la función de dichos agentes sociales ha de ser cada vez más de tipo consensual que de presión, de acuerdo con un proceso cuya tendencia apunta a reconciliar las condiciones de trabajo y el ámbito democrático de modo indisociable y definitivo.

La fuerza laboral del siglo XXI será la clase media, cada vez más mayoritaria y predominante, y sus demandas cambiarán desde los puros aspectos materiales y económicos hacia deseos de mayor libertad, estabilidad y prosperidad cualitativa, a lo cual contribuirá ciertamente el relativo pero progresivo incremento y nivelación del poder adquisitivo de la sociedad en términos generales. Una vez que las rentas superan los niveles de satisfacción de las necesidades básicas de supervivencia, se produce el conocido fenómeno de incremento de la demanda de bienes y servicios más sofisticados, situación que ya es un hecho en muchos países, a medida que éstos se incorporan a la sociedad del conocimiento. La producción de bienes y servicios para la sociedad globalizada se ha de adaptar a este tipo de demanda, al margen de los métodos y sistemas de producción en sí. Estos últimos pueden continuar siendo los mismos del pasado, debidamente puestos al día y optimizados por el aprovechamiento y los avances de la tecnología moderna, y adecuadamente gestionados de acuerdo a nuevos métodos, procedimientos y técnicas de organización empresarial, a cuyo nivel sí que el cambio de enfoques, valores y estilos ha de ser radical. Dentro de estos últimos aspectos adquiere también especial relevancia la descentralización física y geográfica de las unidades o centros de producción, lo cual va consecuentemente acompañado de la creación de nuevos polos de desarrollo industrial, promovida a su vez por efecto directo de la globalización del mercado laboral, de la economía en general, y de las relaciones recíprocas entre los agentes del cambio, incluidos los de tipo político y social.

El mundo en transición hacia la total era del conocimiento y de los servicios se mueve a un ritmo sin precedentes históricos, y los tradicionales esquemas de gestión de la producción no son ya garantía de seguridad y de eficacia. El ciclo de vida de los productos se reduce, y las empresas se enfrentan a dificultades crecientes para mantener su posición estratégica y competitiva, a menos que demuestren agilidad a través del ejercicio de las habilidades y aptitudes de sus equipos humanos, que han de disponer de la capacidad adaptativa y previsora producto de un importante sentido de imaginación, innovación y perspectiva. El auténtico valor de la experiencia y de la tecnología, claves para lograr un proceso productivo eficaz, no sirve para nada si no va acompañado de su manifestación y de su aplicación concreta en la práctica, lo cual se ha de ajustar inevitablemente no sólo a la realidad del entorno actual, sino también a los retos que plantea el surgimiento de unos valores y requisitos por parte de una comunidad cada vez más preparada, exigente y responsable.

El proceso moderno de producción mundial se caracteriza por ser el resultado del importante grado de tecnificación y automatización incorporado a los procesos industriales, en medio de lo cual la participación del individuo adquiere carácter de elemento más supervisor que ejecutor manual o material de funciones. Son evidentes los cambios habidos en el estilo productivo de las industrias contemporáneas como consecuencia de la introducción de diversos avances tecnológicos y de la evolución sociocultural de la masa obrera tradicional, cada vez más alejada de la época en que su función era casi exclusivamente la de asumir de modo rutinario el trabajo como recurso puramente material, cuando su fin básico era el de satisfacer sus necesidades de subsistencia mediante el salario percibido por su trabajo físico. Esta realidad configura asimismo en importante magnitud y proporción el escenario productivo del futuro inmediato, y señala el camino para las economías en transición que aún deban superar las

etapas del desarrollo hacia la sociedad del conocimiento.
Resulta evidente de todo este proceso que los sistemas productivos cuentan hoy con una base tecnológica que ha alcanzado altos grados de sofisticación, perfección e integración, a partir de los cuales cualquier modificación importante y trascendente de los métodos aparece cada vez más relativa e irrelevante, si se la compara con los aspectos conceptuales y cualitativos que afectan y han de influir aún en las "formas" de producir. La industria clásica, importante generadora de empleos durante los siglos XIX y XX, no desempeña actualmente un papel preponderante en este sentido, y en esencia, desplaza la fuerza laboral hacia el sector de servicios, o hacia iniciativas emprendedoras que crean empresas de menor tamaño, dinámicas y muy competitivas. La automatización de los procesos productivos constituye prácticamente la única forma mediante la cual la fabricación a gran escala es viable y rentable, pero también ofrece importantes opciones de competitividad a las pequeñas y medianas empresas del sector primario que deseen mantenerse en esta esfera productiva con imaginación y voluntad de innovación. No se trata ya de basar la producción en aspectos puramente técnicos, sino más bien en premisas culturales, cuya influencia sobre la comunidad laboral va acompañada de una serie de implicaciones que van mucho más allá de la simple producción física de bienes y servicios. Tal y como las pequeñas y medianas empresas suelen ser claros "motores" y canalizadores de la innovación tecnológica, la creatividad de los individuos con vocación empresarial puede favorecer el diseño de nuevos modelos de producción, a su vez generadores de nuevas fuentes de trabajo, siempre y cuando el contexto socioeconómico imperante sea motivador.

Asumiendo definitivamente el hecho de que la producción industrial, e inclusive la agrícola, cuentan hoy en día con refinados y consolidados métodos para satisfacer la demanda de bienes y servicios básicos por parte de la sociedad contemporánea y futura, la reflexión se ha de centrar en los aspectos formales y cualitativos que ello implica, así como en la capacidad de la sociedad y de los estamentos políticos para asimilar y gestionar el consecuente cambio en los estilos de vida y comportamiento que la citada evolución impone. Satisfacer una demanda exigente en materia cuantitativa y cualitativa no constituye hoy en día un problema de capacidad productiva, sino más bien de distribución y reparto equitativo de lo producido en beneficio de toda la sociedad, factor clave a menudo supeditado a conflictos de intereses y a la ética vigente en los canales de intermediación y comercio tanto de ámbito regional como internacional.

A nivel de la empresa como unidad productiva básica, se debe considerar que las inversiones han de efectuarse en función de su capacidad para generar puestos de trabajo, ya que muchas inversiones en tecnología pura tienden a frenar este requisito, por lo menos a corto plazo. La consolidación de cualquier economía requiere de condiciones de empleo estables, ya que de otro modo la tendencia del proceso de desarrollo se hace frágil. En tal sentido, es conveniente enfocar la producción con criterios de demanda, procurando abrir nuevos mercados, en lugar de intentar salvar y perpetuar situaciones de precariedad mediante la reducción de plantillas o medidas de trabajo temporal o a tiempo parcial. La clave radica cada vez más en mejorar la calidad de los bienes y servicios producidos, procurando descubrir lo que el mercado quiere y pide, ajustando la oferta a esta demanda, y recurriendo paralelamente a sistemas de gestión más comprometidos con la organización, la planificación y la distribución que con las técnicas específicas de producción. Las empresas se han de preocupar más por aumentar sus ventas y su participación en cuotas de mercados, nuevos y tradicionales, que por llevar el control obsesivo de los costes de producción, función esta última que, por lo demás, es cada día más fácil de llevar a cabo con eficacia recurriendo a las tecnologías informáticas que dan soporte a los respectivos procedimientos.

La verdadera y definitiva estabilidad del trabajo productivo global se conseguirá mediante la integración de procesos de calidad y de formación, cuya iniciativa y protagonismo han de centrarse en el trabajador y en la propia empresa en la que éste desempeña su actividad. La competitividad de la economía global será consecuencia de la integración de la competitividad empresarial, y no de la intervención de la administración, cuyo papel ha de limitarse al de favorecer un entorno apropiado a la emergencia y prosperidad de la iniciativa y de la capacidad privada de individuos y grupos organizados en empresas. En tal sentido, la formación permanente de las personas constituye un recurso crucial para integrar un activo productivo sólido, compuesto por recursos humanos capacitados y motivados para producir bienes y servicios de calidad. Por lo tanto, la formación se debe enfocar de acuerdo con un perfil prioritariamente ocupacional, y no de reinserción, procurando conseguir directamente la mejora continua del proceso productivo, no por influencia sobre sus componentes de índole tecnológica, que cuentan con suficientes bases sólidas, sino más bien incentivando aquellas facetas de naturaleza humana que permitan superar limitaciones, potenciar aptitudes, y optimizar el resultado final.

Se ha podido comprobar reiteradamente que a menudo son actitudes y hechos rutinarios los que desfiguran la calidad y la productividad de una empresa. Para evitar este problema, hay que identificar y corregir a tiempo estos "cuellos de botella", para así optimizar el rendimiento global. Las cuestiones de "forma" son de mayor trascendencia e importancia que las bases puramente materiales y técnicas del proceso de producción, cuyos marcos operacionales clásicos, aunque válidos, difícilmente aportarán posibilidades de cambios sustanciales de rendimiento, por mucho que se intente perfeccionarlos a nivel conceptual.

En otro apartado del presente análisis se alude al cambio y a la pérdida de influencia global, específicamente en el terreno de la dirección del proceso productivo empresarial, que están evidenciando las organizaciones sindicales de índole tradicional. El sindicalismo clásico está aún demasiado atado a su historia y a su pasado como elemento forjador del esquema socio laboral de la época paralela a la revolución industrial, y aún no ha asumido del todo el mandato que debe configurar el estilo de las relaciones entre los agentes sociales. La historia demostró en su momento la validez de planteamientos sindicales que, sin embargo, hoy resultan tan desfasados como absurdos. No se puede concebir actualmente, ni mucho menos mañana, la existencia de un sindicalismo que no asuma los fenómenos socioeconómicos, e incluso políticos, que cambian a ritmo acelerado y de modo irreversible. Dentro de este contexto, las expectativas del trabajador "manipulado" por un liderazgo sindical equivocado y miope, tienden a quedar prácticamente marginadas, y desde luego, se ven absolutamente frustradas a medio y largo plazo.

La pérdida de relevancia de la producción de tipo tradicional está siendo demostrada por la simple evolución de la actual dinámica empresarial. La tendencia de la mayoría de las empresas evoluciona necesariamente hacia enfocar la producción a la demanda, y los costes de producción de bienes y servicios son cada vez menores, en términos tanto relativos como absolutos, si se los compara con los costes de diseño, comercialización y post-venta. La calidad material de un producto está sujeta a límites a partir de los cuales cualquier cambio es poco significativo para el mercado, además de que resulta difícil extraer de modo económico ventajas marginales extras de la tecnología a partir de un cierto punto, por lo menos a corto plazo. Los automatismos de las cadenas de producción llenan una capacidad productiva a partir de la cual otros factores actúan como elementos de configuración cualitativa y subjetiva de la demanda, tales como la estética, el factor utilidad práctica, la moda o la capacidad para generar bienestar.

Por lo tanto, volviendo a lo que se comentaba anteriormente, la acción sindical y el desempeño laboral y empresarial que no tengan en cuenta estrategias de formación profesional continuadas y ajustadas a los nuevos requisitos del proceso productivo, estarán condenadas al fracaso. La falta de perspectiva de apuesta a futuro, muchas veces consecuencia del exceso de dependencia o conformismo frente a los esquemas y valores del pasado, es una actitud peligrosa, si no temeraria. La empresa debe proyectarse a futuro plenamente embebida de su responsabilidad social, aparte de asumir su misión como elemento generador de riqueza, y de su papel como fuente de satisfacción de una demanda coherente y racional por parte del mercado.

La historia del desarrollo de la humanidad ofrece ejemplos inequívocos de las características evolutivas y de las diferentes etapas del proceso productivo. Partiendo de la observación de los hechos experimentados por las economías más avanzadas, sin dejar de considerar la dinámica de los procesos en fase de evolución, se puede fácilmente concluir que los retos que debe afrontar la sociedad del siglo XXI implica la adopción de estrategias que se proyectan mucho más allá de los requisitos de la simple supervivencia basada en la satisfacción de las necesidades fundamentales de la comunidad. Se ha llegado al punto en que las ideologías y las utopías deben dejar paso al pragmatismo y al sentido común, teniendo en cuenta que la percepción, por parte del individuo, de su futuro y de su papel en el medio socioeconómico, obedece cada vez más a valores y principios muy alejados del orden establecido tradicional.

El proceso de producción de bienes y servicios está condicionado a la obtención de la plena rentabilización conjunta y simultánea de los activos humanos y financieros, mediante el incremento de las ventas y del valor por unidad producida. Ello se ha de lograr optimizando aspectos como el diseño y la calidad de los bienes y servicios, ajustando la oferta, como ya se comentó, a una demanda más personalizada, y procurando que el equipo de recursos humanos posea una óptima cualificación y un máximo nivel de eficiencia y motivación, lo cual sólo se consigue si en la empresa coexisten un buen plan de formación ocupacional permanente, un adecuado liderazgo, y la oportuna asignación y dotación de recursos productivos por trabajador. Formación permanente, motivación laboral y productividad empresarial son aspectos fundamentales para asegurar la estabilidad del proceso productivo. Cada uno de ellos debe manifestarse siempre con contundencia en el entorno empresarial, ya que se condicionan y limitan recíprocamente, marcando la viabilidad de los principios más elementales de la sostenibilidad.

Los costes de producción, sean éstos laborales o de cualquier otra naturaleza, se han de expresar en función del valor añadido bruto que generan, y no sobre el volumen de las ventas, para que reflejen realmente su magnitud e importancia para la sociedad. Sólo de este modo es posible tener una visión real del valor de productividad intrínseco de la empresa, suponiendo que, al efectuar comparaciones, se corrigen convenientemente los diferenciales asociados a la dotación específica de infraestructuras y de servicios públicos, factores clave para la supervivencia de las empresas y de los empleos que éstas generan. En determinados momentos, dichos factores son susceptibles de representar tanto ventajas como limitaciones para un determinado sector de actividad económica, dando lugar a la distorsión de la percepción de la productividad real del mismo.

El reto de la producción y de la productividad de la empresa del siglo XXI atañe tanto a esta última como a todos los individuos que la integran y gestionan. La pervivencia de la iniciativa empresarial, dentro de una economía de mercado y de un enfoque social de la actividad productiva de bienes y servicios, implica sacrificios y esfuerzos. Para alcanzar los objetivos deseables dentro de un esquema social y económico globalizado, el ideal es lograr una equilibrada combinación del esfuerzo y de la responsabilidad individual e institucional, incluidos también el compromiso y la voluntad política.

El arraigo de la era de la economía de servicios globalizada es hoy en día incuestionable. No sólo los cambios en la demanda y en las expectativas del mercado presionan en tal sentido, sino que a la vez las propias estructuras organizativas de las empresas han iniciado todo un proceso de cambio y adaptación a las nuevas reglas del juego, que sin duda alguna marcan las pautas del desempeño productivo y mercantil del presente milenio, y que lo hacen inclusive a partir de los actuales movimientos de transformación de estilos y pautas de conducta social y económica. Dentro de este contexto de efervescencia y mutación, uno de los dilemas que persisten es el de poder fijar los límites entre los tres sectores clásicos de la economía: el primario, representado por la actividad agropecuaria, pesquera, forestal y minera; el secundario, que se ha manifestado durante años como generador industrial de bienes de consumo; y el terciario, soportado por las áreas de prestación de servicios. Tal dificultad para clasificar la satisfacción de la demanda social deriva fundamentalmente del hecho de que hoy en día, y cada vez con mayor intensidad, resulta muy difícil efectuar una clara diferenciación entre bienes y servicios. Muchos de los productos que actualmente llegan al mercado de consumo son complejos, y poseen una importante proporción de servicios incorporados o asociados a su fabricación, utilización y disfrute por parte de la sociedad, y la interacción entre la componente "bien de consumo" y "servicio" es cada día más indisociable. La comercialización, el servicio post-venta, el asesoramiento, las garantías y la formación son, entre otros, buenos ejemplos de cómo la venta de ciertos bienes no puede separarse del servicio que permita o facilite su uso por parte de los individuos.

La reflexión anterior plantea otro problema añadido: el de definir claramente cuáles serán la naturaleza y el objetivo de la economía "productiva" del futuro. Obviamente, la era de los servicios está marcada por la demanda preponderante de "soluciones" cualitativas, lo cual no excluye que la producción de bienes de consumo debe continuar satisfaciendo las necesidades básicas de la colectividad. A pesar de que esta última otorga importancia creciente a la satisfacción de aspectos intangibles a medida que el aumento del ingreso genera un cambio de expectativas, producto de la cobertura de las necesidades básicas de subsistencia, no se debe excluir que tales necesidades elementales de subsistencia continuarán siendo una realidad permanente e ineludible. La relativa pérdida de relevancia de la producción tradicional vendrá dada solamente por la menor percepción subjetiva de las necesidades básicas, implícitas en el "estado de bienestar", que en una sociedad medianamente opulenta se considerarán cubiertas casi como respuesta a un derecho natural adquirido, dejando de ser valoradas como prioridad inmediata. En la base de este fenómeno reside también el cambio de significado y de relevancia que experimenta el propio concepto de "valor añadido", cada vez más asociado a la idea de aportación cualitativa, y no ya a la expresión de lucro puramente mercantil.

Ya se aludió con anterioridad a la generalización de las denominadas "autopistas de la información", culminación del proceso de desarrollo de las tecnologías de la información y de las comunicaciones, que definen un modelo de espacio y estilo de trabajo globalizado, ya bautizado por algunos como el "ciberespacio". Es indudable que esta realidad, que actualmente orienta la función estratégica de muchas empresas, marcará el ritmo y el estilo general del funcionamiento organizativo y operativo del mundo empresarial del presente siglo, e inclusive, de toda la sociedad global. Nuevas dimensiones del espacio-tiempo condicionarán los sistemas de trabajo y las actitudes de comportamiento de toda la colectividad del planeta, de acuerdo con un esquema evolutivo revolucionario que, como tal, implica retos y oportunidades.

El fenómeno de consolidación del ciberespacio constituye un acontecimiento de asimilación gradual, aunque muy rápido, por parte de la sociedad, y supone cambios de trascendencia en la manera de vivir y de trabajar de esta última. En otras palabras, se trata de un proceso de cambio en el cual intervienen circunstancias de tipo tecnológico, cultural y económico que afectan no solamente a los individuos, sino también a las agrupaciones productoras de bienes y servicios donde aquellos desempeñan su labor productiva, o sea, a las empresas, negocios e, inclusive, a las instituciones administrativas que les sirven de soporte social, económico y político. Como parte del proceso de globalización de la economía y de la sociedad, las autopistas de la información ejercen su influencia definitiva en el marco de las relaciones laborales y de los agentes sociales, sentando las bases para el establecimiento de un marco diferente de valores y conductas.

A nivel de organización de la producción y de la prestación de servicios, el incremento de las posibilidades de interconectar equipos humanos y de compartir información en forma remota e instantánea, posibilita la descentralización de los lugares físicos de trabajo, sobre todo en el área de los servicios, contribuyendo a la creación de nuevos esquemas organizativos "virtuales", basados en organigramas más planos y menos jerarquizados, en los cuales la distribución del poder y de las responsabilidades es consecuentemente más uniforme. Los sectores que más se ven favorecidos de forma casi inmediata por este nuevo esquema son sin duda el comercio (la imagen del ejecutivo moderno con su oficina-coche-maletín que incluye ordenador, "tablet" y teléfono "smartphone", es ya una conocida realidad), las comunicaciones, la educación, la cultura y los servicios diversos, como es el caso, entre otros, de la banca, la consultoría y el turismo. El libre intercambio de ideas es también un factor añadido de gran utilidad a la hora de promover el desarrollo de nuevas iniciativas empresariales, señalando el camino hacia la consolidación de la era de la sociedad de la información, marcada también por este motivo por la introducción y adopción de nuevos estilos de vida

Se ha observado repetidamente que las nuevas tecnologías de la información afectan a las actividades de producción tradicionales solamente como elemento de soporte, optimización y dinamización de las técnicas habituales, a partir de las cuales, desde un determinado nivel, es difícil extraer a corto plazo ventajas significativas en rendimiento y eficacia. No obstante, la utilización de las nuevas opciones derivadas del uso de las autopistas de la información representa importantes ventajas para la forma en cómo se lleva a cabo el proceso productivo: las nuevas tecnologías permiten realizar tanto el trabajo individual como multitudinario, al facilitar al individuo tomar conciencia de su propia posición dentro del espacio común, cuyos problemas globales requieren de esfuerzos y soluciones también globales. Por lo tanto, las formas de organización industrial necesitan ser gestionadas con criterios basados en la recuperación por parte del individuo de todo su valor como elemento protagonista y proactivo del proceso productivo, de su importancia como elemento creativo y responsable, y de su independencia del típico poder centralizado, que no tiene cabida ni significado en el nuevo esquema.

La telemática y el teletrabajo afectan sobre todo al sector servicios, como se insiste reiteradamente a lo largo de este análisis, es decir, a aquellas actividades que el individuo puede realizar desde su casa, en casa del cliente o desde lugares remotos, sin necesidad de acudir a una oficina o fábrica, ayudado por un ordenador conectado con conexión inalámbrica tipo "router" o "wi-fi". Los trabajadores del conocimiento hacen de la información la materia prima esencial para el desempeño de su especialidad, y trabajan con enorme flexibilidad, sin tener prácticamente que desplazarse, y con un alto grado de competitividad, siempre y cuando su sentido de autocontrol y disciplina les permita aprovechar la libertad y autonomía que les confiere la herramienta informática. Desde este punto de vista, el protagonismo del individuo en el trabajo adquiere una relevancia aún más marcada, ya que se da por asumido que el sentido de la ética profesional y de la responsabilidad prevalecen en el perfil del "trabajador a distancia". Gracias a este nuevo concepto del deber, de la responsabilidad y de la disciplina de trabajo, el individuo está cada vez más cerca de ser el paradigma del auténtico empresario, dueño y señor de sus actos, motivado para el desarrollo de iniciativas, y consciente de los retos y riesgos que implica toda actividad empresarial, lo cual le obliga a asumir permanentemente y a controlar al máximo las funciones de planificación y administración implícitas en su cometido como tal.

Dentro del entorno globalizado, se puede decir que existe un área del sector productivo tradicional en la cual la utilización de las autopistas de la información desempeña un papel muy importante. Se trata de la logística, o coordinación del proceso de producción en función del equilibrio y fluidez de trabajo desde el suministro de materias primas y componentes, hasta el consumidor, incluyendo en el proceso la totalidad del proceso de fabricación. El conocido método de logística integral, popularmente difundido como técnica "just in time", aboga precisamente por la racionalización de los procesos de producción, almacenaje, suministro y venta con el fin de reducir activos y existencias de materias primas y productos acabados, con la consecuente reducción de costes financieros, de espacio y de fabricación. De este modo, mediante una adecuada planificación y organización que involucra a proveedores, trabajadores de la empresa y acciones comerciales en el mercado, se evita la acumulación de recursos y materiales ociosos, el proceso de producción, distribución y transporte se hace fluido, sin cuellos de botella de ningún tipo, y la adaptación de la oferta a la demanda de los consumidores es mucho más dinámica. Obviamente, esta disciplina implica la utilización, manipulación, transmisión y procesamiento de considerables volúmenes de información variada y compleja, frente a lo cual las tecnologías de la información ofrecen interesantes perspectivas.

El enfoque de la economía global implica adaptar la producción a la demanda coherente del mercado de la sociedad del conocimiento, que deviene más selectiva y cualitativa que la de la sociedad de consumo tradicional. Por lo tanto, la estrategia de la industria moderna debe fundamentarse en perseguir la oportuna satisfacción de dicha demanda con productos de alta calidad. La filosofía organizativa basada en la "calidad total" y en la "mejora continua" es otra de las alternativas que sin duda contribuye a resolver, a nivel de la empresa como unidad funcional, parte del reto logístico al cual se aludió anteriormente. Pero el objetivo final, dentro de un sistema productivo y mercantil cada vez más interrelacionado, es el de integrar medios y recursos entre negocios, para lograr así el necesario grado de optimización requerido para justificar tanto el planteamiento económico como social de la empresa. Es preciso insistir en que lo importante para las empresas es generar bienes de consumo y servicios de alto valor añadido, para lo cual la gestión de la producción, el control de costes y la optimización de recursos de todo tipo constituyen los requisitos esenciales para asegurar su viabilidad y su productividad, y por lo tanto, su supervivencia de modo sostenido. Es en la dirección de esta optimización de recursos productivos de todo tipo donde precisamente se insinúa como alternativa de gran valor la formalización de alianzas estratégicas y compromisos de colaboración entre empresas. La clave para obtener beneficios y competitividad de un negocio o de una actividad industrial o de servicios, radica esencialmente en gestionar de modo apropiado los costes, función que se ha de iniciar al negociar y pactar el suministro de materias primas, que se ha de mantener a lo largo del proceso de fabricación, y que se ha de hacer extensivo a la racionalización de los sistemas y canales de distribución, comercialización y postventa.

La empresa puede dominar con sus propios medios y recursos el control de sus procesos productivos específicos. Pero, a la hora de controlar la logística del abastecimiento de materias primas y componentes, y en el momento de gestionar la venta de sus productos acabados, puede tener que hacer frente a crecientes dificultades, consecuencia directa de la emergencia de mercados cada vez más competitivos y cambiantes. Las alianzas estratégicas y la colaboración entre empresas de sectores afines, complementarios, e incluso competitivos, pueden aportar enormes ventajas, si no la única vía de futuro, a todas ellas, permitiéndoles además centrar sus esfuerzos en las funciones en las cuales están especializadas, sin tener que distraerlos por pretender abarcar áreas que escapan a su cometido principal. La optimización estratégica de las relaciones entre compradores, vendedores y distribuidores a través de la cooperación, permite sin duda reducir costes y mejorar la calidad de productos y servicios. Este tipo de colaboración implica también que entre compradores, vendedores y fabricantes se ha de establecer un compromiso de mutua ayuda y asesoramiento en temas que requieren ser gestionados en base al requisito del conocimiento previo de las reglas del juego. El objetivo de todos debe ser conseguir la mejora continua de los procesos involucrados, intercambiando para ello la información pertinente en todos los sentidos, y de acuerdo con una voluntad de continua innovación. La cooperación se ha de enfocar de acuerdo a objetivos que beneficien a todos los actores del acuerdo, utilizando para ello técnicas organizativas que incluyan desde la planificación estratégica hasta la logística integral, sin olvidar la adopción de la filosofía de calidad total.

Como es fácil de suponer, la filosofía de cooperación entre empresas, basada en la interacción eficaz de medios y recursos específicos, requiere también compartir, con eficacia, rapidez y oportunidad, un volumen considerable de información muy diversa. De ahí la importancia y las ventajas que aporta como soporte a este planteamiento de trabajo el ciberespacio, ya que las herramientas que lo integran, destinadas a marcar los estilos de vida y trabajo del presente siglo, ofrecen la versatilidad, la flexibilidad y la eficacia que la complejidad y la trascendencia del caso requieren.

Las tecnologías de la información facilitan diferentes esquemas de producción remota y dispersa, en los cuales la posibilidad de incorporación al trabajo de colectivos tradicionalmente más alejados de las oportunidades inmediatas de participación, como el de las mujeres, el de los incapacitados físicos y el de los jóvenes que acceden al mundo laboral, son más reales. Las tecnologías de la información y de las comunicaciones representan un valioso instrumento que permite un importante salto cualitativo a la hora de propiciar iniciativas ingeniosas dentro de la sociedad. Aun cuando el cambio tecnológico, como cualquier cambio, genera incertidumbres y plantea incógnitas, es no obstante un indiscutible aportador de nuevas oportunidades empresariales.

Sin embargo, se debe evitar que el teletrabajo induzca la infravaloración de algunas actividades menos cualificadas, provocando la subutilización o el desprecio de ciertas capacidades y talentos potenciales de los individuos. El esquema remoto de relaciones laborales, si no es adecuadamente gestionado, puede conducir a situaciones poco estables e indefinidas en este ámbito, a trabajos deficientemente remunerados, a la dispersión física y geográfica que dificulta la relación personal y la negociación, e inclusive, a la extensión de la economía sumergida.

Frente al reto tecnológico, las empresas deben ser eminentemente innovadoras para alcanzar el éxito a través de la competitividad, lo cual no constituye un objetivo en sí, sino más bien un reto dirigido a la mejora permanente. Deben incluso cuestionar métodos y sistemas tradicionalmente aceptados como idóneos, para adoptar en su lugar fórmulas ingeniosas que permitan su ajuste simultáneo a la dinámica del cambio. Se requiere para ello inducir transformaciones profundas en las mentalidades y en el comportamiento de todo el equipo humano de la empresa, al mismo tiempo que la sociedad, el mercado y los estamentos políticos reconcilian sus necesidades y sus ambiciones con visión más humanista.

Motivación y formación permanente, con un apropiado grado de liderazgo, de responsabilidad y de compromiso ético por parte de todos, constituyen los ingredientes básicos para el ejercicio de la mejora continua y el logro de la calidad total. Desde luego, dichos ingredientes resultan imprescindibles para dar forma a los métodos de producción de bienes y de prestación de servicios que la era planetaria ineludiblemente requiere.

Se ha constatado a través de diversos ejemplos que la economía productiva clásica se considera un hecho de naturaleza consolidada y asegurada en la era del conocimiento, y que su misión primordial es la de garantizar la oferta de bienes y servicios básicos a la sociedad, estabilizada en determinado momento como producto del incremento de ingresos y del nivel de vida. A partir de este punto, la demanda creciente debe ser satisfecha por empresas y negocios que aporten bienes y servicios de alto valor añadido y de naturaleza más sofisticada, dando lugar a la aparición y arraigo del ya repetidamente mencionado sector terciario o sector servicios. Un sector que ha demostrado ser hasta cierto punto vanguardista dentro de esta tendencia es el de las actividades financieras, cuyo florecimiento y auge durante los últimos años, así como sus debilidades y fracasos tanto a niveles nacionales como internacionales, han dado lugar a numerosas controversias. En cierta medida, el auge de los negocios financieros, a menudo marcados por la especulación, ha opacado el interés por las actividades productivas clásicas, de menor rentabilidad coyuntural, que han pasado a un segundo plano, adquiriendo un carácter marginal de soporte y de cobertura social, que se percibe únicamente como un derecho adquirido de estabilidad en el ámbito de la comunidad. Esta realidad ha generado también confusión y polémica a la hora de intentar definir el alcance del concepto de "economía productiva" dentro del contexto de la sociedad globalizada, sobre todo cuando se pretende asociarlo separadamente, por un lado a la producción de bienes materiales, y por otro, a la prestación de servicios intangibles.

A efectos prácticos, es recomendable partir de la base de que tanto la producción de artículos de consumo como la prestación de servicios de toda índole, incluidos los de componente financiera, han de considerarse "economía productiva", diferenciando el término solamente de aquellas actividades que excepcionalmente puedan adquirir carácter "especulativo".

Precisamente, por desgracia, es posible hoy en día observar que a nivel de la comunidad existe la impresión de que la generación de riqueza es preponderantemente el producto de la práctica financiera de tipo especulativo, y no el resultado del trabajo y de la iniciativa personal enfocados con objetivos sociales. La medida de la eficacia en tal sentido tiende a interpretarse en función de los resultados, es decir, del beneficio lucrativo y del éxito personal a cualquier precio. El concepto de "competitividad" tiende a exagerar el alcance y significado de esta realidad, y es así como desde este punto de vista la práctica financiera deja aparentemente de tener el carácter de actividad productiva propiamente tal, para pasar a constituir un hecho más bien lúdico, de dimensión puramente económica. Detrás de ello subyace la aceptación impotente y frustrante por parte de la colectividad de aquellos perfiles humanos y profesionales que adquieren categoría de leyenda, admirados por algunos como los arquetipos del triunfo y del éxito, mitificados hasta el extremo de la exageración y del absurdo, cuyos defectos más genuinos decepcionan a la opinión pública cuando estallan bajo la forma de episodios de escándalos y corrupciones. Es el caso, entre otros, de los "gurús" de los mercados de valores y de la banca, endiosados por medios de comunicación proclives a exaltar el sensacionalismo, a generar expectativas fuera de contexto, y cuyo grado de receptividad a nivel de la sociedad menos culta alcanza también a menudo proporciones aberrantes.

Hay que reconocer que hoy en día causa aún más expectación y exaltación pública el protagonista de un acontecimiento de corrupción política o económica, que la concesión de un premio Nobel. La rapidez y eficacia con las que se transmite la información a todos los niveles, contribuyen aún más a la instantaneidad y vértigo con los cuales dicha realidad se extiende e implanta de modo impactante en el entorno socioeconómico. La sociedad, frecuentemente manipulada y avasallada por el orden establecido, por la inercia de la resignación, o simplemente por contagio morboso, se ha acostumbrado a alimentar su curiosidad y su ansiedad con hechos intrascendentes, con acontecimientos banales, con eventos de expresión sensacionalista. Es probable que esta actitud pasiva y espectadora por parte de algunos constituya una respuesta al desánimo frente a la coyuntural falta de expectativas, por pérdida de la capacidad de percepción ajustada a valores de mayor trascendencia. Por lo demás, ésta es una actitud típica y característica de la confusión social que surge en épocas de transición, de crisis y de cambio. Sin embargo, por ningún motivo se debe permitir que esta actitud se transforme en un fenómeno crónico e irreversible que amenace la capacidad de la sociedad para hacer frente a los desafíos implícitos en las épocas difíciles de transición y de cambio, ya que una postura positiva y entusiasta resulta indispensable para prosperar con seguridad en el siglo XXI. Es preciso dar un giro a esta inercia, e intentar a cambio la recuperación de una conciencia que potencie comportamientos sociales más acordes con los requisitos de una sociedad progresista, más equilibrados, más armonizados con las facultades creativas, emprendedoras y reflexivas del hombre. La naturaleza humana tiene capacidad para inducir este cambio. La historia ha demostrado que el ser humano ha sido capaz de superar situaciones de mayor complejidad y gravedad a lo largo de su evolución adaptativa al entorno físico y social. Sólo se requiere asumir este reto con voluntad y decisión.

A lo largo del trayecto hacia la globalización de la sociedad y de la economía, tal vez los mercados financieros y de divisas han sido la vanguardia de los acontecimientos en curso. Actualmente es ya un hecho reconocido el modo cómo los movimientos mundiales de dinero afectan la estabilidad y el poder de las diferentes monedas nacionales y de los sistemas monetarios regionales. Todo el dinero mundial que no está destinado a inversiones en infraestructuras productivas, o sea, el "circulante", entra en un juego que frecuentemente obedece a las reglas de la especulación. Los mercados financieros y de divisas actúan como verdaderos indicadores globales del estado de desarrollo y de la política económica de los diferentes países, información que generalmente es expresada en función de las tasas de interés vigentes y de las cotizaciones de cambio. Al igual que para la economía convencional existen "barómetros" indicadores de su estado y evolución, tales como los índices bursátiles, el desempleo, la inflación, el consumo de energía y el PIB, a nivel global el análisis de los mercados financieros y monetarios permite a quienes los manejan extraer conclusiones muy concretas. Los depositarios del capital financiero mundial deducen de esta información, analizada rigurosa y metodológicamente, las conclusiones que les permiten obtener sustanciosos beneficios del negocio especulativo.

La evolución de los mercados monetarios y financieros orienta con bastante precisión en cuanto a la situación económica específica de cada país. Los movimientos de capitales, en función de ello, fluyen según las condiciones coyunturales y locales más o menos propicias a la inversión especulativa, influyendo en gran medida en el mejoramiento o en el deterioro de dicha situación. De este modo, ningún país está libre de los riesgos que la mala gestión de su economía puede provocar sobre el sistema económico internacional, ya que todos los factores son cada vez más interactuantes. Inclusive, si los indicadores coyunturales locales son positivos en un determinado momento, ello no garantiza la invulnerabilidad de la economía nacional a los ataques imprevistos de los intereses financieros internacionales. Estos últimos detectan siempre con gran facilidad y precisión las oportunidades favorables o las situaciones adversas al negocio financiero, situación que muchas veces no es percibida por los responsables estatales, deslumbrados por la aparente bonanza que señalan los indicadores locales del momento.

El sistema financiero mundial se podría comparar, al menos en algunos aspectos, a una gran bolsa de valores, cuya reacción y evolución se da en función de las leyes de la oferta y de la demanda, y del clima subyacente a nivel político y económico. La especulación, al igual que el mercado de valores, es muy reactiva, y se orienta en función de la política coyuntural. También es cierto que estimula fórmulas de consenso y de cooperación monetaria cuando los intereses políticos y económicos convergen, pero ello no siempre se produce en beneficio del orden social deseable. En el fondo, la especulación siempre debilita los mercados tradicionales, inhibe el comercio, confunde el mundo empresarial productivo, y tiende inexorablemente a perpetuar las desigualdades en la distribución de la riqueza y de la renta, ya que carece de todo carácter solidario.

La confianza o la desconfianza en la economía y en la política de los diferentes países orienta el juego monetario y financiero internacional, especulativo o no, y por lo tanto es a dicho nivel donde es preciso iniciar la adopción de estrategias que permitan evitar los inconvenientes de la distorsión de los valores de la economía, para poder afrontar convenientemente los retos de la sociedad globalizada. Las medidas monetarias improvisadas, de urgencia o de subsistencia desesperada, tienen efectos pasajeros e intrascendentes si no van acompañadas de medidas estructurales serias. Maquillar la realidad con acciones espectaculares, sensacionalistas y demagógicas sólo conduce a generar descrédito político, confusión y desencanto social. Una economía sana requiere de capitales estables y de inversiones productivas sostenibles, y no sólo de liquidez inmediata. El capital especulativo se puede transformar en capital productivo siempre y cuando una nación tenga la habilidad de crear en su ámbito económico y político las condiciones de solidez, coherencia y seguridad que propicien el desarrollo dinámico de las iniciativas empresariales, y que eliminen a la vez las tentaciones del ejercicio de la especulación y del lucro fácil. Evidentemente, se trata siempre de una apuesta a futuro, en la cual no caben las ambiciones ni las pretensiones de enriquecimiento rápido, cada vez más reñidas con las inquietudes cualitativas de una sociedad también más madura, culta y motivada por la solidaridad.

A pesar de la indiscutible evidencia y lógica de los anteriores planteamientos, los conceptos de "economía productiva" y de "productividad" están cada día presentes en el debate económico y empresarial mundial, sobre todo cuando se habla de desarrollo, crecimiento y consolidación de cualquier sector, país o región del planeta. Este fenómeno ha vuelto a adquirir importancia cuando los modelos tradicionales de producción y desarrollo han topado con las limitaciones evidenciadas en el ámbito de los recursos productivos y del medio ambiente, y cuando, como consecuencia de ello, la humanidad ha comenzado a tomar conciencia de las barreras que en tal sentido impone un planeta finito y frágil. Desde hace algunos años, la economía sostenible es un ideal por el cual hay que trabajar con rigor y responsabilidad, ya que ha dejado de ser una utopía garantizada, sin ningún tipo de contrapartida y precio, que no deja lugar a la pasividad.

La globalización de la economía implica paralelamente la aplicación de criterios "globales" a la hora de enfocar y de proyectar las actividades económicas de la empresa, sobre todo de su faceta productiva de bienes y servicios. Últimamente, la tendencia se ha decantado hacia dar mayor relevancia a los aspectos puramente financieros de la actividad empresarial de producción primaria o industrial, expresando sus resultados casi exclusivamente en términos de beneficio económico. El auge de las instituciones financieras de todo tipo, públicas y privadas, nacionales e internacionales, es en cierta medida la manifestación objetiva de esta realidad. Una vez superada la producción necesaria para satisfacer las demandas fundamentales de la colectividad, la producción de bienes y servicios básicos queda implantada como actividad con carácter de infraestructura permanente, pasando el protagonismo, el poder y la definición del nuevo contexto económico a manos de quienes dominan las fuentes financieras, y a su vez condicionan y orientan la producción básica. Paradójicamente, esta realidad, proyectada a la situación coyuntural y específica del mundo de la empresa y de las economías nacionales, es la que ha permitido y puede seguir favoreciendo situaciones tanto de fomento como de limitación del crecimiento, desarrollo y expansión de determinados sectores y países, según el papel de los estamentos financieros sea dirigido o no a la promoción de actividades productivas más o menos relevantes.

Durante los últimos años se ha podido observar cómo los mercados financieros internacionales han influido dramáticamente en las economías locales de países y regiones, y como consecuencia de ello, en el mundo empresarial. La política monetaria mundial, que muchas veces obedece a intereses especulativos por parte del poder financiero predominante, no consigue así otra cosa que generar crisis y tormentas económicas que sólo contribuyen al desconcierto y a la pérdida de confianza en las inversiones realmente productivas. De este modo, la caprichosa manipulación de los sistemas monetarios mundiales, de los mercados de divisas y valores, y de los mecanismos financieros internacionales, lleva a la distorsión de la estabilidad de las economías locales, comprometiendo seriamente la viabilidad y la productividad del sistema de libre empresa.

La evolución de la humanidad hacia el afianzamiento de la era de la globalización señala que se ha de buscar un justo equilibrio entre la oferta y la demanda de bienes y servicios para la comunidad. En tal sentido, es preciso impartir un enfoque integral a la economía, en el cual la equilibrada combinación de recursos permita alcanzar y consolidar metas de beneficio sostenido para la sociedad. La excesiva polarización de la economía en sus facetas puramente financieras, desvinculada del proceso productivo de bienes y servicios, puede desvirtuar el objetivo de lograr un entorno socioeconómico equilibrado y estable. Lo que se requiere en cambio es racionalizar la adjudicación de los recursos financieros para que éstos no limiten, sino que más bien favorezcan, las posibilidades de desarrollo equilibrado de las economías nacionales y sectoriales, y por lo tanto, promuevan el ajuste dinámico de la producción a las demandas genuinas de la sociedad.

Son conocidos los errores que en tal sentido cometieron en el pasado algunas instituciones y organismos financieros a la hora de influir en la economía productiva, es decir, en las empresas y en los procesos de desarrollo de regiones y naciones emergentes. Las lecciones de la historia son claras en este sentido: la gestión de la financiación a nivel micro o macroeconómico es un arma de doble filo, y su utilización puede constituir tanto un factor de impulsión como de regresión cuando se trata de modelar los esquemas empresariales y los planteamientos del desarrollo. En función del estilo y de la congruencia con los cuales dicha gestión sea llevada a la práctica para impulsar o consolidar el modelo de economía de mercado, se conseguirá o no establecer una escala de valores ajustada a los requisitos y a los principios éticos de la sociedad del conocimiento y de la era globalizada. En todo caso, se ha de evitar que la excesiva relevancia del enfoque financiero de las actividades limite el grado de independencia que requieren las políticas de empresa y de desarrollo. Se ha de evitar por todos los medios que prevalezca el flujo ocioso y especulativo de capitales que no solo no contribuyen a consolidar un sistema de producción sostenido y ajustado a las necesidades reales de la colectividad, sino que más bien tienden a satisfacer intereses de dudosa moralidad. Sin ello, sólo se consigue perpetuar las incoherencias de aquel poder económico que domina y condiciona la producción y el intercambio de bienes y servicios generados por la base productora real.

Dentro del marco de la economía contemporánea y futura, los conceptos de inversión, de financiación, de producción y de intercambio de bienes y servicios han de ajustarse también a la dinámica propia de un contexto de interacción y de causa-efecto, evitando las distorsiones macroeconómicas derivadas de la falta de rigor en el planteamiento de objetivos que se ajusten adecuadamente al nuevo entorno social. Se debe por ello frenar la tendencia a la producción de flujos financieros anómalos, motivados por la clásica competencia entre diferentes sistemas mercantiles, muchas veces enfrentados por planteamientos erróneos desde el punto de vista político.

Se ha aludido reiteradamente a la naturaleza más distribuida, solidaria y responsable que ha de tener el poder dentro de las organizaciones empresariales y políticas del presente. Este mismo planteamiento ha de ser el que también marque y caracterice el mandato de valores que debe regir las relaciones entre la producción de bienes y servicios de consumo, su distribución equitativa en el medio social, y su oportuna y sostenida financiación a largo plazo. Para lograrlo, la descentralización y saneamiento del importante poder económico detentado por las grandes instituciones y empresas financieras, a veces monopolizado por ellas, representa otro requisito primordial.

El principio del crecimiento sostenido está supeditado tanto a reformas estructurales profundas, como a la disminución de la influencia del capital especulativo en la dinámica monetaria internacional. Pero se ha de tener simultáneamente en cuenta que el sistema financiero y monetario posee características planetarias, razón por la cual las políticas que lo han de regular han de ser también de tipo global, lo cual implica paralelamente un cierto grado de uniformidad. En este sentido, se requiere la implantación de una ordenanza financiera y monetaria similar a la que requiere el comercio internacional, producto de la integración de los mercados y de la desaparición de fronteras. Dentro de este esquema no caben ni los paternalismos ni los proteccionismos sectoriales. Pero ello no excluye que cada estado haya de adoptar sus propias medidas políticas y económicas, evitando cualquier debilidad de gestión y toda deficiencia estructural, ya sea laboral, mercantil o social, que pueda favorecer un clima propicio al resurgimiento crónico y vicioso del negocio especulativo.

El dictamen internacional contra la especulación se debe conseguir, entre otras opciones, con la sabia adopción y combinación de medidas e iniciativas que fortalezcan las relaciones de cambio y cotización monetaria entre países, con la reducción de unidades monetarias o la adopción de monedas únicas, con la creación de un entorno de economías locales o nacionales fuertes, y mediante el papel más destacado, protagonista y responsable de organismos e instituciones internacionales acreditadas, cuya verdadera y prioritaria misión sea la de actuar como vigilantes y reguladores de la plataforma monetaria y financiera mundial.

LA POLITICA Y SUS REPERCUSIONES EN LA ORGANIZACION EMPRESARIAL

El análisis de la evolución del entorno y de las circunstancias que condicionan la organización empresarial, que se ha venido efectuando a lo largo de estas páginas, ha puesto en evidencia de modo reiterado que la tendencia en este terreno apunta sin lugar a dudas a la adopción y consolidación de nuevos modelos y estilos de gestión. No sólo los nuevos estilos de vida y consumo de la colectividad motivan esta trayectoria, sino que también en todo el proceso subyace la necesidad de afrontar convenientemente los retos que supone el advenimiento de una era profundamente marcada por cambios de gran trascendencia en el terreno tecnológico, económico y social.

Parte importante de dichos retos ha de ser asumida por la iniciativa empresarial, responsable de generar riqueza y bienestar para una sociedad más exigente y consciente. Pero, a nivel de estados o gobiernos, los cometidos que implican responsabilidad en tal sentido deben también hacerse presentes de modo paralelo a los de la empresa, sobre todo en lo que respecta a los aspectos laborales y al rediseño de los sistemas organizativos. Se ha de tener en cuenta que, a nivel político, y a diferencia de lo que siempre ha ocurrido en el mundo empresarial, tradicionalmente no se han sancionado las actuaciones erróneas, y no han existido ni la competencia ni los incentivos que generen mejoras espontáneas en el sistema. Esta es una razón más que suficiente para reflexionar con rigor sobre las orientaciones que se han de impartir a la política pública de cara al planteamiento de un nuevo orden económico y social.

La creatividad y la predisposición al esfuerzo no pueden consolidarse a largo plazo mediante la simple imposición por decreto, ni a través del ejercicio de la autoridad, sino más bien mediante el establecimiento de condiciones políticas favorables al desarrollo de la iniciativa y del espíritu emprendedor. La política en sí misma no es un buen sustituto de los incentivos de la empresa, pero puede sin embargo contribuir eficazmente a fomentarlos o inclusive a inhibirlos, según sean su enfoque y su propósito como elemento de soporte y apoyo de las actividades productivas, y siempre y cuando se evite la tentación de caer en los riesgos de la intencionalidad dogmática.

Los intentos de ajuste al cambio, motivados por inquietud previsora o por la presión de los acontecimientos en curso, se vienen manifestando desde hace bastante tiempo a nivel de las empresas, tanto en lo que se refiere a sus aspectos productivos como de gestión. La sustitución de las jerarquías piramidales clásicas, herencia de la revolución industrial, evoluciona hacia esquemas organizativos más planos y horizontales, más participativos, en los cuales poder y responsabilidad se nivelan, enfatizando el papel protagonista del individuo como motor destacado del proceso productivo, como generador de riqueza y como consumidor, generando simultáneamente el consecuente valor añadido que culmina con el cumplimiento de la función social integral de la empresa.

Es un hecho incontestable que las empresas modernas están permanentemente adoptando y promoviendo técnicas innovadoras de gestión y de organización, realidad que puede perfectamente entenderse como una respuesta lógica y dinámica de adaptación a los cambios implícitos en el asentamiento de la era del conocimiento, de la economía de servicios y de la globalización de los mercados. Frecuentemente se atribuye esta reacción a la lucha de las empresas por superar algún tipo de "crisis", término que a menudo se emplea también de modo simplista para describir situaciones coyunturales, más o menos cíclicas o crónicas, que no son otra cosa que la manifestación de las condicionantes asociadas al proceso de cambio y evolución hacia nuevos modelos de comportamiento, impuestos por la dinámica evolutiva del entorno empresarial, social y económico, y por el propio esquema de generación de progreso. En todo caso, lo que sí queda claro dentro del contexto del presente siglo, es que el único modelo empresarial válido y viable es aquel que contempla como factores de éxito la puesta en práctica de estilos y actitudes de gestión innovadoras, con un alto contenido de componentes esencialmente solidarias, dentro de las cuales la participación, la confianza, la cooperación y la responsabilidad aparecen como esenciales y relevantes.

Sin embargo, el nuevo orden no ha de desplazar el sentido tradicional de lo que ha de ser una empresa como factor de dinamización social y generador de riqueza, sino más bien reforzar dichos conceptos, consolidarlos como tales, y adaptarlos a las circunstancias y requisitos del entorno socioeconómico real. Dentro de este escenario, el espíritu de empresa, es decir, de impulso, de iniciativa y de superación, es más necesario que nunca antes en la historia de la humanidad.

Proyectando con mayor amplitud el análisis del alcance de los cambios organizativos que están marcando el enfoque de la gestión de la empresa del siglo XXI, cabe una vez más detenerse a reflexionar sobre la controvertida relación entre la función empresarial y el desempeño político. Se ha querido insistir en comentar los cambios emergentes y en curso en el terreno de la organización empresarial, precisamente debido a las estrechas relaciones y recíprocas influencias existentes entre esta faceta de la economía, y los estamentos a través de los cuales adquiere forma la intervención estatal o gubernamental sobre la misma. Para la sociedad y para la economía, la pervivencia de la empresa como elemento generador de progreso continuará siendo un requisito básico, habida cuenta de la demostrada incapacidad de las instituciones gubernamentales para asumir esta función con eficacia sostenida y con estabilidad.

Es cierto que la antigua teoría keynesiana según la cual el estado debía de actuar en plan paternalista, como elemento activador, comprometiéndose a superar todo aquello que la economía privada no era capaz de hacer, parece hoy totalmente desfasada dentro de un tejido que tiende a consolidar los conceptos de integración y de globalización. En el futuro próximo, será preciso reducir al máximo aquellas actividades que se benefician de una ficticia y efímera prosperidad, generada como resultado de la aplicación de políticas excesivamente proteccionistas, o de subvenciones de efecto puramente coyuntural, alternativas, entre otras, que desvinculan los resultados de la capacidad productiva real de la economía. Se ha de procurar en cambio que el afán de lucro se reconcilie con el imperativo de propiciar un equilibrado nivel de bienestar social, y que no se limite a la simple aportación de riqueza material.

La historia ha demostrado que la prosperidad y la estabilidad generalizada no son sólo el producto de la iniciativa privada, individual y empresarial, sino que la consolidación de una economía próspera ha de tener en cuenta también el fortalecimiento de valores sociales más nobles que el propio interés material, a lo cual ha de contribuir sin lugar a dudas el ejercicio ético y equitativo de la política. El estado de bienestar lo configuran dos fuerzas indisociables: el poder político y el poder económico. La economía de mercado basada en la libre empresa ha demostrado ser capaz de generar riqueza y bienestar, pero, en última instancia, es la acción política coherente de estímulo y de soporte la que ha de garantizar las condiciones de confianza favorables al desarrollo de la actividad empresarial, creando un entorno motivador, y dosificando el grado de intervención que las circunstancias requieran. Un justo equilibrio entre el papel moderador, impulsor y fiscalizador del estado es lo que se requiere para asegurar el sostenimiento de los valores y principios que han de regir el desempeño empresarial durante los años venideros.

No obstante, el esquema funcional del sistema socioeconómico contemporáneo ha de estar igualmente marcado por un claro equilibrio de poder y de fuerzas entre las empresas y la acción política, dentro de un ámbito que traspase fronteras y que supere precedentes históricos. Es más: la viabilidad y el rendimiento empresarial están supeditados a que la empresa cuente con el necesario soporte político para poder ejercer su función social y económica de modo estable y sostenido. Por lo tanto, e insistiendo en este aspecto, dada su especial relevancia, el proceso de evolución, de cambio y de adaptación organizativa al nuevo orden no es sólo un requisito de supervivencia para la empresa, sino que ha de hacerse también extensivo al replanteamiento de las bases de apoyo institucional necesarias para garantizar un entorno propicio al desarrollo productivo de la iniciativa emprendedora.

Frecuentemente, a lo largo de la historia de la humanidad, el estado ha asumido el papel paternalista de proteger ciertos sectores de la actividad económica y de la empresa para mantener artificialmente su funcionamiento, atendiendo a motivos políticos, tácticos o sociales, normalmente muy alejados del concepto de productividad, rentabilidad y estabilidad a largo plazo. La alternativa del endeudamiento estatal enfocado a mantener la actividad económica y el consumo a través del gasto social es una opción absurda, temeraria, y por lo menos a medio y largo plazo, inútil. Desde luego, de cara a la globalización de la economía y de la sociedad, esta alternativa está forzosamente destinada a desaparecer. Los ciudadanos finalmente comprenderán que las exigencias sociales sólo pueden ser satisfechas a través de la productividad y de la iniciativa empresarial, y no por la vía del estado protector, que ha demostrado repetidamente sus limitaciones y su falta de eficacia como gestor económico y como administrador de recursos. Además, la sociedad debe acabar aceptando que una excesiva carga de servicios colectivos coarta e inhibe significativamente la responsabilidad y la libertad del individuo con respecto a sí mismo y a la comunidad, y que una situación de este tipo limita también la capacidad de la empresa para retroalimentar sostenidamente el sistema socioeconómico, alejando las oportunidades de mantener el deseado clima de motivación y superación personal.

El modelo democrático, con todas sus inevitables imperfecciones y deficiencias, ha de continuar vigente a la hora de dibujar el espacio político del presente y del futuro, y es probable que será sobre esta plataforma conceptual que las personas abocadas a gestionar la política nacional e internacional continuarán ejerciendo su función, bajo la forma de agrupaciones más o menos ajustadas a determinados planteamientos y posiciones ideológicas, y de cuyo razonamiento habrán de continuar derivándose los modelos y las alternativas del desempeño social y económico. Es evidente, por lo tanto, que empresa y política son dos agentes sociales que están destinados a permanecer estrechamente vinculados a lo largo del proceso evolutivo y de cambio hacia la cimentación de la sociedad globalizada y del conocimiento. Pero, tal y como la empresa ha comenzado a cambiar sus esquemas organizativos y de gestión, para adaptarlos al nuevo orden y al nuevo entorno, no ocurre lo mismo a nivel de los estamentos gubernamentales e institucionales, en cuyo caso la tónica general es a menudo más bien de inmovilismo y de pesada inercia. En cambio, resalta como asignatura aún pendiente la de la instauración de auténticos criterios "geopolíticos" para dar el apoyo necesario al desarrollo del espíritu emprendedor del siglo XXI.

En una época en que la tendencia generalizada es a criticar la cada vez más limitada capacidad de dichos estamentos estatales, lo inteligente debe más bien ser saber aprovechar cualquier oportunidad de demostrar y promover opciones alternativas para mejorar las cosas a dicho nivel, insinuando a nivel político la práctica de técnicas empresariales y organizativas que ya han demostrado su validez y sus ventajas en el terreno de las actividades privadas. Sobre todo, si dichas técnicas han demostrado su validez como disciplinas de trabajo eficaces, como consecuencia de todo un proceso dinámico de aprendizaje práctico y de acopio de experiencias de indiscutible valor. A título de ejemplo, las técnicas de dirección orientadas a resultados, podrían perfectamente ser aplicadas con éxito en numerosos campos de la actividad estatal.

Las técnicas empresariales son fácilmente extrapolables al terreno político, aun cuando hay excepciones derivadas de las diferencias de objetivos entre ambos escenarios de actuación, sobre todo en lo que atañe a la generación de beneficios, y a la idea de servicio. El estado democrático no está orientado a la obtención de lucro o rendimiento económico, sino a dar soporte social y estabilidad a la economía. El sistema democrático debe orientar la política en función de la voluntad de la mayoría electoral, teniendo en cuenta a la vez los intereses de los grupos minoritarios, a diferencia de la economía pura. Una estrategia empresarial basada exclusivamente en tales principios haría fracasar a la empresa a corto plazo, ya que las reglas del juego que rigen para esta última, considerada como fuente de riqueza, son diferentes de las del simple ejercicio político y democrático. La democracia es válida políticamente, pero en la empresa es preciso hablar más bien de participación, compromiso y organización, y no sólo de los derechos y de la voluntad de las mayorías. En otras palabras, se trata de fortalecer ambientes de cooperación, en lugar de la obsesiva cogestión que algunos propugnan como panacea, y que tiende a bloquear las iniciativas al perpetuar los conceptos de enfrentamiento y de confrontación entre intereses divergentes. Desde luego, llegar a un justo equilibrio en este terreno nunca ha sido ni será tarea fácil.

De todas formas, una inteligente voluntad de adaptación e intercambio de experiencias y puntos de vista entre los ámbitos empresarial y político siempre será provechosa, sobre todo si se consigue el necesario reconocimiento de los mutuos desafíos implícitos en la transición y en la evolución hacia la era del conocimiento y de los servicios, y del cambio integral que ellos suponen. El estado democrático confía a las empresas el objetivo de abastecer óptimamente las demandas de los ciudadanos, pero el cumplimiento eficaz y efectivo de este cometido está condicionado por la utilización inteligente por parte de éstas de las adecuadas técnicas de gestión. Si las empresas, en lugar de fundamentar la acción en el liderazgo, en la responsabilidad y en la colaboración proactiva de sus equipos humanos, lo hacen exclusivamente en base a la aplicación de técnicas democráticas como el consenso, la unanimidad, la igualdad de derechos, la uniformidad y las decisiones por mayoría absoluta, están destinadas a un rotundo fracaso. Este proceder organizativo sólo encuentra cabida en el ámbito del ejercicio político convencional.

La convivencia de la empresa, entidad eminentemente innovadora, dinámica y con voluntad de cambio, con unas instituciones de conducta más bien estática, es un contrasentido, sobre todo si se tiene en cuenta que estas últimas deberían ser la base de estabilidad para la prosperidad de las primeras. En realidad, dada la irreversibilidad y la trascendencia de los cambios organizativos en curso en el ámbito global, lo lógico debe ser que en el mundo político se adopten también las técnicas más modernas de organización que permitan gestionar y asimilar con eficacia dichos cambios. A este nivel, la supresión de rígidas jerarquías y burocracias excesivamente estructuradas, la adopción de los principios de participación, de identificación con los objetivos, de confianza y de trabajo en equipo, así como la implantación de esquemas flexibles y adaptables a los requisitos de la globalización, deben asumirse como filosofía de trabajo y como compromiso de acción estratégica a medio y largo plazo.

Lo importante de cara a la favorable consolidación de la sociedad de los servicios, es lograr que los individuos en principio, pero también las empresas como agrupaciones organizadas de producción, tengan la ocasión de manifestar sus opiniones e ideas dentro de una plataforma de debate amplia y plural, de acuerdo con un esquema participativo y solidario respaldado por un entorno político propicio que persiga objetivos comunes, al margen de toda tentación retórica. Se trata simplemente de fomentar el trabajo de equipos de personas comprometidas e identificadas con una meta común, de amplia visión, superando la tradicional dicotomía empresa-gobierno. En términos generales, los individuos son naturalmente proclives a la colaboración participativa cuando el ambiente es favorable, es decir, cuando no está condicionado, entre otras cosas, por la rigidez propia del partidismo dogmático o por la demagogia. Las infraestructuras políticas, por lo tanto, han de reconvertirse con agilidad e imaginación, erradicando la componente burocrática que frena la expresión espontánea de la acción pragmática, realidad con la cual los ciudadanos y las empresas ni se identifican ni se comprometen.

En otro orden de cosas, en un mundo cada vez más complejo e integrado, la empresa no es capaz de ganar por sí misma y con sus propios medios y recursos la lucha contra la competencia internacional. El estado, por lo tanto, dentro de su ámbito y en línea con su cometido razonable de actuación, debe asumir también su cuota de responsabilidad, y efectuar las adecuadas aportaciones de soporte e incentivo. El quehacer social y económico de la empresa tiende en tal sentido a ser cada vez más difícil y complicado de lograr, ya que la presión competitiva tiende también a ser más dura. La adecuada convivencia de iniciativas emprendedoras y políticas coherentes es lo que hace falta para encauzar acertadamente la estrategia socioeconómica actual y futura.

La economía y la empresa necesitan un entorno favorable para prosperar de acuerdo con su función social de satisfacer la demanda de bienes y servicios en cantidad y calidad suficientes. La responsabilidad de este reto la han de asumir los correspondientes representantes políticos, movidos por planteamientos más solidarios, menos especulativos, más visionarios y más ajustados a los valores de la economía y de la sociedad global. En este sentido, erradicar la fascinación por las aventuras financieras depredadoras, eliminar el culto a la personalidad especulativa sin escrúpulos, y volver a valorar la riqueza generada por el trabajo y la iniciativa emprendedora, deben ser los objetivos claves del discurso político contemporáneo. Una economía y una sociedad estables no pueden permitir la ocurrencia crónica y prolongada de situaciones de crisis, estancamiento, descontento e incertidumbre, que sólo conducen a desvirtuar el espíritu de empresa, generando desempleo, frustración y descalabro general. El auténtico ejercicio político, aquel que fundamenta su cometido en principios éticos y en el proceder pragmático, es el que tiene cabida dentro del actual dictamen socioeconómico. Su misión debe ser la de ejercer un auténtico papel regulador y supervisor para propiciar un entorno favorable a la actividad empresarial generadora de bienes y servicios.

Asumir los retos implícitos en esta evolución y en estos cambios no implica necesariamente tener que renegar de los principios de la práctica democrática tradicional, ni de las técnicas de organización empresarial que hayan demostrado su validez a lo largo de la historia de la humanidad. Supone, en cambio, reforzar la motivación dictada por nuevos valores y estilos de conducta social, más ajustados a la necesaria reconciliación entre la actividad empresarial y la plataforma institucional. Este requisito debe también aplicarse a las estrategias que en el futuro han de configurar los modelos de actuación empresarial, dentro del contexto socioeconómico globalizado de la era del conocimiento y de los servicios.

SEGUNDA PARTE

ESTRATEGIAS PARA LA SOSTENIBILIDAD DEL MODELO EMPRESARIAL EN EL MARCO SOCIOECONOMICO GLOBAL

DEL CAPITALISMO TECNOLOGICO A LA ERA POST – INDUSTRIAL

A lo largo de la primera parte de este ensayo analítico han sido expuestas las características más relevantes que están configurando el esquema de la sociedad, de la empresa y de la economía que se puede suponer adquirirá forma definitiva en a lo largo del siglo XXI. Sin duda alguna, la conclusión más clara a extraer de todos los aspectos comentados, es la de que el contexto socioeconómico del próximo futuro se seguirá basando en el protagonismo destacado de la economía de mercado y de la libre empresa, soportados por el concepto de capitalismo social.

Obviamente, la forma de expresión del capitalismo, considerado como base del desarrollo y de la prosperidad, ha de expresarse en la nueva era emergente de una forma apropiadamente adaptada a los requisitos de una sociedad diferente, sustancialmente alejados de aquellos que hayan podido condicionar anteriores etapas de la historia de la humanidad. De hecho, hay que partir de la base de que, si se acepta que de cara al presente milenio se ha de imponer un concepto de empresa de dimensión y alcance más humanizados, la función del capital como recurso productivo habrá de ser también más social que puramente mercantil y financiera. Tal como en el pasado la revolución industrial exaltó los valores materiales del poder económico ejercido por la vía del capital, la revolución del conocimiento debe imponer a cambio la percepción del capital y del resto de los recursos económicos como un medio más, dentro de otros múltiples y variados, necesarios para conseguir objetivos cualitativos, solidarios y sostenidos de bienestar para la sociedad civil.

De este modo, la mecanización y la automatización deben

dejar paso a la humanización de los procesos de producción de bienes y servicios, con prioridad formal. El tradicional poder manipulador del capital, así como el de la tecnología, debe sustituirse por el dominio por parte de la sociedad de su utilización como herramienta y elemento generador de condiciones sociales y económicas, más ajustadas a la dimensión humana de las manifestaciones de la economía productiva y financiera. En tal sentido, es imprescindible en la era del siglo XXI dominar racionalmente los flujos financieros y de capital, para así poder ponerlos al servicio de esquemas productivos, y no especulativos, que estén de acuerdo con las demandas genuinas de una sociedad más madura y exigente desde el punto de vista cualitativo.

Mirado desde el punto de vista de la evolución del capitalismo, el paso de la era de la revolución industrial a la sociedad del conocimiento, de la información y de los servicios, está destinado a empequeñecer con seguridad casi todas las tradicionales manifestaciones de la vida económica. Si bien es cierto que la actividad económica ha sido una constante a lo largo del proceso evolutivo de la sociedad, y que ha adoptado diferentes formas de expresión, a veces un tanto exóticas según su ubicación geográfica e histórica en el planeta, es durante el siglo XX que se dio forma a una unos esquemas capitalistas que están a años luz de cualquier otra manifestación del pasado, y que nada tienen que ver con los que necesita el contexto globalizado.

El capitalismo, que ha servido de base para esta evolución, no es un sistema estático. Su expresión varió y continuará variando según sean los diferentes lugares y épocas en que se haya manifestado o en los cuales se desarrolle a futuro como sistema económico. A lo largo de su historia, el capitalismo ha demostrado ser notablemente dúctil y resistente para responder eficazmente a diversos tipos de presiones políticas y sociales divergentes. Sin embargo, y sea cual fuere su grado de evolución o su etapa histórica, ciertos atributos del capitalismo parecen ser necesarios, aunque no siempre suficientes, para su adecuado funcionamiento como sistema. Entre otros, se pueden considerar como tales la existencia del "recurso" capital propiamente dicho, así como su función en el mercado, en la organización empresarial y en los estamentos públicos, todo ello amparado por las mínimas condiciones de libertad civil y política.

En occidente, las condiciones antes citadas se dieron antes que en otras regiones del planeta, y encendieron el inicio de la explosión económica que se ha prolongado hasta el presente, y que evidencia actualmente su período más impresionante de cambio. Es indiscutible que no puede haber capitalismo sin capital, es decir, la acumulación y uso de recursos económicos y financieros con propósito de inversión productiva. Pero para que el capitalismo se pueda poner en marcha, debe haber además mercados de consumo y transacción, los cuales se rigen por las leyes de la oferta y de la demanda, o por el mecanismo de la relación coste-precio. La organización de los negocios en una unidad empresarial es otro factor necesario para el funcionamiento del capitalismo: la burocracia racional, aunque no forzosamente jerárquica, la responsabilidad más o menos dirigida, y la gestión a cargo de profesionales, son algunas de las necesidades clave para el funcionamiento coherente del sistema capitalista, así como lo es también el conseguir un rendimiento o beneficio económico de las inversiones de capital.

Las distintas sociedades han definido estos conceptos a su modo, según la importancia relativa que en uno u otro momento hayan dado a cada uno de ellos. Por esta razón, las manifestaciones y ramificaciones del sistema han sido también múltiples y variadas. Sin embargo, el elemento común más difícil de definir, como base necesaria para el éxito del capitalismo, ha sido siempre la relación entre el crecimiento económico y la libertad civil y política. Este tipo de relación ha sido de importancia definitiva para la consolidación del sistema capitalista desde el siglo XIX, cuando temas como la propiedad, la vida y la libertad como derechos inalienables del individuo fueron firmemente implantados en la sociedad. Pese a todo ello, muchas culturas definieron el concepto "libertad" en términos diferentes al occidental, poniendo de relieve valores de otra naturaleza que condicionaron también de modo diferente, y que aún marcan, el aparecimiento, la implantación y la evolución del capitalismo en algunos países del mundo oriental y en naciones emergentes o en proceso de desarrollo.

Las economías dirigidas del mundo socialista y comunista tradicional e histórico, donde los mecanismos de la oferta y de la demanda no funcionaban, y en las cuales los precios se determinaban con criterios políticos, nunca fueron capaces de prosperar adecuada ni establemente, en el sentido amplio de la expresión. En todas las latitudes, los sistemas no capitalistas causaron importantes distorsiones en la asignación de recursos de todo tipo. Sólo la estricta presión política fue capaz de controlar un entorno en que el orden establecido de modo autoritario se multiplicaba para manipular la precaria oferta de bienes de consumo básico, y ajustarla de modo dirigido a una demanda ansiosa, frecuentemente resignada y desalentada.

De todos modos, es preciso reconocer que a lo largo de la historia del capitalismo se han evidenciado también ciertas incoherencias del sistema, tales como el sometimiento opresivo de la sociedad a las presiones del consumismo, la deshumanización derivada de un proceso productivo masificado y repetitivo, y los efectos de la economía especulativa, a los cuales se aludió con anterioridad. No obstante, también es cierto que el surgimiento de una colectividad más madura, culta y sensible a los problemas de la humanidad es la que está actualmente dictando las pautas y principios para corregir y superar estas deficiencias, a través del cambio de actitudes y conductas, así como mediante el ejercicio de un mayor protagonismo por parte del individuo en las esferas políticas, empresariales y sociales. Sin embargo, el cambio en curso es complejo, y está aún muy lejos de las metas que es preciso alcanzar para hacer frente a los retos sociales, económicos y políticos del milenio, sobre todo en lo que atañe a la coherencia del sistema.

La revolución industrial destacó en general por ser poco sensible a la salud ambiental del planeta, recurso fundamental para la pervivencia estable del modelo empresarial y social del futuro, como fue igualmente analizado con anterioridad. La actitud adoptada durante muchos años en relación a este tema ha sido la de suponer que la propia capacidad del planeta sería capaz de neutralizar la contaminación y el deterioro generados por la industria y por las diversas actividades humanas. La tierra fue a menudo explotada con salvajismo y filosofía netamente extractiva, sin medir las consecuencias a largo plazo de esquemas de producción agresivos. El aire y el agua fueron durante mucho tiempo considerados bienes infinitos y gratuitos. A pesar de todo, el esquema de base capitalista, junto con el dinámico proceso de crecimiento económico que lo ha acompañado a lo largo de su evolución e historia, ha generado el aparecimiento paralelo y progresivo, aunque relativamente reciente, de la sensibilidad por la protección ambiental. Esta reacción frente a las agresiones ambientales es significativamente más real y positiva que la demostrada por los sistemas económicos autoritarios y no democráticos, a cuyo nivel se puede hoy constatar las consecuencias nefastas y la magnitud de los perjuicios ocasionados. Además, la dificultad y el alto coste económico que supone su corrección y recuperación limitan las actuaciones correctoras, sin dejar de lado el hecho de que muchas catástrofes ambientales son de naturaleza irreversible.

La incorporación de los costes ambientales a la contabilidad de empresas y naciones es también una medida objetiva para proceder a la gestión de recursos con mayor racionalidad y coherencia. Para el modelo capitalista de la sociedad del conocimiento, la adopción de esta modalidad de gestión constituye prácticamente un requisito ineludible. Así y todo, la mayoría de los expertos reconoce que el mecanismo de la relación precio-coste, tradicionalmente empleada en los sistemas contables convencionales, define de un modo excesivamente limitado los costes reales que paga la sociedad a causa del abuso ambiental. El perfilar un sistema apropiado de contabilidad y repercusión de costes ambientales a la sociedad es un importante desafío a asumir por parte de quienes han de establecer las reglas del juego del sistema capitalista del futuro, y de quienes tengan la misión de implementar y fiscalizar las correspondientes políticas de acción.

El paso definitivo de la era industrial a la del conocimiento está también condicionado por la influencia de la tecnología en el comportamiento de la economía. La incorporación de soluciones revolucionarias que afectan al terreno de las conductas sociales y empresariales induce a modificar el enfoque de las inversiones y de los negocios. La generalización del microprocesador, de la fibra óptica, del láser, de la holografía, de las telecomunicaciones, de la biotecnología y de la bioagricultura, soportadas todas ellas por la posibilidad de diseñar, fabricar y gestionar integradamente con la ayuda del ordenador, apuntan a la conclusión de que los enfoques tradicionales de la aplicación del sistema capitalista han de cambiar radicalmente. Aun cuando la filosofía subyacente del sistema continúe vigente, sus formas y manifestaciones prácticas se han de adaptar a los requisitos más cualitativos exigidos por la comunidad, que percibe al capital sólo como un recurso productivo más, y no como un elemento de dominio concentrado en unas cuantas manos. En todo caso, las tecnologías punta, a través de sus amplias aplicaciones y posibilidades, tendrán a largo plazo insospechadas repercusiones sobre la economía, y sus efectos modelarán gradualmente y sin duda alguna tanto el comportamiento como las condiciones evolutivas de la sociedad del siglo XXI.

A medida que la humanidad avanza hacia la consolidación de la sociedad del conocimiento, enfrenta también otras incógnitas en el plano de la economía, la política y las relaciones sociales. Lo más probable es que en el futuro próximo muchos de los principios que se consideran inamovibles, entre ellos los del capitalismo clásico, sufran profundas transformaciones. De hecho, el capitalismo ha sufrido transformaciones importantes a lo largo de la historia, y será afectado por nuevos y notables cambios a medida que la evolución social y económica siga su curso. Numerosos cambios han sido y son incluso imperceptibles en el momento en que ocurren, pero lo verdaderamente importante es que luego se consoliden adecuadamente en función del nuevo contexto, que también se insinúa y establece de modo paralelo como consecuencia de ellos.

En igual sentido, y en términos de dinámica de mercado, la competencia tiene hoy en día lugar en escenarios internacionales, realidad que se ha puesto de relieve en reiteradas ocasiones a lo largo de estas reflexiones. A medida que se avanza hacia la globalización integral, las ideas, la tecnología, y también el dinero, fluyen con facilidad sorprendente a través de las fronteras. El empleo y los lugares de trabajo se desplazan a sitios donde puedan ser desempeñados con mayor eficiencia y eficacia, y las implacables fuerzas del capitalismo mundial sufren consecuentemente un fenómeno de democratización, haciendo que las grandes corporaciones y los centros de poder económico tradicional pierdan tanto su influencia como su identidad nacional.

Además, la revolución del conocimiento y de la información anticipa una era de permanente incertidumbre y volatilidad, incluso con cierto matiz caótico, si se la compara con los tiempos pasados, regidos por parámetros más estables y controlables en tal sentido. Se tiende a que los productos sean diseñados y fabricados otorgándoles un ciclo de vida útil más corto, intentando por esta vía generar un mayor consumo que compense el aumento de su coste de producción y comercialización. Y las empresas y los gobiernos se enfrentan a la necesidad de escoger ciertos sectores específicos para centrar las actividades de investigación y desarrollo, ajustándolas al requisito de satisfacer de modo innovador las necesidades genuinas de una sociedad más culta y exigente, cuyas opciones han de precisarse también con mayor objetividad y rigor, por encima del simple capricho individual o de la imposición forzada por intereses creados.

Durante el presente milenio, nada será capaz de abarcarlo y de dominarlo todo, ni siquiera las hasta ahora versátiles corporaciones multinacionales más poderosas, o los países más opulentos. Se observará en cambio la proliferación de empresas especializadas que trabajarán conjuntamente en función de las ya comentadas relaciones de colaboración recíproca y de alianza estratégica. En otras palabras, la economía global exigirá un alto grado de especialización y una enorme capacidad de dinamismo y agilidad, tanto a nivel de las actividades de producción de bienes de consumo como de las de prestación de servicios.

A medida que el capital, las ideas y la tecnología fluyan con facilidad, superando las fronteras y barreras tradicionales, y que el trabajo se centre donde su eficacia pueda ser optimizada al máximo, el concepto de globalización se irá consolidando, e impondrá un nuevo orden en cuanto a especialización, responsabilidades, estilos de gestión y liderazgo. Es probable que la nueva revolución ya en curso produzca más cambios y riqueza cuantitativa y cualitativa que los que se lograron en cualquier otra época de la historia y de la evolución socioeconómica de la humanidad, y que estas transformaciones alcancen un grado jamás evidenciado por el género humano. Pero en este caso, y por los motivos obvios, se trata de un desafío que obliga a la reflexión, y a tener en cuenta no sólo la precariedad de muchos postulados y planteamientos empresariales y relacionados con el sistema capitalista, hasta hace poco aceptados como inamovibles, sino también la fragilidad y las limitaciones del planeta como fuente de recursos para cualquier manifestación social, política y económica. Las agrupaciones sociales y las empresas que no apliquen una estrategia educacional y formativa, y que no actúen con la sólida convicción sobre la ética del trabajo necesaria para hacer frente a este desafío, no serán capaces de prosperar ni de asumir los requisitos que imponen las nuevas reglas del juego.

Por otro lado, algunos piensan que la llegada de una era marcada por estas características traerá también asociadas un sinnúmero de nuevas oportunidades, lo cual en gran medida es cierto. Pero está claro que estas oportunidades deberán en todo caso beneficiar y estar al alcance de todas las personas, si no se quiere defraudar ni a la experiencia ni a las expectativas del género humano. En este contexto, las personas, y entre ellas los políticos, tienen que elegir entre la arriesgada inercia de dispersión hacia estilos de vida de contenido superficial, y la alternativa de adopción de actitudes que abran la posibilidad de construir una sociedad rica, productiva y armónica, sostenida y consolidada establemente en términos del largo plazo. Esta última opción, sin duda la más lógica, es realmente alcanzable siempre y cuando sea formalizada sobre la base del ejercicio coherente de la iniciativa empresarial, fundamentada en los valores de la economía capitalista de mercado, pero debidamente ajustada a los requisitos del orden emergente.

HACIA UN NUEVO MODELO DE ETICA EMPRESARIAL

La aplicación de la ética al concepto empresarial comienza a hacerse necesaria desde el momento mismo en que alguien se pone a pensar en el trabajo, en la vida y en las personas, cuando se llega a acuerdos, cuando se concluyen negociaciones, y cuando se toman decisiones. Hay que tener en cuenta que a lo largo del desempeño empresarial, los emprendedores están ineludiblemente sometidos a las pruebas y tentaciones éticas que un orden competitivo industrial o comercial implacable pone siempre en el camino de aquellos que deciden ser sus protagonistas. Frecuentemente existe una distancia que separa la teoría de la práctica, y las ideas de la conducta. El ejercicio de la ética es, por lo tanto, difícil y ambiguo, al entrar en conflicto la intencionalidad, bien o mal enfocada, con la aceptación de valores más o menos coherentes dentro del esquema del modelo socioeconómico vigente. El hecho se complica aún más cuando se viven épocas de crisis, transición o cambio, y por lo tanto, cuando se desconoce la configuración definitiva del orden de valores hacia el cual lleva el proceso evolutivo.

Si no se llega realmente a practicar lo que se postula, lo que se piensa y lo que se defiende, entonces parecerá que se está en una situación de parálisis moral. Muchas personas viven la vida tropezando o nadando contra la corriente precisamente por no lograr reconciliar sus actitudes con sus principios o con los de la sociedad, situación que a su vez puede obedecer a deficiencias tanto personales como sociales, ya que es difícil precisar quién tiene la razón, y por lo tanto, cuál es el punto de referencia válido en tal sentido. A ello se añade también el hecho de que los individuos sometidos a esta situación de incertidumbre, olvidan con demasiada frecuencia reflexionar sobre lo que realmente les importa en la vida, y a final de cuentas, sobre lo que verdaderamente valoran y esperan dejar en este mundo como obra y contribución a lo largo de su paso por el planeta. En el fondo, lo importante para cada uno es conseguir abordar el tema de la ética considerando previamente el propósito moral con un enfoque de mucho mayor alcance y amplitud: la clara definición de los motivos que impulsan las acciones del individuo, sean éstas tanto personales como empresariales.

Siempre se han dado en las personas aspectos de comportamiento tan perdurables como la codicia, el egoísmo y el odio. A simple vista, es fácil sospechar que tales características de la mente humana se encuentran en todo tipo de personas, al menos en estado latente, con el riesgo de desviar su comportamiento del ideal ético. Pero sus manifestaciones prácticas están también supeditadas al efecto compensador y regulador que también se arraiga como atavismo indisociable al ser humano, básicamente representado por el instinto social, por las facultades racionales, y por las bases morales adquiridas a lo largo del proceso de aprendizaje y formación a lo largo de su vida. No obstante, los años de reflexión personal, de autocrítica, de educación, de experiencia en el trabajo, no impiden que muchas personas sean dogmáticas, presuntuosas y ferozmente hostiles hacia los que difieren de sus puntos de vista y discrepan de su comportamiento. Hay que tener presente esta realidad cuando se trata de procurar que los líderes empresariales, políticos y sociales contemplen con agudeza y sinceridad, y con un cierto grado de buena voluntad, ciertas trampas morales que la vida y el entorno les tienden. El líder laboral, el reformador político, el ideólogo, el educador, e incluso el filósofo moralizador, son todos ellos seres humanos con defectos y debilidades, y no están más libres de riesgos en su entorno específico que los artífices del mundo empresarial, sometidos a las fuerzas inexorables del mercado.

Cada una de las personas de la sociedad posee una dosis de indisociable individualidad, a la cual se asocian sus correspondientes luchas personales para intentar comprender el confuso y desconcertante mundo que les rodea. Cada individuo experimenta en tal sentido un inevitable grado de soledad, una sensación de solitaria búsqueda de la explicación del sentido de las cosas. De ahí el acierto de algunos que, en determinado momento, aceptan la importancia de que a lo largo del transcurso de la vida de un individuo, el hábito de "ser", y no el de "parecer" o el de "poseer", es el que debe prevalecer y ser definitivamente adoptado.

Las anteriores puntualizaciones generales señalan inequívocamente que el ejercicio de la ética corresponde eminentemente al individuo, como sujeto protagonista de acciones racionales. Pero se ha de partir también de la base de que el mundo empresarial está integrado por individuos o grupos de personas que, ejerciendo conjuntamente funciones complementarias y responsables, dan forma a iniciativas cuyo objetivo es la generación de riqueza económica y de bienestar social, dentro de un esquema que debe ser equitativo y justo. Por lo tanto, al hablar de ética aplicada al mundo de la empresa y de los negocios, es imposible separar el enfoque de su naturaleza básicamente humana, de su dimensión socioeconómica. Por otro lado, resulta evidente que un análisis de este tipo se debe efectuar considerando que el ejercicio de la iniciativa empresarial ha ido históricamente asociado al predominio del esquema de economía de libre mercado basado en el capitalismo, hecho que probablemente continuará condicionando durante largo tiempo el esquema empresarial que indudablemente seguirá vigente a lo largo de la era del conocimiento. Toda consideración de las implicaciones éticas del desempeño empresarial del futuro, por lo tanto, ha de ser planteada asumiendo el alcance de esta constatación.

Si se analiza la evolución histórica de la empresa, contemplándola desde el punto de vista del esquema imperante del capitalismo y del libre mercado, se puede observar que esta modalidad ha sido la que ha brindado mayor seguridad material a mayor número de personas, en numerosas sociedades, demostrando que es un sistema absolutamente compatible con la libertad y con la democracia. Esta realidad opaca inclusive y en forma definitiva otros planteamientos y doctrinas económicas que demostraron reiterada y sobradamente su fracaso, como es el caso de la historia ocurrida bajo regímenes totalitarios, de economía centralizada o de excesivo intervencionismo estatal en la gestión del desarrollo de naciones y regiones.

No obstante, a pesar de los logros de la libre empresa, persisten dudas e incógnitas acerca de un sistema económico impulsado por el motor básico del interés personal, a veces llevado al extremo del egoísmo, de la ambición, de la polarización de resultados y beneficios, y de la desigualdad de oportunidades. Tales desequilibrios, derivados muchas veces de las propias actitudes y atavismos del hombre, ponen a menudo en tela de juicio las consideraciones éticas del sistema empresarial actual, así como las de su proyección como tal a futuro, supeditadas a los imperativos de asegurar el cumplimiento de la función social de la empresa desde una perspectiva humanista.

Desde la instauración misma de la economía de mercado, la necesidad de definir una ética comercial se hizo evidente, asentándose inicialmente sobre las bases del orden moral y social imperante, y tomando como objetivo el interés público. Es así como dicha ética incipiente dio lugar a normas de actitud y comportamiento comercial que evolucionaron a lo largo de los años, señalando etapas de tendencias más o menos estables según las doctrinas predominantes en cada período de la historia. Alternaron en la controversia las influencias de posiciones religiosas diversas, como la protestante y la católica, que sucesivamente, y según el caso, apoyaron, censuraron o señalaron las limitaciones morales de las actitudes y procedimientos mercantiles de terratenientes, comerciantes, financieros, banqueros e inversores. El nacimiento del capitalismo en Europa, en el siglo XVI, tuvo estrecha relación con la reforma protestante, de la cual se originó la primera aproximación ética al mundo de los negocios. Los teólogos católicos censuraron también en su día las actividades del hombre enfocadas a ganar dinero, tildándolas de sospechosas. Más tarde reconocieron sin embargo que fabricar productos y venderlos era más aceptable desde el punto de vista ético que el simple comercio de bienes o las actividades prestamistas, situando la actividad puramente mercantil al margen de la moral.

Hoy en día, ante la emergencia de nuevas opciones y de diferentes enfoques sociales de la función empresarial, surge la ineludible necesidad del replanteamiento de la crítica ética a la empresa, sin eludir sus precedentes históricos, pero insistiendo más en el examen de las interacciones empresa-gobierno-sociedad.

Los argumentos morales se pueden aceptar o rechazar en función del punto de vista elegido para el análisis de una determinada situación. Al margen de consideraciones legales, actualmente es posible apreciar ejemplos de esta realidad si se analiza la condición ética de ciertas actividades empresariales, tales como la fabricación y comercialización de armas, el tráfico de drogas, la inversión en países con gobiernos represivos, o la especulación financiera. Con frecuencia estas actividades persiguen el interés propio y la satisfacción del individualismo desprovisto de escrúpulos, y no representan nada diferente del estilo mercantil predominante en la época medioeval, o del capitalismo de antes de la reforma.

La reforma permitió la implantación de la ética del comercio por la vía del protestantismo, y es así como todo negocio lícito y próspero se aceptó como ético, instaurándose la moralidad del lucro, concepto que ha ido cambiando a lo largo del tiempo de acuerdo con las transformaciones históricas de la actividad comercial y con la evolución de las ciencias sociales. Según fue avanzando esta evolución, más tarde se comenzó a considerar normal que el poder, los privilegios, el beneficio económico y la distribución de la propiedad constituyesen la compensación lógica del esfuerzo individual, volcado a satisfacer necesidades sociales mediante el ejercicio de la eficacia, de la iniciativa, del esfuerzo, de la sobriedad, de la confianza y del cumplimiento del deber, cualidades todas ellas asociadas al logro del éxito.

Progresivamente, el concepto de ética ha dejado de ser un atributo individual, ya que las circunstancias han llevado a desarrollar la actividad económica a través de organizaciones y grupos de personas, desapareciendo gradualmente la figura del empresario único y aislado en su ámbito asociado al poder del capital. La ética aplicada a la empresa es hoy más bien sinónimo de responsabilidad social, y se han incorporado a su definición los conceptos de solidaridad, equidad y racionalidad. Su alcance es más corporativo, y abarca más allá de la original y primitiva aceptación de su percepción puramente comercial.

Hoy se valora la relación entre moralidad y beneficio, se incorpora la percepción de la problemática social y medioambiental, y cuando las relaciones entre diferentes factores de percepción no son claras, se habla de irresponsabilidad. Surge el convencimiento simultáneo de que la práctica de la ética empresarial es una buena inversión, y de que la virtud moral es necesaria para el éxito y la buena imagen, aun cuando no todas las personas y empresas éticamente responsables tengan garantizada su prosperidad por naturaleza propia. Se considera la práctica ética como condición necesaria y favorable, aunque no suficiente, para alcanzar la excelencia empresarial, y en cambio, lo contrario se reconoce como el primer paso conducente a la pérdida de credibilidad por parte de la comunidad, del mercado y de los trabajadores respecto al cometido de la empresa. Las luchas sindicales, así como numerosas situaciones de acción penal y civil a nivel de los estamentos jurídicos que configuran la legislación mercantil, laboral y social, están en buena parte condicionadas por el tipo de práctica ética que ejercen las empresas. Es difícil medir la relación y fijar los límites entre responsabilidad social y desempeño financiero. Los empresarios triunfadores pueden o no ser buenos como seres humanos, y la asociación entre éxito económico y bien público no siempre resulta clara, todo lo cual dificulta el establecimiento de un "patrón" ético justo y definitivo. El capitalismo ha permitido implementar los mecanismos mediante los cuales alguien pueda generar riqueza sin perjudicar a nadie, sino más bien beneficiando a la sociedad. Tales mecanismos los aporta el mercado, y en él, las ganancias movilizadas constituyen el premio o el precio de las expectativas de inversores, trabajadores y clientes. De este modo, se genera la justificación ética de la ganancia de dinero: nadie pierde, y en cambio todos salen ganando de la mutua relación. El sistema genera compensaciones y contraprestaciones a los servicios, productos o soluciones aportados y adquiridos dentro de la dinámica del proceso, cumpliendo de este modo su función en y para la sociedad.

No se debe sin embargo olvidar que los mecanismos y los sistemas con implicaciones morales están siempre supeditados a su consumación por parte de los individuos. Por lo tanto, el carácter subjetivo de los comportamientos morales del desempeño empresarial es un factor importante a tener en cuenta a la hora de fiscalizar y de legislar. Actuar éticamente en los negocios y en las actividades económicas requiere siempre, por este motivo, del afianzamiento previo de valores apropiados a nivel de la sociedad, debidamente plasmados en un código deontológico de aplicación universal. La sociedad globalizada necesita un código de esta naturaleza, lo cual plantea el permanente desafío moral de diseñarlo, de adaptarlo y de ponerlo en práctica. Los predicamentos que han de regir el comportamiento ético de la era global de las actividades empresariales no dejan de ser complejos, variados y a menudo relativos e inconsistentes, ya que obedecen a respuestas diferentes, a percepciones diferentes, y a principios que están marcados por diferentes bases culturales, religiosas, sociales y políticas, todo ello derivado de la dispersión geográfica y de las diversas connotaciones temporales que han afectado a la evolución y al desarrollo de los distintos pueblos del planeta. Desde luego, esta situación no es aceptable en la era del conocimiento, cuyos requisitos en cuanto a coherencia han de ser compatibles con la gestión armonizada de la diversidad, dentro de un precepto ético solidario que proyecte a la sociedad hacia el futuro con suficientes garantías de estabilidad y justicia.

Se puede afirmar que, en el fondo, las normas éticas que actualmente rigen la industria y el comercio se han mantenido notablemente constantes a lo largo de los años, pese a la evolución que hayan podido sufrir en su forma de manifestación práctica. Si la ética del capitalismo y de la empresa se juzga por sus resultados a través de la historia, se puede afirmar que el sistema es susceptible de ser aceptado y perpetuado en una línea de evolución racional, ya que en términos absolutos las economías de mercado han producido mayor riqueza, prosperidad y seguridad económica para la sociedad y para el hombre que la que en principio se podía esperar, a pesar de las limitaciones que el sistema haya manifestado coyunturalmente en cuanto a la distribución equitativa de dicho éxito económico. La forma en que el capitalismo mejora los niveles de vida es indiscutible, y ningún otro sistema económico ha logrado ser más compatible que éste con la libertad y con la democracia. Prueba de ello la constituye el hecho de que sistemas económicos de naturaleza radicalmente diferente al capitalismo, asumen desde hace tiempo cambios sustanciales y definitivos en sus planteamientos conceptuales, para asimilarse gradualmente a la economía de mercado y a la libre empresa.

Hablar de ética empresarial obliga inevitablemente a la consideración de los aspectos políticos que invariablemente se asocian a este razonamiento, dadas la estrecha relación de mutua influencia, y las implicaciones conceptuales que afectan por igual a ambas esferas. La empresa actúa de modo distinto al del gobierno cuando se trata de gestionar la economía con eficacia y dinamismo. La intervención gubernamental separa con su acción la creación de riqueza de su aplicación a la función social, provocando la ruptura de la necesaria unidad entre medios y objetivos, y por lo tanto, prescindiendo de la valoración ética del contexto. Sin embargo, para conseguir recursos económicos, los gobiernos recurren a la fiscalidad, a los aranceles, a las sanciones, a la recaudación muchas veces abusiva, y a la burocracia, coartando de este modo la libre iniciativa y la motivación, en beneficio de una deficiente administración supuestamente estructurada con fines de protección y bienestar social. Aplican estos recursos a la satisfacción de las necesidades de la sociedad a través de mecanismos que frecuentemente son poco apropiados y escasamente coherentes, como es el caso de los subsidios, las exenciones fiscales y las prestaciones sociales públicas de diversa índole. El planteamiento intervencionista origina de este modo los conocidos monopolios, los déficits presupuestarios crónicos y el lastre de empresas estatales de escasa productividad y competitividad, auténticas reliquias de un mercantilismo obsoleto que sólo se presta a abusos y que favorece la incompetencia.

Muchas veces el poder político se aprovecha de estas peculiaridades para ejercer su influencia y enriquecer, por la vía de la corrupción, a sus adictos menos escrupulosos, en perjuicio del ciudadano indefenso que se ve obligado a sufrir las secuelas de esta aberración y de esta falta de ética en los procedimientos. Ello demuestra una vez más que la ética es un principio elemental que también debe ser incorporado definitivamente al desempeño político y al cumplimiento del cometido orientador, controlador e impulsor de los gobiernos en relación con la actividad económica y empresarial y con sus implicaciones sociales.

Los bienes y servicios producidos y prestados por una economía racional son la fuente auténtica de riqueza para todas las personas productivas, sean éstas empresarios o parte del equipo corporativo, y esta realidad constituye un circuito cerrado que afecta a la totalidad de la sociedad, ya que cada individuo cumple en ella una función activa y pasiva, en uno u otro momento de su evolución como tal. El volumen distribuido de riqueza generada es por lo tanto producto del esfuerzo por desarrollar eficazmente los recursos humanos y materiales, y permite satisfacer tanto las necesidades privadas como públicas, siempre y cuando el sistema funcione con coherencia, rigor y equidad. En este sentido, es preciso disociar la riqueza generada a través del proceso económico normal, de aquella que pueda producirse como consecuencia de situaciones coyunturales favorecidas por la oportunidad atípica en el tiempo y en el espacio. Es el caso, por ejemplo, de aquellas ocasiones en que la ley de la oferta y la demanda se adultera por hechos circunstanciales, como ocurrió con las compañías petrolíferas tras la crisis energética de los años setenta, como sucede con el mercado de ciertos productos críticos y de oferta limitada, tales como minerales estratégicos, como ocurre con las plusvalías, con el florecimiento espectacular de tecnologías como la informática, o con la distorsión de los mercados financieros como consecuencia de la especulación abusiva.

Prescindiendo de las situaciones claramente especulativas, a las cuales no se puede aplicar ningún criterio moral, el cuestionamiento ético del enriquecimiento rápido es algo que supera toda lógica, y que en todo caso queda supeditado al juicio que la sociedad sea capaz de emitir en función de su propia percepción de la realidad. A menudo, el desmesurado culto a la personalidad, o la distorsión de los valores sociales, contribuyen a tergiversar el sentido de los juicios, y se cuestionan en cambio aspectos irrelevantes prescindiendo de la esencia ética de la situación. Esta polarización en la percepción, que también condiciona la distribución de la riqueza, es consecuencia directa de la economía de mercado, que se rige no sólo por los mecanismos de la oferta y la demanda de productos y servicios, sino también por las modas y caprichos del consumidor, sobre todo en lo que se refiere a la demanda circunstancial de bienes y servicios impuesta por la vía de la moda y de la publicidad tendenciosa. En este sentido, la ética la han de ejercer no solamente las empresas que venden artículos y servicios, sino también los consumidores, y para ello se ha de apelar con insistencia a la lógica, al sentido común y a la responsabilidad moral de toda la sociedad.

La ética es un principio que se ha de anteponer a la intencionalidad, ya que esta última está sujeta a imperativos subjetivos condicionados por la capacidad de percepción y por los intereses personales y materiales del individuo, todo lo cual integra la diversidad perceptiva de la sociedad, y confirma la dificultad para establecer criterios éticos objetivos y equitativos que orienten la actividad económica y empresarial en situaciones atípicas de mercado.

La necesidad de volver a definir la responsabilidad ética de la empresa se ha de entender como un intento de reconciliar las intenciones y los resultados del capitalismo, postulado que no deja de ser bastante ambiguo. Se ha de partir de la base de que la generación de beneficio es un derecho legítimo de la empresa, lo cual no excluye su responsabilidad social. Lo que también se ha de asumir con objetividad es el hecho de que el beneficio en sí no constituye un objetivo final para la actividad económica, sino más bien un medio o un recurso para lograr su verdadero y último objetivo, que es alcanzar la satisfacción justa y coherente de las necesidades de la sociedad considerada como un todo, más allá del egoísmo que frecuentemente tiende a generar el simple interés material e individual. Este planteamiento implica armonizar los intereses del empresario, o el de los propietarios de la empresa, con los del equipo humano productivo, y también con los del consumidor, como integrantes todos ellos del mismo círculo social. Precisamente la responsabilidad social de la empresa empieza cuando se procura evitar el conflicto entre intención y acción, asumiendo que a largo plazo los intereses de la primera han de coincidir necesariamente con los de la sociedad.

Una economía de mercado consecuente y responsable, reconciliada con el modelo globalizado, debe promover y favorecer la implementación de inversiones socialmente justificadas, que permitan obtener resultados positivos para toda la colectividad, sin perjuicio de asegurar los rendimientos económicos que garanticen el funcionamiento sostenido del sistema. El reto es atractivo y apasionante, pero dada la complejidad de los factores en juego, es difícil asumir sus implicaciones éticas. El hecho de que se continúe actualmente realizando importantes esfuerzos para inculcar en los responsables empresariales los conceptos de responsabilidad ética y social, demuestra que aún persisten en el sistema económico contemporáneo ciertas deficiencias originadas por las motivaciones egoístas que a veces subyacen en el logro de objetivos. Al igual de lo que sucede con otros aspectos evolutivos de la sociedad, la estabilidad social y económica del presente milenio depende, forzosamente, de la implantación definitiva de aquellos valores éticos que permitan a la empresa afrontar con éxito los requisitos a que la obligan tanto un diferente esquema social y tecnológico, como el surgimiento y el arraigo de la dimensión humanista de la economía.

SINDICALISMO: PERSPECTIVA HISTORICA Y OPCIONES DE FUTURO

En reiteradas ocasiones, a lo largo de estas páginas, se ha comentado que el mundo empresarial y la economía en general evolucionan hacia la era post-industrial o del auge del sector servicios, como consecuencia del progresivo establecimiento de la sociedad del conocimiento. También se enfatizó que esta tendencia se ve reforzada por la pérdida de la importancia relativa de la industria clásica en la economía productiva, con lo cual la fuerza del sector obrero, organizada o no, va perdiendo cada vez más influencia política y social, al menos de acuerdo con los parámetros de percepción convencionales. Es indudable que los sindicatos, plataforma tradicional a través de la cual se ha manifestado el mundo laboral desde el inicio de la era industrial y capitalista, están perdiendo fuerza como elementos de presión reivindicativa social y económica. Se ha llegado al momento ineludible en que, si se quiere que los sindicatos continúen constituyendo el baluarte de la lucha por los derechos implícitos en el trabajo durante el siglo XXI, éstos deberán reformarse, renovarse y revitalizarse radicalmente de acuerdo a nuevos objetivos y prioridades.

Es importante insistir en el hecho de que el paso de la economía industrial a la era de los servicios implica importantes cambios en el enfoque de la actividad sindical como plataforma de reivindicación social. La necesidad esencial del movimiento laboral del futuro es volver a recuperar la capacidad de hablar en nombre de la mayoría de los trabajadores, a pesar de que éstos sean dispersados como consecuencia de la globalización y de la especialización multisectorial.

Ante la drástica reducción de trabajadores dedicados a la producción de bienes, los líderes sindicales se enfrentan a la tarea de organizar a una nueva generación de trabajadores de servicios. Los resultados, a lo largo del proceso evolutivo actual, no son aún satisfactorios ni definitivos en tal sentido, dado que el cambio implícito es profundo, y que su asimilación por parte de la sociedad es un proceso forzosamente lento. Por otro lado, la simpatía del público en general, y de las empresas en especial, por el sindicalismo tradicional, se ha debilitado últimamente en las naciones más avanzadas. Es posible constatar, por ejemplo, que las clásicas presiones reivindicativas de los sindicatos por la vía de la manifestación colectiva y multitudinaria no solo son ineficaces, sino que, además, generan cierto hastío en la sociedad civil, cada vez más convencida de que es el individuo quien ha de coger las riendas de su propio destino laboral. Al igual que en el caso de la política, el sindicalismo ha perdido importantes cuotas de credibilidad.

Dos son los inconvenientes fundamentales que obstaculizan este proceso evolutivo: la creciente hostilidad de las empresas en relación al sindicalismo histórico, y la incesante transformación de la economía a nivel mundial, así como de toda la estructura de la fuerza laboral. Pero el movimiento laboral superó también con anterioridad otros obstáculos de esta u otra naturaleza a lo largo de la historia, y por lo tanto no hay razón para suponer que no logre asumir nuevos retos en tal sentido, si logra expresar un nuevo conjunto de valores y programas que convenzan al trabajador de servicios, y que le permitan recuperar el apoyo y la solidaridad de la sociedad civil en general.

En el pasado, el papel del sindicato, como institución basada en cuestiones de clase, consistió precisamente en articular el concepto de solidaridad. Al mismo tiempo que la ideología empresarial dominante afirmó su fe en el progreso individual, el movimiento sindical intuyó el peligro de la falta de empleos y la desigualdad del poder en los centros de trabajo. Los sindicatos creyeron entonces que sólo a través de la acción colectiva se podría mejorar la calidad de la vida de la mayoría de las personas. No obstante, durante los últimos años, y en términos generales, los sindicalistas del mundo industrializado se han ido apartando de los valores colectivos que antaño defendieron, y se han esforzado en cambio por promover el bienestar individual. Ha contribuido a este fenómeno el auge progresivo de la clase media, cuyo número de integrantes ha aumentado significativamente en comparación con el de la clase obrera, desplazada por efectos de la tecnología y de la automatización del proceso productivo tradicional que caracterizó a la ancestral era industrial, y que ha dado lugar simultáneamente al advenimiento del "estado de bienestar".

Los trabajadores de la sociedad industrial han ido perdiendo su conciencia de clase a medida que el progreso les ha brindado más bienestar, más cultura, mejor preparación y un nivel superior de vida. En las naciones avanzadas, la mayoría de los trabajadores no son hoy pobres, y muchos comparten barrios, escuelas y otros tipos de infraestructuras sociales con profesionales de clase media. Los trabajadores de hoy son parte integrante de la sociedad de consumo y de una creciente clase media, y se han adaptado a los valores de la misma. Por lo tanto, la ocupación no define ya como antaño la identidad de clase de un trabajador, quien tiene actualmente a su alcance la mayoría de los aspectos sociales y políticos importantes de la sociedad. Además, la mayor parte de los trabajadores tiende hoy a adoptar actitudes políticas y de comportamiento social en función de sus experiencias fuera del ámbito estrictamente laboral.

Progresivamente, tras haber perdido buena parte del compromiso con el espíritu de responsabilidad colectiva, que en su día impartió sentido al movimiento laboral, los líderes sindicales han debido reconocer su incapacidad para movilizar significativamente a la clase obrera. A partir de este punto, han optado por lamentar casi resignadamente el surgimiento de una sociedad cada día más desigual, donde los más privilegiados, cuyo número aumenta en función de la llegada del antes citado estado de bienestar, son reacios a compartir su prosperidad y sus logros con los más pobres, sean o no trabajadores. Precisamente este fenómeno de polarización ocurrido dentro de los sindicatos clásicos es el que les ha hecho perder credibilidad no sólo de cara a sus propios afiliados, sino también en relación al resto de la colectividad, disminuyendo ostensiblemente su fuerza política y su capacidad reivindicativa.

En un principio, el movimiento sindical se inició para guiar los intereses de obreros cualificados que se vieron a sí mismos como artesanos independientes, y que se agruparon para ello en asociaciones gremiales. Al verse amenazados por la pérdida de autonomía en su trabajo, como consecuencia de la introducción de los procedimientos de producción en masa, los trabajadores artesanales se unieron con el ánimo de poder controlar solidariamente el ritmo del cambio, y de conservar así cierto grado de influencia en la actividad fabril. Con ese objetivo compartieron los principios del empleo autónomo, y decidieron agruparse en plan federado.

La sociedad y la industria en general sufrieron sus respectivos procesos de evolución y cambio. La industria diseñó e implantó mecanismos para optimizar la eficacia y elevar la producción. Con ello, tanto los problemas como las actitudes de los trabajadores cambiaron, y como consecuencia, la producción en serie generó nuevos grupos de trabajadores industriales con habilidades fáciles de adquirir y de sustituir, pero cuyo importante número les empezó a aportar cuotas crecientes de poder. En un entorno de trabajo cada vez más rutinario, las nuevas generaciones de trabajadores industriales empezaron a exigir mayor seguridad en el empleo, por medio, entre otros, del ejercicio del derecho de antigüedad y de la reivindicación salarial. Procuraron a la vez protegerse de las cuotas de producción desmesurada y frecuentemente abusiva, y reivindicaron niveles de salarios que les permitiesen el acceso a una variedad de bienes de consumo cada vez mayor. Al éxito de este tipo de acción reivindicativa contribuyó paralelamente el aparecimiento de una legislación laboral proclive a la defensa de los valores sociales del mundo del trabajo, lo cual representó una valiosa oportunidad para fortalecer la posición y la eficacia de las agrupaciones sindicales.

Del mismo modo que la transformación del centro de trabajo, producto del paso de una producción artesanal a otra de tipo industrial, constituyó un reto para que el movimiento sindical se organizara de otra forma, buscara otras metas y consolidara nuevas estrategias y alianzas políticas, el capitalismo post-industrial y la era de los servicios exigen también una nueva orientación a los sindicatos. Para entender la nueva realidad social, éstos deben ser capaces de afrontar permanentemente todo lo que ha cambiado y seguirá transformándose. Un aspecto fundamental de dicho cambio está estrechamente relacionado con los conceptos de individuo, familia y comunidad, así como con las relaciones de reciprocidad y de compromiso que los vinculan entre sí.

La tendencia hacia la definitiva consolidación de la economía globalizada apunta a que las clásicas partes en conflicto, es decir, sindicatos y organizaciones patronales, deberán adoptar en el futuro actitudes y posiciones de "colaboración entre adversarios históricos", en lugar de continuar en la línea de las negociaciones hasta ahora marcadas por conflictos entre intereses opuestos. Enfocadas con un objetivo común, las partes involucradas deberán optar por estrategias mancomunadas, cuyo fin sea el de dar solidez y estabilidad a la empresa, al trabajo y a la productividad, en bien de todos, y dentro de un esquema perdurable. La lógica consecuencia de un planteamiento de este estilo es conseguir y fortalecer mejoras significativas en materia de educación, formación y capacitación, de salud, de nivel de empleo y de satisfacción de los trabajadores. La generación de empleos adecuadamente remunerados favorece a su vez una productividad más elevada, en beneficio de la propia estabilidad de la empresa, y la creación de un clima general caracterizado por opciones productivas que resaltan más los aspectos cualitativos que las opciones puramente cuantitativas y materiales, promoviendo incrementos reales del nivel de calidad de vida, de armonía social y de solidez económica.

Durante muchos años la negociación colectiva, canalizada a través de los sindicatos, ha sido un ritual ajustado al ya mencionado enfrentamiento entre éstos y los intereses del capital y de las organizaciones empresariales, y el proceso, por desgaste, ha perdido credibilidad para ambos interlocutores, para la sociedad civil y para los representantes públicos que participan en él como agentes conciliadores. Independientemente de las connotaciones políticas que puedan haber prevalecido e influido sobre algunas negociaciones de interés nacional o sectorial, los intentos de acuerdo de interés general han derivado hacia la búsqueda de soluciones informales, sobre todo para el sector de las pequeñas y medianas empresas. En este sentido, la acción sindical, formal o informalmente, ha tenido una influencia paralela a la acción política con respecto a la organización de la sociedad, a lo largo de muchos años de desempeño activo como fuerza de transformación socioeconómica.

En definitiva, se puede llegar a la conclusión de que el consenso práctico se ha impuesto sobre el rigor oficial a la hora de resolver problemas tan elementales como las políticas salariales, los planes de capacitación y las estrategias de organización, cuya importancia y urgencia no admiten generalmente su supeditación a estilos burocráticos dogmáticos expuestos a los criterios de la intransigencia o del interés partidista. De hecho, la confrontación permanente es una realidad que obstaculiza y desgasta en gran medida la capacidad de rendimiento de las empresas, lo cual en definitiva acaba perjudicando a los propios trabajadores. Dentro de un contexto de globalización, según el cual la empresa ha de ejercer un papel decisivo como motor de la economía, y por lo tanto, del "estado de bienestar" de la sociedad, aparece como cada vez más promisorio el ejercicio de la reivindicación constructiva desde el propio entorno interno de cada empresa, es decir, desde la participación proactiva y comprometida de sus trabajadores como protagonistas identificados con la misión y con los objetivos de la función productiva. Desde este punto de vista, la acción responsable de los "comités de empresa", emerge como una valiosa y eficaz alternativa al sindicato tradicional, debido a la fuerza motivadora y a la dinámica que permiten los enfoques y las actitudes de colaboración implícitos en organizaciones horizontales y transversales, libres de jerarquías e imposiciones de naturaleza vertical y autoritaria, y desprovistas del efecto de disgregación de fuerzas que habitualmente se oculta detrás de los movimientos excesivamente masificados.

No existe actualmente un modelo sindical estandarizado que permita su aplicación definitiva a las necesidades de la realidad empresarial del futuro próximo. Cualquier transición revolucionaria de la economía, sobre todo la relacionada con el paso de la era industrial a la del conocimiento, requiere de tiempo y de la culminación de un proceso evolutivo progresivo, que no es ni sencillo ni rápido. Dicho proceso ha de permitir el análisis de experiencias válidas, el diseño de nuevos caminos, la selección y adaptación de alternativas, y la integración de las opciones definitivas con rigor y objetividad. Sin embargo, existen en el mundo empresarial actual algunos modelos que en este aspecto están demostrando su validez en el ámbito internacional, como es el caso de lo que ocurre en Japón y en algunos países asiáticos y del norte de Europa, de cuya experiencia se pueden deducir opciones organizativas y técnicas empresariales específicas que constituyen ejemplos indiscutibles de que la evolución adaptativa del mundo empresarial en los planos social, económico y cultural es posible.

Una vez más hay que reiterar que la utopía como ideal no es viable, y, por lo tanto, insistir en retocar esquemas del pasado sin la consideración previa de los desafíos del futuro es un absurdo, ya que el contexto ha cambiado y continuará haciéndolo permanentemente, cada día a ritmo más acelerado, a la vez que evolucionan y cambian los propios modelos de desempeño social, político y económico. Las modernas y futuras relaciones industriales deben actualmente estar marcadas por la voluntad de colaboración entre adversarios, intentando reconciliar y aunar objetivos comunes a todos ellos. De todos modos, no se debe ni se puede prescindir en ningún momento de la necesidad de armonizar intereses, ya que el conflicto es inevitable cuando algunos puntos de vista son contrapuestos por naturaleza. Lo importante es buscar conjuntamente soluciones, lo cual resulta más fácil si los objetivos compartidos están claros, y si la voluntad por alcanzarlos es unánime y prioritaria. Uno de los caminos más prometedores en tal sentido es el de intentar conseguir la plena participación del colectivo del trabajo en la propiedad y en la gestión empresarial, tema sobre el cual se volverá a insistir más adelante. Pero esta alternativa no debe plantearse de modo puramente simbólico ni como ideal testimonial, sino más bien como postulado concreto y con carácter de compromiso. No se trata ya de conseguir convenios de representatividad laboral o de participación de los sindicatos o de representantes de los trabajadores en los comités de dirección y en los debates enfocados a conseguir el consenso, sino más bien de lograr que cada colaborador de la empresa sea a la vez un auténtico empresario por sí mismo, aportando no sólo su trabajo personal, sino también su responsabilidad, iniciativa y compromiso. Esta alternativa se revela como prácticamente la única que permite erradicar las posiciones antagónicas de las partes en litigio o en conflicto, promoviendo en cambio un clima de solidaridad y de identificación con la misión de la empresa, que en ningún caso se contradice ni con los objetivos de la economía de mercado, ni con la función social de la primera.

La evolución hacia el pleno establecimiento de la sociedad del conocimiento, de la información o de los servicios, como quiera que se le denomine, obliga paralelamente a la asunción del concepto de globalización, válido tanto desde el punto de vista económico como social y político. Esta tendencia es ineludible e imposible de frenar, y la humanidad la está viviendo actualmente a un ritmo acelerado y trepidante. Esta globalización integral implica la necesidad de adaptación de las actuales estructuras y valores a un nuevo mandato organizativo y cultural, que debe ser implementado y asumido a tiempo, incluso con mentalidad previsora. Si el ritmo de adaptación de las estructuras y valores de la colectividad no se efectúa a tiempo y convenientemente, es posible que las circunstancias desborden al sistema, y que se genere en consecuencia más caos y más crisis, la superación de los cuales será mucho más traumática que la puesta en práctica de actitudes previsoras, por muy complejas que éstas puedan parecer a primera vista.

A esta globalización y a este imperativo de evolución y de transformación no puede tampoco escapar el sindicalismo, que debe adaptarse en función de los nuevos requisitos que imponen los nuevos esquemas económicos, empresariales y sociales. Un nuevo concepto de sindicalismo, planteado en términos de armonización entre las partes tradicionalmente opuestas, puede incluso transformarse en una valiosa oportunidad para orientar y regular la macroeconomía y la intervención de la política estatal en la empresa, mediante la participación y la consulta a nivel de los oportunos estamentos gubernamentales. Las diferencias de opinión no deben en adelante tenerse en cuenta como simples argumentos de lucha por el poder, sino más bien como motivo de equilibrado debate para conseguir el necesario ambiente de armonía entre sindicatos, políticos y sociedad como un todo. El papel regulador del estado se ha de manifestar en este sentido con proyección orientadora y ordenadora, procurando armonizar definitivamente los intereses del capital y del trabajo.

Los modelos de organización sindical basados en la simbiosis de objetivos y estrategias, enfocados desde un punto de vista empresarial único y comprometido, están sin duda destinados a constituir excelentes plataformas para el establecimiento de modelos económicos estables y sostenibles a largo plazo, siempre y cuando su enfoque sea el adecuado. La pervivencia de la empresa es el principal elemento motivador de este planteamiento, y en él se han de fundamentar tanto la futura economía de mercado, como la función social del sindicalismo post-industrial.

Globalización es un término que además implica "necesidad de información global" para poder proceder al diseño de nuevos modelos, esquemas y opciones sociales, económicas y políticas. En el caso de la práctica sindical, resulta por lo tanto provechoso poder disponer de información objetiva y oportuna sobre aspectos que ya funcionan apropiadamente en este sentido, o cuya tendencia evolutiva demuestra ser promisoria a largo plazo. Una buena plataforma informativa en este ámbito la pueden constituir tanto las corporaciones transnacionales, que hayan tenido la ocasión de acceder con éxito a nuevos modelos de colaboración y organización sindical, producto de sus variadas experiencias locales, como el conjunto de líderes, ejecutivos empresariales y estudiosos de todo tipo cuyo ámbito de trabajo haya sido el entorno sindical internacional. Sin considerarlo una panacea, el antes citado modelo japonés vuelve a insinuarse como ejemplo de gran utilidad en cuanto a experiencia a tener en cuenta a la hora de perfilar esquemas de acción válidos. Desde el momento en que el objetivo de su planteamiento sindical propicia el logro permanente del pleno empleo y el aumento sostenido de la demanda interna, consigue por este conducto mantener una economía dinámica y una estabilidad social, cuyos niveles serían deseables para muchas naciones del planeta.

La economía de servicios plantea también otras cuestiones en torno al concepto de calidad de vida, sobre todo en lo que respecta a la capacidad de individuos y familias para alcanzar satisfacciones tanto esenciales como incluso marginales a través del consumo. Al reducirse el precio de los bienes producidos en serie y masivamente, éstos se han puesto al alcance de mayor número de consumidores, siendo en el sector obrero donde los avances en tal sentido han sido más espectaculares, dado su alto potencial de compra y su rápida respuesta al aumento del ingreso. No obstante, la diseminación y generalización de bienes de consumo que hoy se consideran de uso habitual, producen un grado de satisfacción bastante limitado. En el mundo post-industrial, el nivel de calidad de vida esperado por la sociedad se identifica más bien con sus aspiraciones de poder vivir en entornos acogedores y adecuadamente dotados de infraestructuras y servicios de todo tipo, de contar con buenas posibilidades en cuanto a salud y educación, y de disponer de alternativas motivadoras en cuanto a recreo, evasión y disfrute del tiempo libre, factor este último que también tiende a ser más abundante en la sociedad del conocimiento. La calidad de vida depende del esquema en función del cual estos servicios se difunden y mantienen sostenidamente en la sociedad, y de la medida en que son distribuidos y consumidos equitativamente en plan colectivo.

A nivel empresarial también han cambiado, y continuarán haciéndolo, las responsabilidades para con la sociedad. A medida que la competencia y la tecnología se internacionalizan, y que se extiende la producción en serie hacia los países en desarrollo, ha ido perdiendo importancia el operario de la línea de fabricación como tal, y su influencia entre los miembros de un sector laboral profundamente transformado ha disminuido. El uso de las técnicas informáticas y de la robótica permite organizar nuevas modalidades de producción, más flexibles, y el responsable de recursos humanos, sobre todo en las empresas de más entidad, respaldado por una legislación laboral cada día más sofisticada, empieza a desempeñar un papel de mayor protagonismo, supliendo en gran medida la necesidad de la acción sindical. Dentro de las organizaciones empresariales contemporáneas se habla cada vez más de la necesidad de adoptar esquemas de trabajo más participativos y más corporativos, con miras a fomentar la productividad y la capacidad de innovación de los trabajadores, para lo cual se imponen las estrategias de formación permanente y la filosofía de gestión basada en la calidad total. De este modo, las diferencias jerárquicas entre los niveles gerenciales y la fuerza de trabajo se han reducido en gran medida, fenómeno cuya tendencia es aún más evidente si se procede a su proyección a largo plazo. El sindicato convencional, debido a lo anterior y a otras razones ya planteadas, se está convirtiendo en algo cada vez más superfluo dentro del contexto operativo de los agentes sociales.

La negociación colectiva tradicional no está incluso hoy en día a la altura de los retos genuinos que plantea la era de la economía de servicios. En cambio, el cauce principal por el que sí puede avanzar el sindicalismo en la nueva realidad socioeconómica se sitúa en el plano de la política, y no ya en el terreno hasta ahora habitual, en el cual la organización pretende la defensa directa de sus miembros. Los sindicatos de hoy, pero sobre todos los de mañana, deben ver a sus miembros afiliados a la luz de los cambios económicos y sociales, y explorar con mentalidad abierta los tipos de políticas capaces de satisfacer las necesidades de una clase obrera que se ha transformado profundamente, y que se integra definitivamente y de lleno en la clase media. Los sindicatos se han de preocupar cada vez más de factores que trascienden la simple protección del trabajo, tales como procurar mejor calidad de servicios a la comunidad, y velar por su distribución equitativa entre sus miembros. También deben procurar que las condiciones de trabajo y de vida, tanto en el entorno laboral como social, sean compatibles con las necesidades y aspiraciones de un mejor nivel de calidad integral, con la conciliación de la vida laboral y familiar, y con un ambiente más humanizado. De hecho, el propio término "calidad" implica por sí mismo erradicar los conceptos cuantitativos y materiales que inspiraron la trayectoria histórica del sindicalismo previo a la revolución del conocimiento y a la implantación de la sociedad de los servicios.

Los nuevos aspectos que condicionan el estilo y que plantean los requisitos funcionales de un renovado sindicalismo, no son ya susceptibles de ser resueltos en la plataforma de negociación colectiva tradicional. Por lo tanto, el enfoque de proyección y de gestión de los sindicatos ha de cambiar radicalmente. La intervención y la toma de decisiones en cuestiones colectivas implican asumir previamente la responsabilidad sobre una gama de cuestiones mucho más trascendentes que la referente al simple puesto de trabajo. Esta opción de innovación y cambio ofrece a los sindicatos la oportunidad de replantear sus objetivos, así como de recuperar nuevamente credibilidad como agentes capaces de subsanar las divisiones y superar las brechas y diferencias existentes entre los trabajadores más marginados y aquellos que, por razones coyunturales, se sitúan en la privilegiada corriente dominante.

Como ya se comentó, las empresas también van cambiando sus enfoques al respecto, y parece ser que los empleados y otros miembros de las comunidades donde se ubican los centros de trabajo, asumen tanto interés en las primeras como sus propios accionistas y propietarios. Es fácil constatar este tipo de actitudes cuando ocurren episodios de "deslocalización" geográfica de empresas, respondan éstos o no a motivos razonables y justificados. Esta realidad no se contradice en absoluto con los intereses a largo plazo de las compañías, pues éstas están cada día más convencidas de que su productividad depende de la eficacia de los centros de formación local, de la estabilidad de la unidad familiar, y de la coherencia social.

La nueva estrategia sindical debe formular otras definiciones del alcance de la responsabilidad social, que medien entre los derechos de la comunidad y los del individuo, entre la protección de la familia y los requisitos del trabajador, entre los deberes sociales de la empresa y el ejercicio de la propiedad, entre la defensa de la equidad y la alabanza del mérito individual. Los planteamientos sindicales que se enfrenten a estos retos lograrán dejar atrás, por lo menos en parte, la fase de confrontación que caracterizó al período industrial, y que en parte persiste incluso hasta la actualidad. Solo trabajando de este modo, con y para grupos dentro y fuera de la empresa, los sindicatos serán capaces de redefinir el concepto de estado de bienestar, y de volver a vincular y reconciliar una vez más al movimiento sindical con la realidad de una sociedad civil sustancialmente transformada.

Proyectando el análisis del tema aún a más largo plazo, resulta fácil intuir que es muy probable que el sindicalismo tradicional pierda progresivamente fuerza y sentido dentro del contexto del presente milenio. Si el espíritu de empresa se extiende y consolida, tal y como aparentemente lo sugiere la irreversible evolución hacia diferentes esquemas económicos y sociales, el papel reivindicativo y orientador de los movimientos laborales y profesionales se ha de plantear en un nuevo tipo de escenario, más asimilable al modelo de las actuales organizaciones empresariales, aunque debidamente ajustado a los requisitos de la sociedad y de la economía globalizada. La creciente relevancia del individuo como protagonista del desarrollo de iniciativas empresariales, como generador de alternativas de trabajo y autoempleo, y como partícipe activo en la propiedad y en la gestión de la empresa, a dado inicio ya a la modificación radical de la plataforma de negociación colectiva.

La defensa de nuevos valores, la demanda de bienestar social cualitativo, la preocupación por temas de interés colectivo, los estilos de trabajo más participativos y responsables, y la proyección solidaria de la economía buscando estabilidad y equidad, ayudarán sustancialmente a que los agentes sociales en escena sean, por un lado, los individuos emprendedores, y por el otro, los representantes políticos guiados por el ejercicio ético de la democracia. Eliminados los motivos de confrontación y conflicto de intereses, el modelo sindical debe asimilarse más bien a un círculo de debate constructivo y pragmático, inspirado en el deseo de generar sinergias ventajosas mediante la combinación inteligente y mancomunada de ideas, expectativas, esfuerzos y voluntades. En este sentido, la manifestación callejera y multitudinaria, a menudo distorsionada por intereses manipuladores y oportunistas, o viciada por actitudes violentas, vandálicas y provocativas de minorías desorientadas, pierde cada día más su utilidad como herramienta reivindicativa.

PODER POLITICO Y EMPRESARIAL: LA INTERVENCION INSTITUCIONAL FRENTE AL PESO DE LA ECONOMIA DE LIBRE MERCADO

El estudio de la magnitud de la influencia política de las empresas, entendiendo como tales las que son producto de la iniciativa y del esfuerzo privados, es motivo de permanentes e importantes debates a nivel de analistas y expertos en economía y en política pública.

Algunos, por un lado, consideran a las empresas como grupos de interés que compiten dinámicamente con una diversidad de plataformas a la hora de definir la agenda política e influir sobre opciones públicas específicas. De acuerdo con esta posición, en el mundo político la empresa es a veces considerada como poseedora de ciertas ventajas que, sin embargo, no difieren demasiado de las que puedan disfrutar otros grupos de interés. Por lo tanto, su poder real varía de acuerdo con factores como el clima de opinión pública, el comportamiento de la economía, las actitudes y recursos políticos de ciertas compañías o sectores específicos, y la fuerza relativa de aquellos citados grupos de interés con los cuales compiten, dentro de un conjunto de puntos de vista diversos y variados. Otras opiniones llevan a considerar los negocios no como grupos de interés, sino más bien como una especie de "gobierno" privado, que puede llegar incluso a disfrutar de una posición de privilegio dentro de un determinado contexto nacional o regional.

Los argumentos de quienes ven en la empresa una amenaza para la democracia política pluralista se enmarcan dentro de tres amplias categorías. Una, sostiene que la empresa, mayormente la privada, socava la democracia porque su estructura interna de autoridad no es democrática. Otra, insiste en que la democracia pluralista es imperfecta, ya que el sector de los negocios ocupa en ella una posición privilegiada. Y la tercera perspectiva, incorpora los conceptos de las dos primeras, pero va más allá al considerar al sistema empresarial como un centro de poder que priva a la mayoría de la sociedad de riqueza y de influencia. Naturalmente, es fácil deducir que estas premisas chocan frontalmente con los argumentos comentados a lo largo de estas páginas, puesto que nada tienen que ver con las bases conceptuales en las que ineludiblemente se fundamenta el esquema socioeconómico del siglo XXI. Además, es primordial tener en cuenta que en muchas naciones son precisamente las empresas de tamaño reducido y mediano las que integran más del 90% de su fuerza productiva, realidad que reivindica con autoridad moral la fuerza democrática del segmento de la economía que representan.

Posiciones de esta naturaleza sostienen que las empresas son esencialmente sistemas políticos cuyos dirigentes ejercen gran poder, influencia y control sobre empleados, consumidores, proveedores y, por lo menos, sobre parte importante de la economía local. De acuerdo con esta perspectiva, resulta preocupante el hecho de que una proporción considerable de la ciudadanía pase su vida de trabajo, así como la mayor parte de su existencia cotidiana, no dentro de un sistema democrático, sino en medio de una estructura jerárquica de subordinación. La solución lógica a esta situación, en principio, aparece a través de la extensión de los criterios de la democracia a la gestión de las compañías, esencialmente a través de alguna fórmula de participación de los trabajadores en su propiedad y en dicha gestión. De todos modos, ya se pudo observar con anterioridad, y se volverá a destacar, que el advenimiento de la sociedad y de la economía globalizada ofrece nuevas opciones y plantea serios retos en cuanto a organización empresarial, que presuponen inevitablemente la adopción de modelos estructurales transformados. El concepto clásico de organización que da lugar al planteamiento soportado por las opiniones enunciadas más arriba está ya en decadencia, y sólo persiste como vestigio de las desfasadas corporaciones jerarquizadas.

Las decisiones de las empresas privadas tienen efecto marcadamente público y social. La doctrina de la responsabilidad social de la empresa, proclamada por vez primera a principios del siglo pasado, y repetida por cada generación de ejecutivos hasta el día de hoy, reconoce expresamente que las empresas han dejado de ser "instituciones" privadas aisladas del contexto general. Todo lo que la empresa hace, es en principio asunto de repercusión pública. La presunción de algunos de que los gobiernos marcados por la influencia empresarial no son democráticos ni en la teoría ni en la práctica, no ha de basarse solamente en peculiaridades atribuibles a la empresa como tal de modo excepcional y único, ya que prácticamente cualquier institución privada es susceptible de ser descrita en términos similares. Las universidades, las fundaciones, los sindicatos, las asociaciones profesionales, las instituciones y organizaciones religiosas y de beneficencia, así como otras de diversa índole, ejercen todas ellas un cierto poder político, y, sin embargo, prácticamente ninguna es gobernada de acuerdo a preceptos rigurosamente democráticos, si se entiende como tales el hecho de que quienes trabajan para la organización puedan designar libremente a los responsables que las rigen. Por lo demás, esta situación ni siquiera se da a nivel de las instituciones gubernamentales, cuyos funcionarios no escogen a sus superiores, ni son consultados acerca de las decisiones más importantes, incluso las que afectan a su trabajo. Y a nadie se le ocurre pensar que la estructura organizativa de un ejército normal constituye una amenaza para la democracia, por el sólo hecho de que no se permita a todos los soldados dictar la política militar.

A nivel político, son los ciudadanos, mediante el proceso electoral o el ejercicio de la opinión pública, los que configuran una fuerza de poder e influencia bastante marcada, de mayor o menor impacto según sea la coyuntura socioeconómica del momento. Sin embargo, existen pocas instituciones, de cualquier tipo, que sean realmente regidas por todos los que trabajan para ellas, función que en cambio delegan en grupos reducidos de personas. A este nivel es donde cabe esperar importantes cambios a lo largo de la evolución de la era del conocimiento, tal y como se deja constancia en numerosos apartados del presente análisis.

Lo que sí es preciso reconocer es que la empresa es una más de las numerosas instituciones que ejercen influencia en la sociedad moderna. Empresa y sociedad son dos fenómenos indisociables dentro del contexto político y económico del presente y del futuro. La posible inclinación pro-empresa de la política pública no es sólo el resultado de la influencia de los recursos económicos y políticos propios del sector empresarial, sino también del hecho de que éste disfruta de una posición de privilegio en un sistema capitalista, a causa de su singular relación con el bienestar público. Los líderes empresariales tradicionales ocupan una posición favorable porque la sociedad ha puesto en sus manos la responsabilidad de movilizar y organizar los recursos económicos. Los empresarios orientan y condicionan las decisiones en materia de tecnología industrial de un país, las pautas de su organización del trabajo, la ubicación geográfica de las actividades productivas, la estructura del mercado, la asignación de recursos de todo tipo, y, desde luego, la jerarquía salarial de empleados y trabajadores. Para complicar aún más la situación, las reglas constitucionales, en especial las que protegen el derecho de propiedad privada, impiden que se ejerza directamente un control público importante sobre la toma de decisiones de carácter empresarial. Los hombres de negocio pueden llegar a ser singularmente poderosos porque los gobiernos dependen de ellos para organizar la producción y la distribución de bienes y servicios, y por lo tanto, para integrar la riqueza de una nación sólida, ajustada a la moderna economía de libre mercado.

Pero, si bien la anterior realidad hace a los gobiernos dependientes en cierta medida de las decisiones de los hombres de empresa, también hace a la empresa por lo menos igualmente dependiente de las decisiones gubernamentales. Curiosamente, suele ocurrir en el mundo real que ni el sector empresarial ni los estamentos de gobierno obtienen el uno del otro todo lo que desean. Los funcionarios públicos y los políticos suelen estar crónicamente insatisfechos del ritmo de crecimiento o del estado de la economía, al mismo tiempo que los empresarios afirman que sus beneficios serían más aceptables y seguros si el gobierno atendiese mejor sus necesidades, y regulase convenientemente su intervención fiscalizadora y sus políticas de fomento y de apoyo.

La falta de confianza política por parte del sector empresarial puede conducir al desempleo y al estancamiento económico, lo cual a su vez lesiona la imagen de los gobernantes elegidos democráticamente. Del mismo modo, diversas políticas gubernamentales, como el control de la inflación, el proteccionismo mal aplicado, la política fiscal o la normativa medioambiental desacertada, pueden mermar y amenazar la riqueza generada por las empresas. En el mismo sentido, la ausencia de un apropiado clima político puede provocar la restricción de las inversiones por parte de los empresarios.

Es evidente que el ritmo de crecimiento económico de un país depende de las decisiones y del comportamiento de una multiplicidad de individuos e instituciones, no sólo las de tipo empresarial. Si los hombres de negocio invierten menos, con ello se generará menor crecimiento económico y mayor desempleo. Pero aunque las compañías aumenten espectacularmente sus tasas de inversión, la economía se estancará si a los consumidores no les interesa adquirir los productos que aquellas ofrecen al mercado, o sea, si la política de comercialización no es la más adecuada o la mejor ajustada a una demanda cada vez más exigente, no ya desde el punto de vista material, sino, como ya se aprecia en general, cualitativo.

La capacidad de las empresas para influir en la política pública está sujeta también al ciclo de los negocios y de la macroeconomía. En épocas de recesión y crisis es difícil que las compañías insistan en la importancia de la confianza para los inversionistas, y es poco probable que ejerzan un poder político efectivo, lo cual es radicalmente diferente de lo que ocurre cuando se vive una etapa de expansión económica. Frente a la recesión, la empresa enfoca su acción a la supervivencia, reivindica su papel generador de riqueza y los apoyos oficiales que puedan favorecer tal objetivo, y restringe toda opción que amenace su viabilidad, reduciendo costes y gastos de todo tipo, entre ellos, los relativos a recursos humanos. Si los tiempos son favorables, enfoca el largo plazo con optimismo y visión estratégica, a veces con excesiva euforia y temeridad, intentando consolidar su posición competitiva recurriendo a la eficiencia, a la eficacia, a la calidad y al ejercicio del poder político y económico que le otorga su posición de fuerza, influencia y prestigio de cara al mercado y a la opinión pública.

De todas formas, es poco probable que incluso en este último caso los políticos tomen en serio las quejas y demandas de los empresarios en cuanto a las secuelas negativas de la intervención gubernamental, ya que a este nivel el orden de prioridades está condicionado por connotaciones más sutiles de tipo social, a veces derivadas de la expresión de la demagogia y del oportunismo asociados al poder. Los controles políticos al sector empresarial tienden a multiplicarse tanto cuando la economía no va bien como cuando es floreciente. Casi siempre ocurre que cuando el desempeño económico general se encuentra en un punto de inflexión intermedio, los políticos están más dispuestos a ceder a las demandas de las empresas. Una situación similar suele darse cuando se viven momentos de crisis y cambio político, es decir, cuando las fuerzas del poder en juego tambalean, y cuando se intuye un eventual vuelco radical de los esquemas vigentes.

No se trata tampoco de llegar a conclusiones definitivas que impliquen excesivas generalizaciones, puesto que tampoco este tipo de intención es recomendable, si se considera la trascendencia y la complejidad de los cambios en curso para transitar en la era del conocimiento. De todas formas, si se sabe capitalizar las experiencias, hay evidencias que señalan caminos ineludibles hacia la asunción inteligente de las transformaciones en curso. Es cierto que los gobiernos deben ofrecer incentivos a las empresas para que la economía global crezca, pero no por ello tienen que aplicarlos indiscriminadamente a cualquier compañía o sector en especial. Algunos segmentos empresariales pueden tener un comportamiento deficiente, a pesar de que los indicadores señalen una situación general aceptable, y lo contrario puede también suceder. En todo caso es preciso estudiar siempre a fondo las opciones y estrategias pertinentes, en beneficio de no inducir situaciones de excesivo favoritismo, o de sistemática marginación económica.

Cabe aquí hacer alusión, a título de oportuno ejemplo, al diferente trato que frecuentemente se da a las condiciones de apoyo y financiación de la gran empresa, en comparación con la pequeña unidad productora, verdadero motor de la economía global. El acceso de las pequeñas empresas al crédito es frecuentemente difícil, así como lo son su capacidad de autofinanciación y su disponibilidad de activos que les sirvan de garantía frente a las instituciones de financiación. El papel del gobierno en estos casos debe ser el de actuar como elemento regulador de la disciplina del mercado, aportando mayor protección fiscal y jurídica a las pequeñas empresas, y procurando que los pagos de las entidades públicas a estas últimas, por los productos suministrados o servicios prestados, sean más expeditos. No hay que olvidar que las empresas de tamaño modesto constituyen la base fundamental de la economía productiva "real" de la mayoría de naciones, así como un factor crucial de empleo, iniciativa e innovación, hecho cuya dimensión adquiere proporciones crecientes a medida que se arraiga la era del conocimiento. Las estructuras públicas tienen en este campo un papel muy importante que cumplir, sobre todo en lo que atañe a proporcionar ayudas, orientaciones y subvenciones de fomento, así como a definir pautas de financiación más eficaces y estimulantes para un segmento empresarial que se ha de considerar clave para la estabilidad de la sociedad.

Los gobiernos pueden hacer distinciones, y de hecho las hacen, entre empresas. El gasto público, los impuestos, las políticas industriales y comerciales, así como las regulaciones específicas, inevitablemente favorecen a uno u otro sector circunstancialmente considerado "estratégico", a la vez que son desfavorables para otros. Industrias, regiones, productos, e incluso servicios específicos, pueden así verse comparativamente discriminados o estimulados en relación a sus competidores, lo cual a la vez proporciona a los gobiernos una importante oportunidad de poder, que es la de oponer entre sí a diferentes áreas del sector empresarial. Lamentablemente, los motivos políticos suelen predominar sobre la lógica práctica, y frecuentemente no se miden en este caso las consecuencias sociales de la pugna por el poder y el control.

Por otro lado, si los gobiernos responden en magnitud apreciable a las demandas políticas hechas por las empresas del sector privado, es probable que la economía se bloquee, dando lugar a un esquema de uniformidad en el cual la ausencia de competencia y de motivación creativa conduzca a la pasividad. Situaciones de esta naturaleza son más bien características de las desfasadas y decadentes sociedades de economía centralizada, actualmente en fase de extinción definitiva, y que por lo demás no tienen cabida dentro de los esquemas de la sociedad globalizada del presente siglo, ya plenamente insinuados e implantados en la actualidad. A pesar de ello, a menudo la política pública tiende a mantener el "status quo" económico, en lugar de que cada una de las políticas específicas, como la de regulación, de libre comercio y de reforma fiscal, sea estudiada y equilibrada con detalle y con visión de futuro, con el objeto de favorecer el comportamiento global de la economía y el logro de sus objetivos sociales, sin beneficio ni perjuicio discriminatorio para algún sector en especial.

Las economías capitalistas contemporáneas en general han prosperado en ausencia casi total de intervención estatal en la propiedad de los medios de producción, configurando un sector de gran magnitud dentro del cual la distribución del capital obedece a las leyes del mercado, políticamente orientado por agrupaciones empresariales más o menos poderosas, en ausencia casi total de regulaciones medioambientales, con leyes más o menos estrictas, y de acuerdo a influencias estatales más o menos progresistas. Bajo opciones públicas tan diversas, es evidente que el comportamiento capitalista no ha sido siempre perfecto, y la democracia ha impulsado muchas veces a los gobiernos a optar y aceptar tasas de crecimiento más reducidas en beneficio de alcanzar objetivos más prioritarios, buscando de este modo una mayor coherencia entre los puramente económicos, y aquellos con connotaciones de tipo social. Es a partir de este principio de equidad que se ha empezado también a insinuar y a asumir el verdadero papel de la empresa en la sociedad, así como la indisociable relación entre ambas.

Una de las características más distintivas de los gobiernos democráticos es precisamente la de que imparten pocas órdenes a sus ciudadanos. Los gobiernos democráticos no imponen normalmente a los hombres de empresa el tipo de bienes y servicios que han de producir o prestar, como tampoco imponen a los trabajadores normas de comportamiento en relación a dónde y cómo han de vivir y trabajar. Pero las democracias también decretan incontables leyes y reglamentos que imponen limitaciones al comportamiento tanto de individuos como de instituciones. Un número desproporcionado de tal tipo de reglamentaciones puede afectar en uno u otro sentido la conducta de los hombres de empresa. Los efectos de los impuestos sobre el beneficio, la legislación laboral y social, la regulación del mercado internacional, la regulación de las inversiones, la reglamentación fiscal, la legislación sobre salarios y las normas medioambientales y de seguridad e higiene en el trabajo, son algunos ejemplos de esta realidad.

Tal vez existió una época en que la influencia política de las empresas fue una realidad como centro de poder. Esta realidad, que en cierta medida persiste en la actualidad, se expresó como tal cuando un número relativamente pequeño de empresas gigantescas de algunos países altamente industrializados, alcanzó un grado apreciable de libertad operativa respecto a las restricciones impuestas por el mercado. Esto permitió durante cierta época que dichas compañías estuviesen dirigidas y gestionadas por una élite de ejecutivos que se perpetuaba a sí misma, constituyendo un clan cerrado de gran influencia sobre los estamentos políticos. En estos casos, la "democracia" de los accionistas no representó sino una ficción legal para enmascarar la intencionalidad real de la fuerza influyente, y en esa época las grandes compañías no fueron tan vulnerables a la competencia del mercado, entonces caracterizado por una demanda estable y predecible por parte de consumidores influenciados por las pautas y modas impuestas por los propios gigantes productores. Los frutos de la innovación tecnológica fueron frecuentemente recogidos por pocas compañías influyentes, y como resultado de ello, y tan sólo con escasas excepciones, tanto las industrias como las empresas individuales que dominaron el sistema económico de los países industrializados de principios del siglo XX, siguieron dominándolo prácticamente hasta los años 70 y 80, momento en que se empezaron a manifestar los síntomas de la globalización.

Esta situación está cambiando, y lo más seguro es que continúe haciéndolo radicalmente a medida que se avanza hacia la cimentación de la sociedad del conocimiento y de los servicios. Las condiciones económicas son cada vez más impredecibles e inestables. La desregulación de los mercados financieros, así como de ciertas empresas de gran envergadura, ámbito e importancia como infraestructuras sociales, tales como aerolíneas, ferrocarriles, comunicaciones y transportes en general, ha obligado a un importante segmento de la comunidad empresarial a afrontar, por primera vez en décadas, la competencia de precios, y a cambiar drásticamente sus técnicas de gestión y su proyección estratégica. El fraccionamiento de las estructuras empresariales, la atomización de la propiedad y del poder dentro de ellas, y la desaparición de los modelos de organización jerárquicos de tipo piramidal, son fenómenos en acelerado proceso de consolidación. La lucha por la participación en el mercado ha dado lugar a las sucesivas situaciones de fusiones, absorciones, escisiones, quiebras, alianzas estratégicas y cambios de orientación que se han producido en numerosos sectores de la economía y de la empresa, situación dinámica que está aún lejos de haberse estabilizado. También han aparecido y aparecerán nuevos sectores de actividad empresarial e industrial como producto de la innovación tecnológica, que dan lugar a un sinnúmero de nuevas opciones que entran a competir con las ya existentes en el mercado, y que inducen simultáneamente cambios importantes en los hábitos, expectativas y modelos de demanda por parte de una sociedad motivada por nuevos valores y estilos de vida.

Ninguna empresa está hoy libre de la competencia. La globalización de la economía implica también que las empresas son cada día más vulnerables a la competencia que viene de fuera de su ámbito habitual. El aumento del volumen del comercio internacional entre las naciones del planeta, aunado a las estrategias específicas de expansión y exportación de las naciones emergentes, hacen que el mercado internacional sea mucho más competitivo hoy que en cualquiera otra época de la historia reciente.

El control y la propiedad del capital dentro de la economía mundial han empezado a cambiar significativamente. El dominio histórico de la economía internacional por parte de Europa occidental y de Estados Unidos ha venido disminuyendo de forma constante, y lo seguirá haciendo en el futuro a medida que nuevos países se incorporan al nuevo orden socioeconómico. El centro de gravedad del mundo económico se está alejando de los países que rodean el océano Atlántico, donde se ha concentrado durante casi quinientos años, para situarse en el Pacífico y extenderse hacia todo el mundo de forma progresiva e imparable. Por lo tanto, en función de lo anterior, se puede decir que la gran empresa tradicional no constituye ya una base de poder estable, y, en consecuencia, los que hasta ahora han controlado y poseído el capital no pueden estar tan seguros de conservar su riqueza y su poder en el futuro. Por otro lado, la empresa de gran tamaño se está convirtiendo en una entidad cada vez menos importante de creación de riqueza tanto en las sociedades capitalistas avanzadas como en las emergentes, papel que está asumiendo la pequeña y mediana unidad productiva. Por esta razón, el poder relativo de las primeras tiende a disminuir ostensiblemente, en beneficio del mayor predominio y protagonismo que ejercen las últimas.

Insistiendo en el anterior argumento, el fenómeno de creación de empleo en el sector privado se está dando cada vez más en las unidades empresariales de reducida dimensión. Lo mismo ocurre en relación con los sectores más dinámicos e innovadores de la economía en general, lo cual es especialmente notable en el creciente sector de los servicios. Si estas tendencias se mantienen, como es prácticamente seguro que ocurra, entonces la extendida creencia en el "poder empresarial" clásico también quedará en entredicho, y probablemente no vuelva a ser válida en el futuro. Se está produciendo un fenómeno de distribución del poder dentro del sector empresarial considerado como un todo, al igual de lo que está ocurriendo a nivel de las estructuras internas de las empresas en sí, lo cual implica la llegada de esquemas organizativos menos jerarquizados, más participativos y más responsables como conjunto, ajustados a la función, y no ya a la posición y al poder del individuo en el organigrama. En cualquier sociedad democrática, sobre todo en aquella que ha de prevalecer como modelo en la era del conocimiento, todos los ciudadanos han de tener la oportunidad de ejercer el poder, y de constituirse en factores de opinión y decisión, al margen de la organización a la cual pertenezcan o en la cual desempeñan su actividad.

Es difícil determinar la medida exacta del éxito de la empresa privada para obtener lo que ésta quiere del gobierno, y cómo varía su influencia en el tiempo según el sector al cual pertenezca. En el juego de la influencia y del poder intervienen también otros factores, como el resto de grupos de interés público, los agentes sociales y las propias fuerzas de generación de cambio provenientes del mercado. En medio de estas plataformas, públicas y privadas, la empresa es una unidad de acción más, que ha de competir en igualdad de condiciones por el poder político. Dentro de un contexto ajustado al pensamiento social y a la práctica democrática, lo lógico es suponer que el poder político ha de estar al alcance de todos los estamentos susceptibles de ejercerlo, y que este ejercicio se ha de hacer de modo equitativo, pluralista e inteligente. Esto es especialmente relevante si se tiene en consideración la irreversible transformación que está llevando a la sociedad y a la economía hacia un entorno globalizado, que implica necesariamente mayor participación y mayor poder de elección y decisión a todos los niveles.

Las influencias y relaciones entre empresa y poder político son de naturaleza recíproca, adquiriendo predominio uno u otro sentido según sean las características del momento, del lugar y de las circunstancias en que se manifiestan los acontecimientos sociales y económicos. Hasta ahora se ha comentado a grandes rasgos cuál ha sido la naturaleza y forma en que la empresa ha ejercido influencia política, y cuáles son las probables perspectivas a futuro de que esta influencia contribuya a modelar nuevos esquemas de conducta social y económica, así como de política pública. Pero también es interesante hacer hincapié en el análisis de la corriente inversa, es decir, en el cómo el ejercicio político puede orientar, dirigir o condicionar el desempeño de la economía basada en la empresa, y en cuáles son los imperativos que en tal sentido plantea el presente milenio. Desde luego, dentro de un contexto de globalización, la influencia gubernamental en el mundo empresarial ha de aceptarse aplicando una dimensión "geopolítica", puesto que hoy en día es difícil fijar estrategias y tomar decisiones que prescindan de la influencia del ámbito internacional.

Muchas veces la discusión en torno a la alternativa entre intervención gubernamental y libertad de mercado en la economía de empresa, ha sido dificultada al considerar la compleja e importante tarea de diseñar las adecuadas reglas de competencia en los negocios. Los observadores políticos suelen describir la economía como un campo de batalla en el que compiten dos fuerzas contrarias: la intervención gubernamental y el sistema de libre mercado. Pero, de acuerdo con algunas opiniones, este concepto de batalla a ultranza es simplista y absurdo, ya que todos los mercados son en cierto modo plataformas artificiales condicionadas por la cultura que en ellos predomina.

En el mundo moderno, es imposible que el gobierno no tome decisiones sobre cómo debe organizarse dicha competencia dentro del mercado. Dada esta responsabilidad, las agencias públicas deben ocuparse por fijar reglas de competencia empresarial que correspondan a los objetivos más amplios de la sociedad. Por otra parte, las acciones del gobierno, y los esfuerzos de éste por imprimir y dictar resultados económicos, son por naturaleza ineficaces, ya que su proceder excesivamente burocratizado sofoca la innovación y concentra la toma de decisiones, dado el carácter frecuentemente imperfecto y poco responsable de las instituciones en juego. Por lo tanto, en principio los gobiernos no deben intentar imponer los resultados a obtener del mercado, sino solamente apoyar y orientar eficazmente a la empresa para conseguir el desarrollo de la economía dentro de un clima de libre y leal competencia y de justa equidad.

La polémica continúa al intentar precisar si las instituciones o estamentos gubernamentales deben o no abandonar otras preocupaciones sociales en favor del rigor del mercado, o si debe dejarse de lado la preocupación por la libre empresa para ir al encuentro de un nivel público más elevado. Pero las respuestas a las incógnitas planteadas en el debate no se encuentran ni en la lógica ni en el análisis. Diferentes culturas en distintas épocas han respondido de modo igualmente diferente al tema del deseado equilibrio entre el desarrollo del libre mercado y la intervención gubernamental. Las respuestas han dependido de los valores profesados por la sociedad y de la importancia que ésta asigna a la solidaridad, a la prosperidad, a la tradición y a otros aspectos de índole subjetiva y personal. En las sociedades modernas el gobierno es el principal agente mediante el cual la cultura vigente considera, define y hace cumplir las normas que rigen el mercado. Jueces y legisladores, así como ejecutivos y administradores del gobierno, alteran y adaptan interminablemente las reglas del juego, casi siempre en forma tácita, a menudo de modo involuntario, pero casi siempre bajo la vigilante mirada y mano rectora de quienes realmente influyen sobre determinadas decisiones, y que en todo caso representan los intereses coyunturalmente predominantes, ya sean políticos o económicos.

No es difícil llegar a la conclusión de que el establecimiento de reglas y de procedimientos en este terreno es complicado, y de que las opciones son también múltiples. Muchas veces las decisiones son ajenas al verdadero origen de tantas ineficacias económicas, ya sea por deficiente selección de las alternativas, o por la imperfección de leyes y reglamentos. Un exceso de complejidad en este sentido desvirtúa también de cara a la sociedad la carga emocional que el tema requiere para la acción.

Las actividades económicas siempre tienen consecuencias para personas que no están directamente relacionadas con ellas. A veces estas consecuencias son desagradables y perjudiciales para la sociedad, como ocurre con la contaminación ambiental generada por la industria. Otras, son beneficiosas y positivas para ella, como es el caso de las tecnologías de la información y de las comunicaciones. Conforme el mundo se encoge en la dimensión del tiempo y del espacio, y el ritmo de cambio se acelera, de acuerdo con un proceso de integración global imposible de detener, muchos de estos efectos colaterales de la economía se ven amplificados. Los nuevos conocimientos y habilidades, así como la experiencia adquirida, se vuelven factores aún más determinantes de la prosperidad de una sociedad. Para hacer frente a estos efectos sociales de la economía y de la empresa, la clásica contraposición de la libre competencia y de la intervención gubernamental induce simplemente a elegir entre dos alternativas: pasar por alto ciertos aspectos, o recurrir a incontables directivas y subsidios estatales para atraer, motivar e impulsar a las empresas a buscar caminos diferentes de los que conducen a la obtención del simple lucro económico. Es aquí cuando el gobierno aparece como un valioso elemento orientador, modulador y regulador de los efectos de la economía sobre la sociedad, siempre y cuando enfoque su intervención con coherencia y equilibrio, contribuyendo a "diseñar", más que a "imponer", las reglas del mercado. Evidentemente, el carácter utópico de este ideal es incontestable.

La desregulación de los mercados, alternativa que ha tenido vigencia a lo largo de algunas épocas, es en términos generales la manifestación de una inclinación decisiva hacia el mercado libre, en sentido opuesto al de la intervención gubernamental. Induce a pasar de la prescripción específica al fomento de la creación y expansión de nuevos mercados. Muchas reformas derivadas de esta opción no eliminan del todo la intervención del gobierno en los negocios, sino que dan un giro a sus responsabilidades. Es el caso, por ejemplo, de la organización de un mercado nuevo y su simultánea regulación, para evitar que los efectos a nivel macroeconómico vayan en contra de los intereses generales y de la trayectoria uniforme de la economía global. Llegando a este punto, es importante evitar la posibilidad de generar monopolios en determinadas actividades que luego, a falta de adecuada regulación y orientación gubernamental, amenacen imponer en el mercado sus propias reglas del juego, lo cual puede tener consecuencias aún peores que la excesiva intervención.

La ausencia de regulación gubernamental no debe significar necesariamente la total eliminación de la autoridad de gobierno ni el abandono de los objetivos públicos. Lo que a menudo se requiere es un papel público diferente, como el de la organización y mantenimiento de mercados no centralizados, que permitan alinear lo públicamente ventajoso con lo privadamente rentable. El debate en torno a los méritos relativos de la intervención gubernamental y de la libre empresa ha opacado frecuentemente la tarea más difícil y sutil de encontrar el justo equilibrio entre ambas opciones, y ha distraído la atención del público y de los líderes de opinión, que arremeten por sistema bien sea contra la incompetencia del gobierno, o contra la irresponsabilidad de la empresa privada.

Las mismas lecciones son aplicables tanto a las actividades empresariales socialmente perjudiciales, como a aquellas que tienen efectos positivos para la comunidad. Una vez más, en este caso, la opción entre intervención oficial y mercado sin trabas distrae del tema central. Los debates en este sentido degeneran frecuentemente en controversias acerca de si las instituciones oficiales deben o no tratar de llevar el timón de la economía, seleccionando para darles un trato preferente aquellas actividades de futuro promisorio, o si conviene en cambio dejar que sean los mecanismos del mercado los que seleccionen la mejor alternativa.

Ante los retos de la globalización, algunos plantean incluso la posibilidad de gestionar estos procesos a través de juntas tripartitas, constituidas por las empresas privadas, los trabajadores y el gobierno, es decir, por el conjunto de agentes sociales puestos en sintonía, de acuerdo con los predicamentos del orden socioeconómico vigente. En sintonía con esta fórmula, el objetivo común ha de ser el de diseñar estrategias para las actividades económicas en función de sus relaciones y efectos con y para la sociedad. Lo más difícil en este caso, pero también lo más necesario, es conciliar los intereses generales, tanto los del gobierno, como los de la empresa y los de los trabajadores, teniendo en cuenta que estos últimos constituyen la célula básica de la sociedad. Un planteamiento verdaderamente edificante es abordar la cuestión de cómo organizar mejor el mercado y el conocimiento para estimular la creación de nuevas aptitudes y oportunidades. Incontables decisiones sobre fiscalidad, investigación y desarrollo, financiación pública, protección mercantil e industrial, organización de la banca y mercado de valores, patentes, leyes antimonopolio y comercio internacional, son algunos ejemplos de áreas en las cuales la acción coherente de los gobiernos es sin duda muy positiva, por no decir fundamental, para la estabilidad del actual contexto socioeconómico. Sin embargo, no es fácil consolidar una política neutral en este sentido, ya que cada unidad empresarial es una entidad singular, susceptible de prosperar en entornos competitivos diferentes de los demás, y en los cuales aspectos como costes, mercado-objetivo y valor de oportunidad imprimen condicionantes diversas. Cualquier regla, aparentemente imparcial, tiende inevitablemente a afectar de manera diferente a las empresas, por mucho que la intencionalidad subyacente sea la opuesta.

La cuestión no está en precisar si los gobiernos has de intervenir o no en el mercado, sino en cómo organizar la competencia dentro del mismo. Es imposible pretender que los gobiernos no tomen decisiones en este terreno. Una actitud política que consista en no intervenir, simplemente obligará a las empresas privadas a depender de la inercia de decisiones anteriores asimilables al caso, o creará incertidumbre en áreas donde dichas decisiones no ofrezcan una pauta clara de cuáles son las reglas del juego. Al igual que la tecnología, los gustos y las actividades productivas cambian permanentemente, surgen preguntas e incógnitas, y las decisiones del pasado aparecen cada vez más inapropiadas y desfasadas.

De todas formas, hay que tener en cuenta que la intervención estatal en asuntos que atañen a la economía y a la empresa puede también ser negativa, sobre todo cuando dicha intervención es excesiva, inoportuna o mal enfocada. Es conocida la reacción de los empresarios y trabajadores a esta situación, que lleva al inevitable auge de la economía sumergida. Surgen, como consecuencia de las excesivas presiones burocráticas, núcleos autónomos de iniciativa empresarial que, cada vez que se han de enfrentar a la engorrosa máquina estatal, prescinden de las normativas, y optan a cambio por soluciones espontáneas diseñadas al margen del contexto político oficial. Además de ser un fenómeno característico que surge como consecuencia de episodios de crisis y depresión económica, la economía sumergida es también el resultado directo de deficientes políticas de soporte, estímulo y regulación de la actividad empresarial, y por lo tanto, de la pérdida de credibilidad política por parte de empresarios y trabajadores autónomos.

Pese a que muchas veces la economía sumergida constituye la válvula de escape y el factor moderador de los conflictos sociales y de los desequilibrios económicos que genera la intervención oficial desmesurada y equívoca, tales como desempleo, inflación, estancamiento y agobio fiscal, no es una solución a largo plazo, ya que va en perjuicio directo de la consolidación de la economía productiva efectiva. Hay que reconocer que la economía sumergida ha constituido incluso la piedra angular del aparente éxito macroeconómico de algunas naciones. Pero a pesar de esta ventaja coyuntural, no se la puede considerar como sistema deseable en una economía cada vez más integrada y comprometida con su función social, que ha de ser solidaria y coherente. En tal sentido, la intervención reguladora e impulsora del estado ha de ser siempre estudiada e implementada con absoluto rigor.

Los gobiernos de muchos países trabajan asiduamente en la formulación de políticas empresariales, que implementan por medio de decisiones tendentes a estructurar el mercado. El ideal es contar con una base empresarial diseñada, y si cabe, oportunamente reformada, con el propósito expreso de impulsar la actividad productiva, sea ésta de tipo local o global, ajustándola a una demanda cada vez más compleja y exigente. Desde luego, el diseño de apropiadas reglas del juego se ve hoy en día facilitado y favorecido por la abundante disponibilidad de nuevos conocimientos y habilidades, y por la posibilidad real de canalizarlos, procurando lograr el equilibrio entre el interés empresarial y la función social de la economía. En síntesis, se trata de un problema de enfoque y de interpretación responsable. La desregularización de algunas empresas puede beneficiar a los consumidores, pero también puede ocurrir que la regularización de otras actividades sea también ventajosa para la sociedad. Un ejemplo del primer caso es el del sector de las líneas aéreas; un ejemplo de la segunda opción lo constituye el sector de la industria química.

Sin embargo, muchas de las opciones no tienen nada que ver con la gran división entre mercados libres y control. El diseño de las estrategias se debe hacer de acuerdo con el respeto a los valores de la sociedad, sin perder la oportunidad de intentar reconciliar la conducta empresarial con los objetivos públicos a través del mercado. Si en la expresión por parte de la opinión pública sólo se procede a la condena sistemática de la intromisión estatal y de la irresponsabilidad de los hombres de empresa, el camino no conduce a ningún sitio, puesto que lo único que se logra es una alternativa que incluye lo peor de cada una de las dos posiciones: un rígido y complicado conjunto de reglas que entorpece el ejercicio de la responsabilidad efectiva, y que conduce hacia la ilegalidad y la anarquía. Esto es del todo inaceptable en el contexto del siglo XXI, habida cuenta de que se dispone actualmente de las facultades de organización y de análisis, así como de los medios, para generar interesantes sinergias como producto de la combinación de lo mejor de ambas partes. El espíritu de empresa está sin duda destinado a continuar floreciendo y a consolidarse ventajosamente, siempre y cuando cuente con el oportuno soporte de estamentos públicos eficaces y responsables.

ORGANIZACION Y CAMBIO ESTRUCTURAL

Si se observa la evolución de la humanidad, es fácil llegar hoy a la conclusión de que su característica más relevante es el ritmo acelerado de cambio de todos los aspectos de la vida, en el sentido más amplio de la expresión. Si se aplica el análisis al ámbito de la organización empresarial, y se le enfoca de acuerdo con la situación actual y sus perspectivas de futuro, lo primero que salta a la vista como evidencia indiscutible es el hecho de que las burocracias corporativas tradicionales, reliquias de la revolución industrial, no son actualmente apropiadas para responder a los retos y oportunidades del contexto del siglo XXI. Resulta evidente, por lo tanto, que las empresas deben basar su organización en la diversidad y en la flexibilidad estructural y operativa para competir en un mundo donde el conocimiento, bajo forma de información, alternativas de comunicación y opciones tecnológicas, es la clave de la economía. El cambio permanente del entorno empresarial obliga también a transformaciones continuas de los modelos organizativos de la empresa.

Ya se comentó que la globalización de la economía implica movilización y relocalización de recursos. Las empresas fabricantes de productos y prestadoras de servicios se dispersan cada día más a lo largo y a lo ancho del planeta, buscando la proximidad a los mercados y a los recursos productivos, y la mejor disponibilidad de capital humano. Esta tendencia a la internacionalización plantea paralelamente la necesidad de utilizar normas más universales de gestión en lo que se refiere a funciones centrales de soporte a la producción, tales como servicios financieros, jurídicos, estrategias de comercialización, publicidad, consultoría y asesoramiento profesional. Las decisiones en cuanto a localización geográfica de las actividades económicas ya no se toman en el marco del territorio nacional, sino más bien de la esfera mundial.

La reforma de las estructuras empresariales de cara a la era del conocimiento no se ha de emprender desde el punto de vista puramente administrativo, sino que se ha de profundizar igualmente en el diseño de nuevas fórmulas organizativas que permitan evolucionar desde esquemas de burocracias generalmente desmotivadas y poco eficientes, a fórmulas basadas en unidades de gestión y de decisión más ágiles y ajustadas a los requisitos de la demanda, o sea, de la sociedad. En sintonía con este planteamiento, no se trata sólo de encontrar fórmulas alternativas para hacer frente a situaciones críticas, sino de formular opciones previsoras, encaminadas a lograr que las estructuras organizativas no cambien sólo como consecuencia de ir a remolque de las circunstancias, sino precisamente como respuesta previsora y proactiva ante los desafíos de la globalización.

Las presiones de la competencia, la repetidamente mencionada globalización de los mercados, el rápido cambio y la permanente modificación del entorno social y empresarial, obligan sin duda a las compañías a adoptar modelos de organización que socavan tanto las jerarquías como la estructura por departamentos que caracterizaron durante años al modelo organizativo tradicional de empresa. La supresión de estratos, o sea, la implantación de modelos organizativos de esquema horizontal, es un primer paso para superar la burocracia organizativa tradicional, pero evidentemente no es el único. La empresa de organigrama horizontal constituye la respuesta lógica al cambio que exige la finalización de la era industrial clásica, durante la cual los complejos, sobredimensionados y burocratizados organigramas piramidales y jerárquicos se justificaron como respuesta a un proceso productivo repetitivo y mecanizado, que desde luego ya no es relevante ni en el escenario contemporáneo ni en el del futuro.

La empresa de la nueva era debe eliminar niveles en su organización para aumentar su eficacia y su competitividad, y para adaptar su producción a las expectativas de la sociedad. Ello implica eliminar la departamentalización y los esquemas de organización por celdas o compartimentos, para imponer a cambio el trabajo racionalizado de equipos reducidos, más integrados y relacionados entre sí, y compuestos por individuos capacitados de naturaleza pluridisciplinar y flexible, que estén dispuestos a satisfacer mejor a sus clientes. Se trata, por lo tanto, de eliminar el culto al "territorio privado" dentro de la estructura, así como de erradicar la pesada burocracia que este tipo de cultura empresarial lleva asociada, para implantar a cambio una filosofía de trabajo participativo, fundamentada en la combinación de funciones especializadas complementarias, cuyo desempeño se haga en sintonía y coordinación, con alto valor añadido, y de acuerdo con esquemas organizativos caracterizados por su sencillez y su eficacia. Los organigramas empresariales han de diseñarse a la medida del mercado, y no de los ejecutivos o de sus intereses personales, quienes han de asumir definitivamente un esquema de liderazgo que contemple la delegación inteligente de funciones y responsabilidades.

En todo caso, resulta obvio que esta reorganización estructural debe ir acompañada de la mayor generalización y protagonismo de los centros de beneficio en las empresas de cierta magnitud, concebidos como unidades relacionadas entre sí, con funciones y responsabilidades específicas claramente definidas. La generalización de las tecnologías de la información, a las cuales se aludió en detalle en un capítulo precedente, permite sin lugar a dudas la mejor coordinación de relaciones entre los trabajadores, compatibilizando un mejor nivel de control con un mayor grado de autonomía integral. Pero también es necesario modificar simultáneamente la clásica uniformidad y rutina operativa de las organizaciones, si se quiere avanzar definitivamente hacia la producción a medida, más personalizada, y hacia la satisfacción de segmentos específicos de demanda, previa identificación de objetivos de producción concretos orientados al cliente. En síntesis, la empresa del siglo XXI requiere niveles superiores de diversidad y de diferenciación en todas las escalas de valores, y debe asumir oportunamente los correspondientes cambios de actitud y estilo de gestión y de trabajo.

Por lo tanto, la necesidad de cambios organizativos drásticos y radicales obliga a repensar seriamente los esquemas de organización empresarial. Esta tarea es difícil y lenta de implementar, pero es posible observar en la actualidad casos e indicios que apuntan en tal sentido, confirmando que su viabilidad es factible y real. Se hizo alusión con anterioridad a las técnicas de logística integral y calidad total, desde hace cierto tiempo y actualmente en claro proceso de asimilación y puesta en práctica por numerosas empresas de todo el planeta. Tales técnicas son sólo un pequeño ejemplo dentro de un conjunto de opciones ingeniosas que permiten asumir con éxito la magnitud de las transformaciones organizativas necesarias para conferir a la empresa del presente milenio la estabilidad y la productividad que requiere su proyección sostenida como motor socioeconómico. Por lo demás, se trata de buscar soluciones básicamente caracterizadas por su carácter lógico, práctico y oportuno dentro del escenario evolutivo hacia la integración global.

Es posible constatar que en la cumbre de las corporaciones el "poder" deviene cada vez más difuso, marginándose de la mayor parte de la operativa rutinaria del día a día. Frecuentemente los esquemas de subcontratación y las alianzas estratégicas entre empresas amplifican aún más esta realidad, y la función ejecutiva de comando se transforma así gradualmente en una actividad que adquiere un carácter más político y testimonial que de incidencia efectiva. Las personas que están en la cúspide jerárquica, suponiendo que ésta aún persiste como tal, poseen poder "nominal", representativo, pero no aquel poder "real" o "ejecutivo" que es el que en realidad hace funcionar a la empresa, y que tiende a distribuirse transversalmente en la totalidad de su estructura, de acuerdo a un esquema reticular de naturaleza especializada, con relaciones de mutua colaboración entre unidades, y con escasas componentes jerárquicas. De este modo, el centro pierde su poder cohesionador, el cual es sustituido por el ejercicio del liderazgo descentralizado, y por el autocontrol de la propia fuerza del equipo que confiere forma a los centros de responsabilidad.

También se hizo alusión con anterioridad al hecho de que en el mundo empresarial actual y del futuro próximo no sólo se está induciendo la distribución del poder y de las responsabilidades hacia todos los integrantes del equipo de trabajo, sino que también la propiedad de las empresas tiende a hacerse más distribuida y participativa. De hecho, la mayor identificación de los trabajadores con el cometido y objetivos de la empresa en la que trabajan puede estimularse eficazmente mediante idóneas fórmulas de participación, tanto en la propiedad de su capital y de sus activos, como en los beneficios que aquella genera. El sentido de identificación con el cometido empresarial, así como la consolidación del compromiso necesario a tal fin, se ven estimulados por fórmulas que ponen al alcance de todo el equipo la posibilidad de actuar como auténticos protagonistas del proceso productivo, generando paralelamente las dosis de motivación y entusiasmo que han de acompañar a toda actividad humana. Las conocidas fórmulas de "franquicia" constituyen en tal sentido una interesante opción para estimular la propiedad de la actividad empresarial y la generación de autoempleo.

En el ámbito del sector privado, sobre todo en el sector terciario o de servicios, el fenómeno de la gestión descentralizada y de la propiedad distribuida empieza a ser una realidad. A medida que la globalización de la economía y de la sociedad avanza, es previsible que esta tendencia se generalice progresivamente en todos los sectores de la empresa. A todos los niveles se percibe que esta fórmula, además de una sólida garantía de continuidad para una compañía, constituye la auténtica oportunidad para incorporar a las estructuras organizativas el resto de los cambios a los que obliga la evolución hacia el total arraigo de la era del conocimiento, entre los cuales destacan la filosofía de trabajo participativo en equipo, las relaciones recíprocas de comunicación entre especialidades, la asunción de responsabilidades compartidas, y la práctica de la distribución del poder y de la toma de decisiones, de acuerdo a modelos a través de los cuales se combina la autogestión con el liderazgo motivador.

Es muy probable que el emergente proceso de atomización de la propiedad empresarial privada continúe su evolución progresiva a lo largo del presente milenio. Por lo demás, es la respuesta lógica y natural a la democratización implícita en el advenimiento de un sistema socioeconómico más global, más solidario y más participativo, que ha de funcionar necesariamente sobre la base de valores diferentes, dentro de un orden y de un entorno sustancialmente alejados de los que acompañaron a las etapas previas a la era del conocimiento y de los servicios.

La igualación de fuerzas e intereses entre el poder político y el poder empresarial, según se analizó en el capítulo anterior, conlleva necesariamente cambios paralelos en las respectivas estructuras organizativas. A pesar de que el proceso de distribución de la propiedad privada es un hecho en marcha, la correspondiente contrapartida a nivel de estamentos públicos no debe tampoco hacerse esperar. Para que el sistema globalizado funcione con armonía y coherencia, la distribución de la propiedad debe también ser global, incluyendo el ámbito de las empresas estatales. Es difícil en momentos de efervescencia y cambio vaticinar cuál será el resultado a este nivel, pero, sin embargo, los fenómenos de privatización observables en muchas naciones, constituyen una clara evidencia de que esta alternativa es viable, posible, necesaria y ventajosa para la economía y para la sociedad, sobre todo teniendo en cuenta que la eficacia de los estados en materia de gestión empresarial es discutible.

El estado del siglo XXI, con funciones fundamentalmente ordenadoras, orientadoras, de fomento y de apoyo a la empresa y a la iniciativa privada, tiene escasas posibilidades de gestionar independientemente un sector empresarial aislado del contexto y de los requisitos que impone la sociedad del conocimiento, que por lo demás, es también por excelencia la sociedad de los empresarios. Independientemente de que a lo largo de la historia haya demostrado su incapacidad como gestor y administrador de la economía productiva, y de que las cuestionables fórmulas de subvención y proteccionismo no tengan cabida dentro del nuevo orden, el estado no puede mantener actualmente, ni menos en el futuro, posiciones que se contradicen no sólo con el ejercicio ético de la política y de la democracia, sino también con las normas elementales de la gestión participativa, y con la filosofía y el auténtico espíritu de empresa. Como se constató más arriba, el esquema jerárquico y piramidal es un modelo organizativo que ya tuvo su época de vigencia, y que demostró ser apropiado para una economía basada en la industria, la producción y la distribución masiva, y para controlar procesos de tipo repetitivo. La estructura empresarial contemporánea debe ser más flexible, más móvil, exige más responsabilidad y coordinación a cada uno de sus niveles, y debe también ser más versátil, ajustada sin duda a requisitos hasta hace poco insospechados.

Tanto el ejecutivo como el trabajador de la era global han de hacer frente a una mayor variedad, no sólo en cuanto a formas de organización, sino también en lo referente a personalidades, perfiles y temperamentos humanos integradores de los equipos de trabajo, factor imprescindible de cara a los requisitos de relación y de coordinación personal a todos los niveles. Los ejecutivos han de ejercer un liderazgo más político que técnico, más negociador que autoritario, sin perder de vista su papel orientador, motivador y fiscalizador, dentro de un entorno de diversidad, de cambio y de complejidad permanentes. En el sentido inverso, los trabajadores han de comprender y asumir estilos de trabajo en los cuales ellos también forman parte del poder distribuido, cambiando su actitud de sometimiento al poder convencional remoto por un esquema de activa identificación con el liderazgo y con la responsabilidad.

En las organizaciones jerárquicas tradicionales el objetivo primordial ha sido la generación de beneficios, con el fin de satisfacer las expectativas de accionistas e inversores, pero no precisamente las del mercado, ni las de los trabajadores, ni las del público consumidor, en relación a los cuales han actuado imponiendo su oferta y modelando hábitos y conductas. En esta situación, el individuo como trabajador y consumidor carece de poder, se transforma en un sujeto pasivo, y las cosas se hacen en aras de la eficiencia interna o de la operatividad de la compañía, y no para satisfacer las necesidades específicas y genuinas de la sociedad. El mercado actual y del futuro exige la producción de bienes y la prestación de servicios más ajustados a las necesidades reales del consumidor, caracterizado por su creciente individualidad y nivel de exigencia, y requiere por lo tanto de empresas que se estructuren en unidades organizativas cada vez más especializadas e individualizadas, pero estrechamente coordinadas entre sí. Debe por lo tanto promoverse la razonable congruencia entre la organización de la empresa y la sociedad en medio de la cual ésta se desenvuelve.

La homogeneidad, la estandarización y la uniformidad de la demanda, típicas de una sociedad industrial, dejan paso al planteamiento de inquietudes más personalizadas, lo cual conduce a la producción de mayor variedad de bienes y servicios, sobre todo de estos últimos. La tecnología ha de permitir reducir los costes directos de producción para crear la oferta diversificada, pero esto no es posible si las clásicas organizaciones burocráticas, rígidas, inertes y rutinarias, no evolucionan hacia modelos más ajustados a la nueva realidad, es decir, hacia organizaciones más horizontales, incluidas las de tipo matricial.

La organización de una empresa se edifica a través del tiempo, y no es el resultado casual de la improvisación. Se requiere estimular y favorecer a las personas que la componen, asumiendo que el proceso de aprendizaje organizativo, necesariamente permanente, ha de ajustarse tanto al cambio como a la previsión de los nuevos entornos y determinantes, que se presentan cada vez más alejados de los esquemas a los cuales se ha acostumbrado durante años el mundo empresarial y laboral. Se ha de efectuar un ejercicio de imaginación y reflexión para al menos perfilar los nuevos horizontes y las nuevas reglas del juego del mercado, sujetos cada vez más a la volatilidad y a la imprevisibilidad. Mediante la implantación de las técnicas de planificación estratégica, se ha de procurar reconciliar los activos aprovechables de las viejas estructuras con las exigencias implícitas en los nuevos desafíos.

Pero la empresa ha de enfocar también su futuro sin olvidar las lecciones del pasado, reflexionando sobre los escenarios actuales que condicionan su desempeño como tal, asegurando su viabilidad como entidad de proyección social y económica. En este sentido, como se comenta específicamente más adelante, los líderes y ejecutivos empresariales han de valorarse más por su capacidad de previsión y de enfoque versátil, que por los tradicionales parámetros del mercado, adquiriendo relevancia fundamental en este sentido sus aptitudes para coordinar, motivar e impulsar al equipo corporativo con entusiasmo, rigor y sentido de responsabilidad social. Sin embargo, es preciso tener en cuenta que las personas son normalmente reacias al cambio y muy conservadoras, razón por la cual la gestión de dicho cambio, sobre todo cuando se trata de modificar sustancialmente el orden establecido y fuertemente arraigado, requiere de la clara definición de los suficientes elementos de motivación e incentivo que permitan a las personas evolucionar favorablemente, a pesar de la incomodidad y del aparente fastidio en ello implícitos.

La subdivisión y "horizontalización" de las organizaciones sin duda pueden favorecer el logro de este objetivo, haciendo que estructuras más flexibles permitan que la motivación se genere precisamente desde su propia base, que en este caso es sinónimo de su totalidad. No obstante, algunos núcleos de la antigua estructura celular, como los que gestionan recursos humanos, planificación y marketing, están normalmente mejor predispuestos que otros a colaborar proactivamente en la gestión del cambio, habida cuenta de que sus funciones específicas, de uno u otro modo, han estado siempre marcadas por componentes que obligan a la prospectiva y a la interacción participativa. Es probable que los individuos más refractarios al cambio sean aquellos cuyas actividades han sido más rutinarias y repetitivas, características normalmente presentes en las funciones administrativas, financieras y de producción en serie. En todo caso, ambas posiciones ejemplifican una vez más el gran contraste existente entre la era del conocimiento y de los servicios, y la tradicional etapa asociada al período industrial. Insinúan también el requisito de enfocar el tema organizativo de la empresa como una tarea profunda y rigurosa, que contemple no sólo la revisión conceptual de sus procesos, productos y servicios, sino también la optimización de la relación calidad/coste de todos sus recursos productivos, ajustando de este modo su cometido a la realidad del mercado.

De cara al futuro, se trata de rediseñar radicalmente esquemas operativos y funcionales que respondan de modo proactivo al reto de la ineludible globalización, ya que es posible que la velocidad del cambio no deje opción a reacciones adaptativas de tipo más pasivo, que además pueden ser temerarias dentro del nuevo contexto. Al tratar este punto, vuelven a adquirir relevancia las interesantes posibilidades que en tal sentido favorecen las cada vez más favorables alternativas de subcontratación, especialización y colaboración entre empresas, repetidamente citadas a lo largo de estas páginas. Dichas opciones confirman también la necesidad de simplificar organigramas, fomentar el aprendizaje y la formación, e implantar filosofías de gestión fundamentadas en el autocontrol, la voluntad, el trabajo metódico y responsable, el análisis sistemático del entorno operativo y la planificación estratégica.

En el fondo, las fórmulas de fusión, colaboración y alianza entre negocios buscan garantizar la continuidad y el crecimiento de la empresa, en un mercado cada vez más complejo, caracterizado por la demanda selectiva y exigente por parte del consumidor. La planificación de alternativas se lleva así a cabo dentro de un marco amplio, buscando ventajas que influyen favorablemente en la mayoría de participantes en la fórmula de colaboración, intentando potenciar los elementos positivos y neutralizar las debilidades de cada uno de ellos. El éxito de tales fórmulas se basa fundamentalmente en despertar alternativas de innovación que eviten la posibilidad de pérdida de competitividad y vigencia de las iniciativas empresariales, como consecuencia de la rutina o del estancamiento frente a la evolución del entorno. Pero también se generan por esta vía innumerables ventajas, al permitir a cada uno de los integrantes de las iniciativas de colaboración concentrar sus esfuerzos en aquellas funciones en las cuales son más productivos y especializados, evitando desviar el esfuerzo hacia actividades complementarias o de soporte marginal, que se pueden en cambio suplir fomentando las sinergias que derivan de la colaboración pluridisciplinar.

Las fórmulas de colaboración entre empresas deben contar inevitablemente con el apoyo de estamentos gubernamentales que aporten debido soporte y condiciones a tal fin. El fomento y el estímulo político necesarios para conseguir tal objetivo son fundamentales, y ello ha de tomar forma a través de políticas dirigidas con visión a largo plazo. Favorecer este tipo de colaboración entre negocios requiere por lo tanto de la revisión previa y del rediseño sistemático de las estrategias y de los propios modelos organizativos institucionales, igualmente indispensables a este nivel para consolidar estructuras ajustadas al nuevo orden socioeconómico de la era del conocimiento. Precisamente, son las organizaciones oficiales y las burocracias estatales las que primero han de aprender y asumir las lecciones de la historia en materia de organización y cambio estructural. A este nivel, la rigidez evolutiva y la reticencia frente al cambio suelen ser ampliamente conocidas, e incluso aceptadas con resignación y conformismo, por parte de la comunidad. La sociedad del presente exige implícitamente la drástica modificación estructural de los estamentos políticos, ya que aquella no puede permitirse el lujo de soportar el lastre de organizaciones que no sólo no satisfacen sus necesidades de apoyo y servicio, sino que además continúan crónicamente afectadas por deficiencias deplorables en materia de rendimiento, eficacia y coste económico.

Desde un punto de vista más general, también hay que reconocer finalmente que el cambio organizativo y estructural ha de evolucionar a la par con el cambio cultural de la empresa y de la sociedad. Pero dentro de las organizaciones pueden también sobrevenir ingredientes de conflicto aparentemente ocultos, que obedecen precisamente a las diferencias culturales existentes entre individuos, secciones o departamentos donde se lleva a cabo el desempeño del trabajo productivo. Estas diferencias guardan relación con el desigual grado de asimilación del progreso evolutivo, de relevancia y de protagonismo funcional que pueda alcanzar alguno de ellos en relación al cambio hacia la producción dirigida por el conocimiento, tanto si se trata de bienes como de servicios. A lo largo de esta evolución, muchos individuos son susceptibles de fracasar en el intento de llegar a la meta, o evidencian dificultades para alcanzarla, bien sea por reacción refractaria, por indiferencia, por pasividad o por falta de preparación o aptitudes para ello. Tales individuos de actitud reacia frente a las necesarias transformaciones, no sólo pueden generar problemas a la empresa que emprende cambios estratégicos adaptativos en su estructura organizativa, sino que también perjudican la cohesión social, al quedar desplazados del contexto global.

Reciclar y resituar a las personas como elementos básicos de la empresa y de la sociedad mediante la oportuna formación, constituye también un reto importante si se quiere diseñar con éxito el marco organizativo que requiere el contexto socioeconómico contemporáneo. La asunción de este hecho demuestra una vez más que economía, empresa y sociedad son tres aspectos indisociables, cuyo común denominador es de naturaleza esencialmente cultural en la era del conocimiento. Dadas la irreversibilidad del proceso evolutivo en curso, la trascendencia del desafío en ello implícito, y la multitud de condicionantes estrechamente relacionadas entre sí, la lógica indica que se debe avanzar con disciplina y rigor a lo largo del proceso de cambio. Pretender retroceder o invertir el curso de los acontecimientos representa una actitud absurda que no sólo conduce al fracaso total, sino que además implica despreciar la gran oportunidad de implantar en el mundo un orden político, social y económico acorde con las expectativas y las exigencias genuinas del ciudadano del siglo XXI.

LOS PERFILES CULTURALES, PERSONALES Y EMPRESARIALES COMO MOTORES DEL SIGLO XXI

Al proceder al estudio de las transformaciones que acompañan la evolución hacia la consolidación de era del conocimiento, se empieza a comprender que ningún problema puede resolverse aislado de su contexto. Los cambios implican modificar los esquemas de pensamiento, y por lo tanto, el proceso analítico de los fenómenos asociados ha de llevar, como condición esencial, al abandono del método clásico de aislar los problemas antes de intentar buscar su solución, para en cambio intentar comprender previamente dicho contexto, así como las secuencias de causa-efecto que lo originan. Durante el proceso, más de reflexión que de análisis puro, se ha de actuar por lo tanto basando las actitudes en la coherencia y en la perseverancia del esfuerzo.

El anterior postulado, difundido por numerosos críticos y expertos en desarrollo socioeconómico, es el que ha de servir de base cuando se trata de enfocar todo lo relativo a estructuras y perfiles empresariales y ejecutivos que marcan el estilo de desempeño en el siglo XXI. En este caso, el contexto histórico de un fenómeno con connotaciones sociales, políticas y económicas, como es el de la globalización, obliga, por su complejidad y trascendencia, a aplicar estos principios con auténtico rigor.

Están ocurriendo importantes cambios en el ámbito de las esferas económicas, culturales y sociales de la humanidad, y la evolución hacia estilos de vida basados en nuevas expectativas y en nuevos valores a nivel de los individuos condiciona y marca la naturaleza de dichos cambios.

Durante muchos años se asoció a la empresa y al empresario a una condición oportunista y dominadora, sospechosamente vinculada a oligarquías terratenientes, mercantiles, financieras e industriales, que señalaban el rumbo del desarrollo sectorial y nacional, y que detentaban incluso el poder y la influencia política para orientar el progreso en función de la satisfacción no de los requisitos sociales, sino de intereses particulares frecuentemente tendenciosos y a menudo egoístas.

Pero los tiempos han cambiado, a medida que la evolución de la humanidad ha permitido la percepción de otros valores y objetivos. La generalización de los sistemas democráticos, el avance tecnológico y el incremento del nivel cultural de la colectividad, han contribuido todos ellos a modificar los puntos de vista en relación con la función de las actividades empresariales como motores de un entorno social más humanizado, estable y próspero. Así, ha comenzado a instaurarse un nuevo tipo de conciencia social, de acuerdo con la cual la iniciativa empresarial constituye una salida y una oportunidad para el individuo, y un hecho positivo para el conjunto de la sociedad. El empresario ha empezado definitivamente a ser considerado como un factor directo de creación de ocupación y de riqueza, y no ya como un simple elemento egoísta y especulador.
Durante los últimos años la sociedad ha cambiado significativamente, en parte debido a los motivos anteriormente citados, su percepción de lo que ha de ser una empresa y un empresario, y su visión del entorno empresarial como fuente de ventajas para la comunidad ha mejorado sustancialmente. La general aceptación de conceptos como la mejora de la calidad, el reto de la competitividad y el valor de la iniciativa individual, es un hecho confirmado, como también lo es la convicción de que estos principios han de constituir parte importante de la base definitiva de los planteamientos socioeconómicos del presente siglo. En las economías avanzadas, el empresario ha pasado a ser un elemento social digno, respetado por la

sociedad y por los estamentos del poder político, e incluso ha reivindicado, acreditado y legitimado una nueva clase de poder que le sitúa en lugar destacado como elemento forjador y modelador del actual esquema social, económico, e inclusive, político.

Prueba de todo lo anterior lo constituye el auge que tienen hoy en día numerosas iniciativas privadas y públicas, que fomentan e impulsan la creación de empresas, la formación y el reciclaje profesional, el autoempleo y el desarrollo de ideas innovadoras en el campo de los negocios, de la industria y de los servicios. La capacidad y la iniciativa del individuo comienzan a adquirir un importante valor social como reto frente a la opción más cómoda y tradicional de aceptar pasiva y resignadamente soluciones basadas en el gasto y en la intervención pública, o, como algunos lo denominan, en el "estado benefactor". Las personas con inquietudes buscan cada vez más su nivel de autorrealización a través de caminos que les permiten dar máxima expresión a sus expectativas de orgullo y triunfo personal. Esta realidad es la que sin duda alguna favorece igualmente la superación de los conflictos y tensiones que habitualmente acompañan a los episodios de crisis y depresión.

Este cambio cultural trae consigo el renacimiento de la vocación empresarial, a lo cual contribuye también el surgimiento de un entorno más propicio a la iniciativa creativa y emprendedora. El renacimiento de esta vocación se ve reforzado además por la difusión y extensión de las plataformas de formación a diferentes niveles, permitiendo por este conducto la consolidación de una auténtica "cultura" de la empresa desde el aprendizaje sistemático. El hecho puramente vocacional se ve así favorecido por toda una infraestructura cultural que facilita el desarrollo de las iniciativas y de las ideas, manifestaciones no tradicionales que sin embargo están destinadas a constituir un importante activo dentro del proceso de implantación de la sociedad y de la economía globalizada, fundamento indiscutible de la era del conocimiento.

Otro factor favorable a este resurgimiento de la cultura empresarial lo constituyen las ya citadas facilidades que aportan las nuevas tecnologías, sobre todo las de la información y la telemática. Gracias a ellas, no sólo surgen nuevas alternativas de negocio y de actividad económica, sino que a la vez se establecen esquemas y estilos de trabajo que favorecen la descentralización física y geográfica de las actividades, y la interacción entre individuos y empresas. Se reducen de este modo los requisitos de infraestructura, y los costes e inversiones necesarios para desarrollar nuevos negocios decrecen en magnitud significativa. Ejemplos de esta nueva realidad son el auge del empleo a distancia, las redes informáticas, el correo electrónico, la ubicación remota del puesto de trabajo en relación a la central de la empresa, y la informática y las comunicaciones móviles. Los centros de formación y de creación de empresas promueven y estimulan además la canalización de las correspondientes iniciativas hacia su buen fin, y facilitan el mejoramiento de las alternativas existentes, dando opción a que las personas con espíritu de empresa y con voluntad de asumir riesgos cuenten con el apoyo necesario y suficiente para alcanzar el éxito.

El propio esquema estructural de la empresa contemporánea empieza ya a instaurarse como un modelo en el cual se perfila la figura del trabajador-empresario, no solamente identificado con el objetivo y con la operativa del negocio, sino también con la responsabilidad y con el poder de decisión. También aparece el modelo de empresa en el cual el trabajador es a la vez propietario del negocio, sea porque posee intereses en el capital del mismo como accionista, o porque participa en sus beneficios, generados por un trabajo organizado y en equipo, de acuerdo con los nuevos esquemas de organización a los cuales se aludió con anterioridad.

El resurgimiento y el asentamiento del espíritu de empresa constituye la base de la revolución del conocimiento, y ello induce sin duda alguna un importante cambio cultural en la sociedad. Tal tendencia implica el renacimiento del espíritu individualista, expresado en el mejor sentido del término, esta vez acompañado de un imprescindible carácter social, que es a su vez el marco esencial para su manifestación en la actividad práctica. Recíprocamente, sólo una cultura social favorable al estímulo de la iniciativa de la persona, es realmente capaz de desencadenar las vocaciones emprendedoras.

En igual sentido, los perfiles administrativos y de gestión de la empresa han evolucionado a lo largo de la historia del fenómeno empresarial, del mismo modo que ha cambiado el papel de las empresas dentro de la economía. Las necesidades planteadas por entornos cambiantes del mercado, por las nuevas connotaciones sociales y políticas, y por la propia evolución de hábitos y costumbres a nivel de la colectividad, han ido progresivamente moldeando nuevos estilos y actitudes en relación al modo de enfocar la función humana dentro del mundo de la empresa. El empresario de hoy es ya capaz de trabajar en forma interdependiente, pero también busca recompensas de tipo personal a su labor. Por lo tanto, el verdadero reto consiste en permitir la convivencia de las motivaciones de tipo personal con el contexto de colaboración y participación que exige la ineludible globalización.

Se puede decir que durante los años posteriores a la segunda guerra mundial, las empresas de los países más avanzados vivieron una época de bonanza, prosperidad y crecimiento que generó un clima de seguridad, autosatisfacción y conformismo a nivel de líderes y ejecutivos. Durante dicha etapa, lo único que se precisaba para desempeñar apropiadamente los papeles de gestión en las compañías, era la presencia de hombres honestos, leales, adecuadamente preparados, servidores de una causa concreta, y con un cierto grado de espíritu de equipo, es decir, individuos esencialmente enfocados a la "organización piramidal". Este estado de cómodo compromiso coartó en gran medida el ventajoso grado de individualismo vigoroso que ha de subyacer en toda iniciativa empresarial para generar creatividad y productividad, pero el sistema funcionó gracias a la inercia del empuje inicial, y a la cierta euforia que produjo la aparente sensación de seguridad, bienestar y confianza en un futuro que se perfilaba claro y optimista. El comportamiento social de acomodamiento y ajuste a una burocracia de soporte benevolente, sustituyó entonces a la conducta impulsora del trabajo esforzado y perseverante, y al interés por la innovación y por la competencia a medio y largo plazo, requisito indisociable del nuevo contexto globalizado. Durante aquellos años de aparente estabilidad y optimismo, el anhelo de seguridad y de propiedad tomó el lugar de la audacia empresarial, y el resultado global fue la consolidación de un modelo productivo aparentemente estable, autoalimentado por dinámicas de mercado de naturaleza previsible, y por un ritmo evolutivo controlable. Este esquema permaneció más o menos inalterado hasta que la evolución tecnológica comenzó a plantear nuevos requisitos en el terreno social y en las relaciones organizativas de la empresa, y hasta que las preocupaciones de la colectividad se enfocaron a la solución y satisfacción de problemas y necesidades de naturaleza más trascendente, como son, entre otros, el estado de bienestar y la protección del medio ambiente.

Aun así, y como fase ineludible de un proceso evolutivo que requiere de tiempo, persisten dentro del esquema empresarial contemporáneo ejecutivos de empresa que anteponen sus intereses personales a los de la compañía, actuando con excesivo afán de control, y sin sensibilidad hacia las necesidades de los colaboradores, dedicándose en cambio a promover sus propias carreras. Sin embargo, en numerosos casos se ha procedido también a asumir que es posible fomentar la cooperación sin que esta opción esté reñida con el progreso personal sostenido, sino más bien todo lo contrario. Este nuevo concepto es el que está destinado a caracterizar a la sociedad del conocimiento, a pesar de que la empresa de gran magnitud siempre seguirá exigiendo a sus colaboradores cierto grado de conformismo.

De acuerdo con la anterior perspectiva, es imposible que las empresas tengan éxito si sus empleados se niegan a poner en práctica las estrategias que señalan sus máximos líderes. Sin embargo, también existen ejecutivos y empresarios que utilizan la organización sin volverse dependientes de ella, y estos son precisamente los hombres de organización que saben innovar, competir y crear sin dejar de ejercer sus iniciativas. Lo que este tipo de ejecutivos busca no es pertenecer a una estructura, sino actuar proactivamente dentro de ella, controlando y dominando las situaciones, y no al equipo. Es a partir de este punto cuando se eliminan las relaciones de comando y de control, para asumir a cambio las funciones de gestión a través del ejercicio del liderazgo, única alternativa aceptable en el contexto de la sociedad del conocimiento.

El mundo empresarial de los años recientemente pasados se caracterizó además por una menor competencia internacional, la cual era escasa e incipiente. Los sindicatos, como fue previamente analizado, enfocaron su lucha hacia la obtención de mejores salarios, y las empresas accedieron a sus demandas trasladando el correspondiente coste al consumidor, quién no tuvo otra alternativa que la de pagar. Problemas sociales como el racismo, la igualdad de sexos y la contaminación no perturbaron entonces la tranquilidad de la empresa, que se sintió satisfecha dentro de un entorno relativamente estable y tranquilo, alcanzando niveles de beneficio aún poco castigados por costes fiscales, sociales o ambientales.

Naturalmente, las circunstancias han cambiado y seguirán haciéndolo drásticamente, y los desafíos que en relación a los anteriores aspectos, así como a muchos otros, se plantean al mundo empresarial contemporáneo y del futuro próximo, son variados y complejos. Frente a esta realidad, los perfiles empresariales y ejecutivos han de modelarse con imaginación y con una buena dosis de perspectiva.

Los estilos ejecutivos del mundo globalizado deben corresponder en cierta medida a una mezcla de características adquiridas a lo largo de la evolución histórica del mundo empresarial. Existen algunos tipos clásicos de perfiles representativos de lo ocurrido en este terreno a lo largo de la evolución de las empresas durante los últimos años, los cuales, según el caso, conviven simultáneamente en el ámbito empresarial actual. Desde el estilo artesanal, de base técnica, enfocado a solucionar problemas, hasta el competitivo, arquetipo de la clase dirigente, se ha pasado por estilos intermedios, como el del empresario que lucha por el poder y por el dominio sobre los demás, y como el tipo organizador, identificado con el orden corporativo tradicional. Pero lo que sí es claro y definitivo es el hecho de que, una vez capitalizadas las experiencias de la citada evolución, los perfiles ejecutivos y empresariales han de corresponder a modelos de conducta motivados por la predisposición a asumir mayores riesgos, y a ensayar nuevos métodos para triunfar sobre los competidores, en un entorno que ya no ofrece, ni mucho menos, las favorables circunstancias de antaño para el desempeño empresarial. Se debe dejar lugar al espíritu de superación, de competición, de inventiva, de flexibilidad y de gusto por la novedad. Tales perfiles ciertamente prosperan en industrias y actividades de servicios donde el éxito depende de la tecnología, de la interdependencia y de la competitividad. El líder competente aprecia ante todo el triunfo integral, y ha de ser capaz de inculcar en su equipo la necesidad de trabajar en forma cooperativa.

El deseo de victoria y de innovación ha ido dando lugar a un sentimiento de lealtad y de apoyo recíproco que convive con el primero, y que a la larga genera, como consecuencia de esta combinación, valiosas sinergias ajustadas al esquema y al contexto de la empresa del siglo XXI. No obstante, es posible observar con frecuencia que en ciertos estratos de algunas empresas persiste la tendencia a que los trabajadores deseen mayor autonomía con respecto a sus jefes, y más control sobre sus subordinados. El resultado es la aparición de constantes fricciones que impiden el trabajo de equipos interdependientes, esquema indispensable en compañías de gran magnitud, de alta tecnología, y en empresas de servicios. La interdependencia es la característica más relevante que marca el funcionamiento de las estructuras empresariales contemporáneas.

De cara al futuro inmediato, el perfil del líder empresarial debe continuar su proceso evolutivo y adaptativo, en sintonía con un contexto de cambio permanente, que a su vez es también imparable. Es posible observar hoy que los líderes empresariales buscan un nuevo tipo de relación con las organizaciones, replanteando su papel y su posición dentro de ellas. En lugar de la lealtad absoluta a cambio de la seguridad vitalicia, los individuos aspiran al consenso que les permita cultivar tanto sus habilidades personales como profesionales, y contar, por ejemplo, con la flexibilidad suficiente para mantener el equilibrio entre la familia y la carrera. No obstante, el clásico afán de autonomía del hombre a menudo tiende a levantar nuevas vallas para delimitar territorios, ya que la propensión humana que impide el trabajo de equipos interdependientes es un atavismo indisociable de dicha condición. Esta realidad indica que la evolución del perfil de líder ha de pasar necesariamente por la asunción de importantes cambios de actitud en relación con su trabajo y con el equipo con el cual lo desempeña.

Los trabajadores y ejecutivos responsables de sus unidades productivas deben ser recompensados en función del éxito obtenido como resultado de su esfuerzo y de su iniciativa. La pérdida de capacidad de dirección y liderazgo por parte del capital en las empresas, debe sustituirse por la materialización de la democracia de las estructuras, más participativas y horizontales, y por el cambio de estilo de funcionamiento operativo de las compañías. La actividad enérgica de auténticos empresarios dentro de la empresa debe ser la fuerza impulsora que contribuya a consolidar unidades funcionales y productivas dinámicas, flexibles y ajustadas a los requisitos del mercado y de la sociedad, configurando de este modo perfiles de comportamiento que nada tienen que ver con los de las estructuras clásicas vigentes hasta hace relativamente poco tiempo.

En paralelo al proceso de consolidación de la era del conocimiento, es también posible observar un nuevo tipo de líder empresarial que podría denominarse "promotor de sí mismo", ya que su meta de trabajo es el continuo desarrollo personal. Busca actividades que refinen sus habilidades, para que de este modo su valor personal en el mercado se mantenga. En una época en que se acrecientan la inseguridad y la contracción de las grandes empresas del pasado, este tipo de persona no confía ya en la protección de ninguna corporación. Su meta no es ser autónomo dentro de la compañía, sino lograr la plena independencia laboral.

Aun formando parte de una determinada empresa, y sin entrar en competencia o en incompatibilidad con la misma, muchos individuos con este tipo de inquietud se dedican también de modo paralelo a actividades empresariales por su cuenta. Disfrutan al mismo tiempo de la labor en equipo dentro de la corporación, resolviendo los problemas del cliente, aprendiendo de los conocimientos de otras personas, beneficiándose del ambiente de sociabilidad y de contactos dentro de su ámbito de trabajo habitual. Este tipo de ejecutivo posee indiscutiblemente espíritu de empresa, y su actitud versátil favorece tanto a la corporación como a sus intereses personales, dado el revulsivo innovador que genera su actividad en ambos sentidos. Su evolución natural puede conducir a su transformación total y definitiva en empresario pleno, cuando realmente encuentra las circunstancias propicias para ello, ya que motivación en tal sentido no le falta.

Dentro de la gran corporación, el individuo poseedor de características emprendedoras más conservadoras ofrece su iniciativa empresarial, su capacidad de trabajo en equipo y su honestidad, es menos codicioso por su propia carrera, y presta más atención al proyecto productivo compartido. Naturalmente, el buen resultado de este proceder está condicionado a que sus superiores le escuchen, a que respeten sus opiniones en materia de decisiones, y a que le proporcionen los medios y un trabajo con desafíos y responsabilidades estimulantes.
Tanto la complejidad de la tecnología como las presiones de la competencia internacional han transformado el perfil del emprendedor y de la cultura empresarial. Hoy se exige más en términos de innovación y pensamiento estratégico. La empresa ya no puede asumir el cultivo de carreras personales, y se ha de proyectar socialmente. El individualismo, que es el motor de

la aceptación del riesgo y de la actividad empresarial, se convierte en un lastre para la competitividad si su expresión es excesivamente radical, y si no se aplica con criterio emprendedor global. En igual sentido, el compromiso ciego, resignado y pasivo no es ni posible ni deseable en el ámbito de la empresa actual, ni lo será tampoco en las organizaciones del futuro próximo.

Lo que hoy se necesita, y lo que se necesitará mañana aún en mayor proporción, es la presencia de pequeños y medianos empresarios, de profesionales autónomos y de trabajadores corporativos capaces de trabajar de modo interdependiente, en medio de un contexto político y cultural también corporativo, que estimule y recompense la iniciativa y el progreso continuo del individuo. Para satisfacer este requisito es preciso inculcar nuevas pautas de conducta mediante estructuras empresariales y estilos de liderazgo más perfeccionados. Se ha de pasar de reforzar los papeles individualistas y la aplicación de incentivos de tipo personal, a otro esquema más participativo y más solidario, pero sin descuidar el estímulo de la iniciativa privada y de la creatividad. Las exageradas estructuras jerárquicas y la excesiva especialización funcional de tipo departamental favorecen la lucha por el dominio territorial y propician los valores de la promoción aislada de sí mismo en la persona, así como el concepto de autonomía y de aislamiento, en lugar de la relación recíproca. Tal filosofía ha sido la que ha avalado durante años una realidad que ya no tiene cabida en el ámbito cultural globalizado: la valoración del éxito ejecutivo y empresarial exclusivamente en función del logro de objetivos inmediatos de lucro, prescindiendo de toda consideración social. El éxito en el mercado mundial globalizado se ha de basar en los valores del respeto y del apoyo mutuo, en el aprendizaje constante y en el desarrollo sostenido de la actividad empresarial. No se trata de desechar los valores más nobles del individualismo, sino de expresarlos de modo más ilustrado. Para ser un auténtico protagonista en la empresa del siglo XXI, el hombre debe convertirse en un líder competitivo integrado en un auténtico equipo de trabajo cooperativo.

Sin duda, las experiencias del pasado constituyen una valiosa ayuda a la hora de elaborar los objetivos del presente y del futuro. Pero se han de tener en cuenta también las limitaciones de esta ayuda. Las exigencias que el cambio impone, sobre todo en lo que atañe a la necesidad de aprendizaje de la comunidad, son inimaginablemente grandes si se comparan con las del pasado. Frecuentemente, parecen superar en tiempo y magnitud la capacidad de asimilación y de adaptación cultural de las personas. Por lo tanto, ante esta realidad, lo que procede una vez más es hacer uso de importantes dosis de previsión y de intuición, junto con la voluntad de asumir perfiles de trabajo empresarial diferentes a los del pasado, ajustándolos en cambio a los requisitos de un orden estructural y funcional diferente. En este mismo sentido, al requisito de lograr una mayor "eficiencia", que lleva al "ahorro" de recursos, se deberá añadir el imperativo de optimizar la "eficacia", concepto que implica "generar" recursos de todo tipo.

Ya se confirmó con anterioridad el hecho de que una sana economía de mercado prospera cuando existen cadenas y redes de interacción basadas en el sentido de responsabilidad y compromiso por parte de todos y cada uno de los actores involucrados. Estos valores raramente se manifiestan en las burocracias tradicionales, por lo que estas últimas son incapaces de dar lugar a una economía de empresa estable y coherente. El trabajo centralizado tradicional tuvo en su día un importante impacto demográfico, y generó inquietud social como producto del incremento poblacional, de la masificación y de la congestión urbana. Sin embargo, es curioso constatar que en su día este esquema se justificó para favorecer precisamente, por vía de la proximidad física, la interacción personal y el intercambio de información. Hoy, con las tecnologías de la información, redes y sistemas de comunicación, es posible eliminar las distancias y el aislamiento geográfico, favoreciendo la dispersión del trabajo y la descentralización de las actividades productivas. Pero ello implica también cambios radicales en la cadena de mando y autoridad de las empresas, imponiéndose en su lugar los conceptos de liderazgo, valor añadido personal, y predisposición y aptitud para trabajar en equipo.

Por lo tanto, uno de los requisitos esenciales para diseñar adecuadamente el perfil idóneo de la cultura empresarial del presente milenio, es el de que se ha de consolidar la idea de una "economía de mercado en red", plenamente integrada, con el objeto de liberar al máximo las tensiones y ambiciones creativas del recurso emprendedor. La consolidación de este tipo de redes dentro y fuera del ámbito de la empresa requiere de personas capaces y diestras, comprometidas con su trabajo, y dispuestas a interactuar activamente con compañeros de equipo y con el entorno económico, traduciendo esta voluntad, por ejemplo, en políticas ágiles de producción y comercialización ajustadas a mercados dinámicos de demanda selectiva.

Las estructuras burocráticas tradicionales, sean éstas públicas o privadas, limitan el acceso a la información al nivel de sus gestores y de quienes ostentan el poder, perpetuando el estatus y la posición, y no la función, como debe ocurrir. Caen en círculos viciosos internos, y no se extienden más allá de los mercados locales y habituales. Quienes crean un lugar para ellos en las organizaciones de redes interconectadas y actúan proactivamente, conocen en cambio su negocio y actividad empresarial en detalle, y por lo tanto, no son interferidos por instrucciones superfluas y procedimientos rutinarios.

El "Ciberespacio", al cual se aludió al principio, es parte integrante de las rutinas informativas y comunicativas del presente. Miles de cerebros, integrantes de una unidad global, generan, a través de su trabajo correlacionado, oportunidades insospechadas de todo tipo, soportadas por herramientas que multiplican las opciones en tal sentido. Las posibilidades tecnológicas son infinitamente promisorias tanto a corto como a largo plazo, muestra elemental de lo cual la constituyen el gran auge y la espectacular difusión que han tenido durante los últimos años herramientas como las comunicaciones vía satélite, la fibra óptica, la telemática, la telefonía móvil, los sistemas informáticos integrados y la conexión vía Internet. Se puede incluso afirmar que la "individualización", a la cual se aludió anteriormente tanto como factor destacado de oportunidad como de posible amenaza para la filosofía empresarial, debe ser potenciada, y no inhibida, por el orden organizativo, y por los perfiles ejecutivos y modelos de empresa que requiere el actual contexto. Los individuos deben asumir responsabilidades y tomar decisiones donde y en el momento adecuado, optimizando experiencias y habilidades de toda índole. Es ciertamente posible conseguir coherencia mediante el cruce de relaciones y la confianza en la propia capacidad de organización espontánea e intuitiva, sin menospreciar el valor de las técnicas que favorezcan esta modalidad, y que en todo caso se han de utilizar con inteligencia y rigor. La actividad creativa, y no la imposición autoritaria desde arriba, permite obtener unidad y uniformidad a partir de la diversidad de los individuos, y hacer frente a los cambios múltiples y frecuentemente repentinos del entorno. Dentro de este contexto resulta primordial destacar la habilidad del emprendedor, que debe ser el mejor preparado y el más intuitivo para guiar al grupo dentro de un entorno socioeconómico cambiante, competitivo y exigente. Así como los ejecutivos clásicos fueron los guardianes del pasado, los líderes están destinados a ser los protagonistas del futuro.

El reconocimiento de las ventajas de entrar en una dinámica de interrelaciones exitosas es creciente, y el paso de las organizaciones jerárquicas a los esquemas de trabajo en red es igualmente apreciado como una alternativa esencial para ello. Sin duda, dicha opción constituye una ocasión única para implantar en el mundo una base cultural innovadora, que estimule la iniciativa, la creatividad y el propósito de emprender. No obstante, hay que llegar al convencimiento de que el concepto es aún mucho más amplio y trascendente: la base cultural que permite el trabajo en equipo y la relación proactiva entre individuos, debe asentarse definitivamente en el mundo de la empresa, de la economía y de la política, a partir de la asunción de los retos que plantea la sociedad planetaria. La humanidad cuenta precisamente con una ocasión única y con unos medios eficaces para prosperar con éxito en tal sentido, asumiendo las lecciones de la historia, que son también las de la experiencia, adoptando actitudes previsoras, y adelantándose así a los singulares escenarios en curso, volátiles e imprevisibles, antes de ser avasallada por ellos.

EL CONCEPTO DE "LIDERAZGO" EN EL CONTEXTO DEL SIGLO XXI

A lo largo de todo el presente ensayo ha quedado manifiestamente clara la irreversible evolución de la humanidad hacia un orden socioeconómico, dentro del cual la empresa, como núcleo impulsor de la economía, adquiere el papel cada vez más protagonista de agente de soporte social. Y al hablar de empresa, la intención ha sido la de confirmar que ésta, como unidad funcional organizada, es la plataforma desde la cual el individuo, como generador de iniciativas y como recurso productivo esencial, desarrolla su actividad, de acuerdo con las prevalecientes y ampliamente aceptadas leyes de la economía de libre mercado.

Ahora bien, también ha ido confirmándose a lo largo de estas páginas que la citada evolución hacia el asentamiento de la sociedad y de la economía globalizadas, se está produciendo en paralelo a cambios diversos y de variada magnitud e importancia que, de uno u otro modo, van configurando progresivamente un entorno económico, social y político diferente al que tradicionalmente ha predominado durante anteriores décadas. Estos cambios, en todo caso, constituirán tanto la causa como el efecto que resulte de la obligada remodelación de los estilos de comportamiento de la sociedad del futuro inmediato.

Por lo tanto, un desafío de esta índole obliga sin lugar a dudas a definir las opciones de futuro sobre la base de acciones y proyecciones de tipo estratégico, entendiéndose como tales aquellas que intentan planificar un determinado curso de acción, orientado tanto a sacar provecho de oportunidades y fuerzas disponibles, como a superar los factores críticos, riesgos y dificultades implícitos en el logro de determinados objetivos. Las transformaciones causantes o derivadas del proceso evolutivo son variadas, cuantiosas, a veces claras y lógicas, otras más sutiles, relativas e incluso imperceptibles. No obstante, la mayor parte de ellas son patentes a estas alturas del presente siglo, e insinúan el perfil esquemático tanto de la probable trayectoria evolutiva como del esquema final al cual lleva la dinámica de este fenómeno imparable.

Ante los incipientes cambios en el estilo y conducta de la sociedad y de la economía en general, es interesante observar que detrás de ciertas manifestaciones globales subyacen causas susceptibles de ser consideradas aisladamente, pero no es prudente perder de vista la absoluta interacción permanente y simultánea que se da entre ellas. Empezando por los nuevos enfoques que se dan a la empresa como agente con función social, a parte de su cometido exclusivamente económico, se debe tener también en cuenta los cambios que están ocurriendo en el propio entorno empresarial y en el mercado, que se hacen cada vez más imprevisibles, inciertos y complejos, configurando un escenario de creciente inestabilidad, variabilidad y caos, frente al cual la empresa ha de adquirir nuevas capacidades de reacción y lucha.

Los cambios globales repercuten en gran medida en las empresas, y recíprocamente son también consecuencia de la anticipación previsora de estas últimas a las incógnitas del futuro. La modificación evolutiva de las estructuras orgánicas de la empresa, con el paso de esquemas jerarquizados piramidales a diseños de organigramas más planos, integrados por equipos virtuales de trabajo basados en el conocimiento, así como la progresiva relevancia de la función sobre la posición, son claros ejemplos de una u otra clase de modificaciones adaptativas y previsoras frente al nuevo orden. También lo son el cambio del concepto de dominio y ejercicio del poder, su distribución de acuerdo a organizaciones más participativas y responsables, las nuevas opciones en cuanto a centros de decisión, y el incremento ineludible del nivel de capacitación, formación y acopio de conocimientos del trabajador, como requisito para evitar su marginación del proceso productivo y empresarial. Ello indica que la trayectoria por la vía del conocimiento y de la globalización impone como condición el ejercicio de un nuevo estilo y de un nuevo modelo de comportamiento personal, marcado por el afianzamiento de los principios de participación, de cooperación, de responsabilidad, de delegación, de aptitud profesional y de trabajo en equipo, sin los cuales la empresa difícilmente puede prosperar con las mínimas garantías de éxito.

Lo que también constituye un hecho incuestionable, es que las empresas las hacen las personas. El recurso humano es en este sentido insustituible, y puede expresarse tanto como factor estimulante o limitante de la viabilidad y del éxito empresarial. Si existe voluntad humana de hacer empresa, habrá empresa, incluso si el resto de los factores, como el capital y los demás recursos materiales, no estén presentes "a priori" al iniciar la singladura empresarial. Lo contrario, será imposible. Por lo tanto, al considerar al individuo como motor esencial de la aventura empresarial, es preciso tener en cuenta que su actividad ha de ser motivada, organizada, orientada y focalizada, con un sentido y una misión claramente definidos. Es en este punto donde aparecen como especialmente relevantes los conceptos de "líder" y de "liderazgo" como factores ordenadores y cohesionadores de estos requisitos funcionales básicos.

Como liderazgo empresarial, se ha de entender la tarea de servir al desarrollo humano desde la iniciativa privada, mediante la creación continuada de riqueza, con equidad, madurez profesional, ética y sentido de la solidaridad. El ejercicio del liderazgo como filosofía de dirección empresarial ha de garantizar la continuidad de la empresa, fuente de riqueza, progreso y bienestar colectivo, responsabilidad que cae de lleno en el terreno de la gestión adecuadamente orientada y dirigida, independientemente de que dicha responsabilidad sea distribuida dentro de una estructura organizativa de naturaleza horizontal. Resulta útil y práctico plantear el tema del liderazgo en las empresas partiendo de la base de que las organizaciones de todo tipo necesitan protegerse del exceso de regencia burocrática y de la falta de auténticos líderes. Por otro lado, es un hecho que el trabajo rutinario tiende a imponerse sobre el que no lo es, y que inhibe todo intento creativo y todo posible cambio fundamental en la empresa o en cualquier tipo de institución. Este es un principio elemental a tener en cuenta antes de cualquier otra consideración.

Es muy improbable que, a pesar de que un líder determine todos los planes que desea llevar a cabo, esté luego seguro de que lo inesperado o lo trivial no los van a interrumpir o a alterar. Le será difícil tener la seguridad absoluta de poder llevar a buen fin su cometido. Por lo tanto, una de las primeras cosas que debe aprender a definir el líder, es diferenciar entre dirigir y gestionar. El líder debe dirigir, y no gestionar, función que debe ser distribuida entre todo el equipo. A falta de un liderazgo efectivo, situación que ocurre con frecuencia en el terreno de las administraciones públicas, la predisposición innata de muchas personas es ocuparse de problemas rutinarios, que son los más fáciles de manejar con ciertas posibilidades de éxito más o menos inmediato. Mucha gente se resiste a abordar con prontitud los problemas más grandes y complejos, y es como si inconscientemente participaran en una conspiración para hundirse en el tedio y la rutina.

También ocurre frecuentemente, a ciertos niveles, que los individuos no desean asumir la responsabilidad ni afrontar las consecuencias de una toma de decisiones. Traspasan a manos de sus superiores o subordinados los asuntos difíciles, y el resultado es que todos acaban eludiendo responsabilidades desviándolas sobre determinadas personas, que luego no las pueden resolver por falta de tiempo, provocando como resultado el caos organizativo. En todo caso, el efecto inmediato de tal situación, consecuencia directa de la falta de liderazgo, es bloquear, o al menos opacar en gran medida, la eficiencia y la eficacia integral de toda la organización, generando estancamiento operativo y frustración personal.

Se ha de tener en cuenta que hoy en día, y aún más en el futuro próximo, el grado de dificultad y complejidad de las funciones de liderazgo tiende a multiplicarse, y que esta situación no es ya compatible con estructuras de organización centralizada y autoritaria. Mientras que parte de los cometidos de dirección, como la definición de metas, políticas y objetivos estratégicos, la coordinación y la investigación, requieren de cierto grado de intervención central, la mayor parte de las decisiones se han de tomar en las esferas de actividad más próximas a la faceta productiva de la empresa, y nunca en función de la jerarquía. Es por ello que el uso de las técnicas de coordinación, como parte de la teoría de la dirección de empresas, adquiere un valor cada vez más relevante en tal sentido. Las estructuras de dirección centralizada resultan hoy tan inoperantes como el intento de fijar rígidas normas de comportamiento, ya que el ritmo del cambio exige tanto mayor capacidad de adaptación, como de previsión y flexibilidad. Sin duda, por esta vía es posible favorecer sin traumas la asimilación de la evolución en curso.

Para "gestionar" convenientemente, lo que es preciso hacer es crear un equipo con una estructura tal, que permita a sus integrantes asimilar eficazmente las ineludibles funciones rutinarias que el trabajo de la empresa les impone. Este equipo ha de ser capaz de atender tanto los asuntos prioritarios de su función específica, como los rutinarios, sin necesidad de trasladarlos a los altos niveles de liderazgo y decisión de la empresa, entendiendo que a dichos niveles se hayan adoptado previamente las opciones organizativas pertinentes. El liderazgo bien entendido impone una vez más la aceptación del concepto de equipos interactuantes, oportunamente conectados y coordinados entre sí, dentro de los cuales cada individuo asume sus responsabilidades y sus funciones específicas, en beneficio del logro del objetivo común a todos ellos.

El líder ha de actuar siempre como tal con visión empresarial, así como con tiempo suficiente para apreciar las fuerzas que influyen en el destino de la institución. Mediante un adecuado sistema de información y de apropiados métodos organizativos, el ejecutivo debe educar a otros gestores, de modo que no sólo entiendan la necesidad de distinguir entre liderazgo y gestión, esta última entendida como función, y no como jerarquía, sino que además sean simultáneamente capaces de proteger al líder para que no quede atrapado en los engranajes de la rutina.

Los líderes deben establecer en sus organizaciones metas claras, factibles y comprobables, basadas en el consenso y en la opinión participativa de todos los que forman parte del grupo funcional. Es importante que se permita a todos avanzar hacia dichas metas sin el lastre de la maquinaria burocrática, que merma sus fuerzas, energías e iniciativas. El líder debe permitir a los integrantes de su equipo que acepten riesgos, que se atrevan a equivocarse, que utilicen su creatividad al máximo, y que alienten a sus colaboradores a emplearla en el mismo sentido. Cabe también reconocer que en esta materia casi toda la teoría académica relativa al liderazgo es inútil. Es el ejercicio reiterado de la práctica casi el único camino que permite diseñar estrategias válidas en este terreno.

Todo este comentario lleva a tener en cuenta y a intentar definir cuáles son las características que debe tener el líder del mundo empresarial actual para poder llevar a término su cometido. Naturalmente, definir la teoría de un aspecto de esta naturaleza es algo muy relativo, ya que la diversidad de personas y de tipos humanos es inmensa. Cada persona es distinta de las demás, actúa de modo diferente, con estilos singulares, con aptitudes y habilidades a menudo diametralmente opuestas, y por lo tanto, es muy difícil establecer un común denominador y un consenso a la hora de precisar las características ideales del líder triunfador.

No obstante, y manteniendo la diferenciación antes aludida entre dirigentes y gestores, se puede decir que los primeros, en los cuales recae la responsabilidad del liderazgo, son los que piensan las cosas, y los gestores, los que las han de ejecutar oportuna y adecuadamente. Ambas funciones son muy importantes, pero tienen profundas diferencias entre sí. Es sin embargo un hecho reconocido el de que a la mayoría de las organizaciones empresariales o de otro tipo del mundo moderno, les falta liderazgo y les sobra gestión burocrática. Por inercia, las personas tienden a no prestar suficiente atención a la elección de las tareas más acertadas, pero en cambio se preocupan por hacerlas bien. Es posible también en este caso afirmar que el problema que subyace tras esta situación, es el de la no separación entre la teoría y la práctica. Muchas veces se conoce muy bien la técnica, pero se ignora el procedimiento operativo, o se carece de aptitudes esenciales de liderazgo.

Normalmente las personas dotadas de capacidad de liderazgo poseen también aptitudes para atraer a otras personas, no sólo porque tienen una buena visión propia, sino porque poseen carisma, y transmiten un extraordinario sentimiento de dedicación y de ejemplo consecuentes con los objetivos corporativos. Los líderes auténticos atraen la atención por medio de una proyección convincente e influyente, que sitúa a las personas que les rodean en una situación de entusiasmo, que les transmite seguridad y motivación. Para ser eficaz, el líder ha de saber claramente lo que quiere y pretende, y ha de contar con la capacidad de transmitir este ánimo a su equipo. Cuando no obtiene resultados, es sencillamente porque no tiene claros sus objetivos. Por lo tanto, una de las principales actitudes del liderazgo eficaz y responsable ha de ser la captación de la atención a través de una serie de intenciones o de una "visión", no ya de sentido quimérico o subjetivo, sino de enfoque formal a resultados.

Otra aptitud del liderazgo eficiente ha de ser su capacidad para transmitir significado: para que otros capten sus ilusiones y se adhieran a ellas, los líderes les deben comunicar su visión, lo cual demuestra nuevamente que comunicación y adhesión van de la mano. También es importante para el liderazgo la aptitud para el control de la confianza, lo cual es esencial para las organizaciones. La principal determinante de la confianza es la credibilidad y la constancia. Un líder ha de transmitir siempre a su equipo cuál es su punto de partida, cuál es su posición y cuáles son sus objetivos, sin ambigüedades ni dudas. Las personas son propensas a seguir a individuos seguros de sí mismos, con los que pueden contar, aunque no estén de acuerdo con sus puntos de vista, y no a aquellos con los que comparten principios, pero que cambian de parecer o de enfoque con excesiva facilidad y frecuencia, perdiendo credibilidad y sembrando desconcierto.

Enfoques precisos, así como constancia en el proceder, son fundamentales para consolidar el espíritu de liderazgo. Un líder necesita control de sí mismo, es decir, conocer sus propias habilidades y su empleo eficaz, pero huyendo a la vez de toda tentaciónególatra. También debe ser consciente de sus debilidades y deficiencias, y del modo de superarlas. El control de sí mismo es decisivo, ya que sin él el directivo puede hacer más mal que bien. Los líderes ineficaces pueden empeorar la vida y el ambiente en el trabajo, hacer que los colaboradores sean más desconfiados y menos responsables, coartar su iniciativa, su entusiasmo y su identificación con los objetivos, y restar vitalidad a la organización. En lugar de lo anterior, el líder ha de ser un elemento motivador del equipo. Ha de conocerse a sí mismo y tener muy presentes sus cualidades y cultivarlas como tales, a la vez que, consciente de sus limitaciones, procura compensarlas con sentido común e inteligencia, ejercicio que lamentablemente a veces no suele practicarse. El líder ha de aplicar toda su capacidad para concentrarse en la intención, la tarea y la decisión. Ha de saber aprender y sacar provecho de toda su experiencia, incluso de la que no resulta positiva. Es importante saber rectificar a tiempo y aprender de los errores, y no quedarse paralizado por no correr el riesgo de cometerlos. Un líder ha de ser como un director de orquesta, y saber hacer que cada uno de los integrantes de su grupo toque su instrumento a la perfección y en el momento oportuno, de acuerdo con pautas de armonía previamente definidas y disciplina de conjunto, para que el resultado sea una melodía armoniosa. Lo que no puede pretender el director de orquesta es tocar personalmente todos los instrumentos, ya que no tendrá ni la capacidad técnica ni la condición física para hacerlo, y sólo logrará producir un caos y una cacofonía dignos de un espectáculo callejero o de un circo.

El liderazgo se debe hacer sentir en toda la organización. Ha de impartirle ritmo y energía al trabajo, y ha de infundir potencia a quienes lo realizan, aportándoles los medios, los instrumentos y las oportunidades, así como una buena dosis de motivación y entusiasmo. En las grandes organizaciones, y también en empresas excesivamente burocratizadas, la dirección tiende a hacerse más remota y distante, y se pierde muchas veces eficacia de conjunto debido al bloqueo de iniciativas, de intereses y de motivación que todo ello provoca. Los esquemas de organización interrelacionada, las modernas alternativas de comunicación e información, así como los innovadores diseños de organizaciones más horizontales y menos jerarquizadas, representan interesantes y valiosos medios para evitar estas situaciones en la empresa, sobre todo si se tiene en cuenta los ineludibles requisitos que plantea la globalización.

El líder del mundo contemporáneo, identificable tanto como individuo emprendedor o como ejecutivo del más alto nivel, debe combinar las habilidades tradicionales del directivo impulsor, creativo e imaginativo, con los valores impuestos por las necesidades de un entorno que ha cambiado y que ha dado lugar a los objetivos sociales que ha de asumir la empresa. Esto implica la puesta en práctica de actitudes y estilos que son consecuencia de los antes reiterados requisitos de la era del conocimiento, de la información y de los servicios. El término "autoridad" no se percibe ya, y mucho menos se concebirá en el futuro, como algo asociado a la magnitud de los recursos humanos, de los medios o del presupuesto gestionado, sino más bien a los conceptos de liderazgo, valor añadido personal y habilidad ejecutiva para dirigir, con proyección integral, todo el conjunto de factores productivos.

El liderazgo debe ser ejercido por personas de alta capacidad de trabajo y tenacidad, con perfiles esencialmente humanos, receptivos, dialogantes, comunicadores, negociadores y participativos, dispuestos a delegar y a trabajar en equipo, pero sin perder su carácter motivador, enérgico, autoritario y flexible. Todas ellas son características ideales que difícilmente se manifiestan simultáneamente en una determinada persona, pero sí son aspectos perfectamente inducibles si existen personalidades con la aptitud básica y con la voluntad mínima para asimilar y asumir los retos en ello implícitos. Si posee las mínimas habilidades, conocimientos y aptitudes humanas y técnicas, una determinada persona con vocación, predisposición y carisma de líder, será capaz de desarrollar aquellas facultades que le permitan actuar con una combinación equilibrada de audacia, perspectiva, energía y sentido común al dirigir el proceso de gestión de las opciones e iniciativas empresariales.

Todo lo anterior ha de ir acompañado de la consolidación de una auténtica ética del liderazgo, total y absolutamente desprovista de aquellos rasgos y tentaciones de tipo personalista y de estilo maquiavélico, que lamentablemente han prevalecido en el perfil de algunos líderes de la era de la revolución industrial y post-industrial: megalomanía, egolatría, vanidad, arrogancia, afán desmesurado de riqueza, poder y protagonismo, exhibicionismo, egoísmo y clasismo, características que sólo han conducido al ejercicio nefasto, absurdo e inútil de la corrupción, del despotismo y de la tiranía.

En cambio, un buen líder es una persona con plena confianza en sí misma, y con facultades para optimizar todos y cada uno de los recursos de que dispone, incluidos los humanos, buscando la eficacia de la organización integral a través de la eficiencia en el uso de los métodos de gestión y del comportamiento ético. A pesar de tener que desempeñar su función en medio de un entorno muchas veces complejo, incierto y hostil, el líder debe actuar como persona esencialmente optimista y entusiasta, adoptando actitudes positivas en relación al equipo humano, a la empresa y a todo lo que acompaña al desempeño de su labor. Una cierta dosis de idealismo podrá ayudarle en su cometido, pero siempre y cuando no le haga perder el enfoque eminentemente pragmático y realista de su misión y de su responsabilidad. La autoridad y el prestigio del líder deben también legitimarse por su competencia, por su capacidad profesional y por su orientación humana y social, y no ya por el derecho que antaño conferían la propiedad, las influencias e intereses personales, o el tamaño de la empresa, parámetros que desde luego caen fuera de los esquemas deseables para la era del conocimiento.

Dentro del orden social y económico contemporáneo no se debe sin embargo prescindir de la faceta política del liderazgo. Pero, lejos de asociar la acción política del líder a una posición dogmática, ésta debe ajustarse a la defensa y aplicación de políticas ejecutivas coherentes, identificadas precisamente con la realidad y con los requisitos del orden prevaleciente en el ámbito sociopolítico del momento. Por sí misma, la antes comentada tendencia a equilibrar el poder político de las empresas y el de las instituciones, es motivo suficiente para diseñar una plataforma de acción política de enfoque humanista, cuyo objetivo prioritario y final debe ser el de conferir estabilidad y bienestar a la colectividad, a través de la consolidación de actividades económicas, industriales y mercantiles sostenidas. Lograr reconciliar intereses y posiciones a diferentes niveles es también parte importante de la función del líder, y en este plano han de confluir totalmente las acciones tanto de los políticos como de los ejecutivos del máximo nivel empresarial, oportunamente cohesionados a través de diferentes planteamientos de actuación de los agentes sociales tradicionales, esta vez abocados a objetivos de mutuo interés.

Como intento de conclusión sobre todo lo anterior, y al margen de lo ya adelantado como tal, resulta fácil deducir el resto de las cualidades esenciales que han de tener los protagonistas del liderazgo de la sociedad integrada en la economía global. Además de una sólida formación específica en el ámbito de su sector y especialidad, deben ser personas de proyección generalista, de excepcional disciplina organizativa y capacidad de gestión, en el más amplio sentido de la expresión, incluida la gestión de su tiempo y, consecuentemente, del de sus colaboradores y equipo. No se debe olvidar en ningún momento y bajo ningún concepto que el líder, empresario o máximo ejecutivo de la empresa, es el responsable único y último de desarrollar su estrategia en función de la misión y de los objetivos específicos que se hayan asignado a la misma, independientemente del cometido económico y social que siempre ha de subyacer en toda actividad empresarial.

La responsabilidad del líder es amplia, trascendente, y en ella está implícita la necesidad de pervivencia estable y rentable de la organización empresarial como tal. En definitiva, se puede afirmar que la falta de liderazgo sólo conduce a la incompetencia. El ejercicio de esta responsabilidad requiere seriedad en los planteamientos, profesionalidad en la acción, y una buena dosis de intuición, imaginación e iniciativa a la hora de proyectar dichos conceptos hacia un futuro incierto y complejo. Por lo tanto, si bien la audacia puede ser una aptitud deseable para ejercer el liderazgo, dosificarla en exceso puede provocar como consecuencia los riesgos y regresiones que trae consigo la temeridad.

La definición del esquema de liderazgo idealmente ajustado a los requisitos de gestión de las empresas del siglo XXI, no puede separarse del conjunto de transformaciones que también es preciso incorporar a su propia organización como tal, factores a los cuales se alude reiteradamente a lo largo de estas líneas. Sin embargo, y desde el punto de vista de la función del liderazgo como responsable destacado de la optimización de los recursos humanos de la empresa, conviene hacer alusión concreta a una técnica de organización empresarial cuya importancia resulta indiscutible como herramienta de gestión de dicho cambio. Se trata del concepto de "Desarrollo Organizacional", disciplina ya en pleno uso en la actualidad, que propugna la mejora del clima laboral, así como el desarrollo de las personas dentro de la estructura empresarial. Su objetivo es potenciar al máximo la motivación, la creatividad, la iniciativa y la comunicación dentro del equipo, creando las condiciones para el ejercicio eficaz del liderazgo por parte de la dirección. A través de la utilización de las técnicas de desarrollo organizacional, cuyo paralelismo con la estrategia de calidad total es indiscutible, se pretende favorecer la transformación de las organizaciones, ajustándolas a los requisitos del orden socioeconómico vigente, implantando la dirección estratégica de recursos humanos como herramienta de soporte organizativo permanente.

Esta opción estratégica de aprendizaje organizativo, más liberal y espontánea, es sin lugar a dudas mucho más valiosa que la pura formación académica. A través de la capitalización de los errores y de los éxitos, es posible integrar un proceso de acopio de conocimientos prácticos que difícilmente puede ser sustituido por la teoría. De hecho, como como ocurre con cualquier iniciativa de tipo estratégico, toda acción previsora se ajusta en realidad al concepto de "inversión", que genera beneficios a medio o largo plazo, y no al de "gasto", aplicable a respuestas de tipo reactivo frente a las circunstancias cambiantes, y que conduce habitualmente el derroche de recursos.

Profundizando aún más en el concepto de estrategia, es preciso reconocer que el líder moderno ha de poseer una equilibrada proporción de habilidades tanto tácticas como estratégicas, ambas proyectadas de modo integral. Las primeras, de efecto a corto plazo, las ha de emplear para resolver con agilidad los aspectos del día a día de la empresa. Las últimas, de trascendencia a largo plazo, para controlar con eficacia las incógnitas de un entorno complejo e incierto, sujeto a cambios y variaciones permanentes que se han de asumir con un importante sentido de previsión y planificación. Desde luego, ambas aptitudes son fundamentales para que el líder pueda cumplir con su responsabilidad prioritaria de asegurar la continuidad de la empresa, tanto en su faceta generadora de riqueza económica, como de afianzamiento de su cometido social. Pero un estilo de gestión que polarice ambas opciones, o que sólo actúe en función de una de ellas, es poco recomendable para gestionar con éxito la empresa del siglo XXI.

El objetivo del liderazgo profesional y responsable ha de ser siempre el de procurar que la organización de la empresa sea saludable, para lo cual el requisito primordial es lograr la perfecta empatía entre las personas que trabajan en la misma, y una buena relación entre los integrantes de los diferentes niveles de función y responsabilidad. Una organización sacará provecho de su buen estado de salud cuando su líder ejerza un excepcional "poder carismático", lo cual se puede lograr precisamente distribuyendo poder y transmitiendo energía a todos y cada uno de los miembros del grupo, dándoles vía libre para el desarrollo coherente de sus iniciativas y de sus ambiciones personales y profesionales. Además, la energía emocional y agresiva no ha de ser motivo de conflicto interno dentro de la empresa, sino que se debe canalizar hacia el mercado, con claros objetivos de competitividad.

Buscar la salud de la organización debe también hacerse con el criterio de evitar las típicas situaciones de crispación y tensión, que sólo conducen a deteriorar la motivación y el rendimiento, y a generar los conocidos fenómenos de conflictividad laboral, huelgas y absentismo. A través del desarrollo organizacional antes citado, es posible en cambio fomentar el enriquecimiento personal en el trabajo, evitando los motivos de tensión interna a través de la identificación de los recursos humanos con los objetivos socioeconómicos de la empresa. Como consecuencia del empleo de esta acertada política de gestión, el líder será capaz de generar el requerido clima de entusiasmo en la organización, haciendo que los colaboradores disfruten con su trabajo, y que se sientan verdaderamente útiles y partícipes dentro del proyecto empresarial.

Como también fue comentado, lo importante para la organización empresarial es erradicar definitivamente el desfasado concepto de jerarquía y autoritarismo, y por lo tanto, desterrar el conformismo que nace en las estructuras humanas cuando no se les da la oportunidad de confrontar ideas con el poder y el equipo, o de desafiar a la autoridad tradicional en beneficio de alternativas más progresistas y constructivas. Cada individuo de la organización ha de jugar un papel dentro de la compañía para conseguir lo mejor de ella y del conjunto de su estructura. La delegación de funciones y del proceso de toma de decisiones puede aumentar el riesgo de cometer errores, pero es preciso reconocer también que estos últimos constituyen una buena fuente de aprendizaje organizativo, si se sabe extraer de ellos, así como de su prevención, las oportunas lecciones.

La fuerza de las organizaciones donde existen auténticos y eficaces líderes se percibe a través de numerosos aspectos y manifestaciones de conducta. En primer lugar, cuando los individuos del grupo se sienten útiles, se consideran parte de la organización y componentes necesarios para su éxito, lo cual de por sí constituye un factor motivador y de identificación con los objetivos de la empresa, por muy pequeña que sea la aportación individual al trabajo global. Por su propia naturaleza humana, las personas necesitan percibir que su colaboración tiene sentido y trascendencia, y esta premisa se puede concretar aún más si los trabajadores participan en la propiedad del negocio, alternativa que con toda probabilidad constituye un requisito importante para la estabilidad y pervivencia de las empresas de la era del conocimiento y de los servicios. Avala favorablemente esta realidad el hecho indiscutible de que en la empresa moderna ha de ser la cualificación personal la que otorga el derecho al liderazgo y a dirigir, y no la sola posesión mayoritaria del capital y de la influencia política o social.

Por otro lado, el aprendizaje y la competencia son muy importantes como factores de fuerza organizativa. Los verdaderos líderes aprecian el aprendizaje y la pericia, así como quienes trabajan bajo sus órdenes. Este hecho se ha de considerar como una necesidad permanente de obligado cumplimiento en cualquier organización. Además, las personas forman parte de una comunidad, y donde hay liderazgo existe una familia, un equipo, una unidad funcional, tanto desde el punto de vista social como empresarial. El liderazgo como elemento cohesionador es otro punto fuerte que contribuye a alcanzar objetivos complicados, a lo cual también se llega como resultado del trabajo de un equipo organizado que realiza un conjunto de tareas interdependientes, de complejidad a veces difícil de imaginar. Es como lo que ocurre en el mundo de los deportes: quien gana un campeonato de fútbol no es el jugador que marca los goles, sino todo el equipo que juega coordinadamente y posee un buen nivel de adiestramiento y disciplina, que le inculca su "líder-entrenador", factores que están por encima del protagonismo individual.

Otro importante requisito para consolidar fortaleza dentro de una organización bien liderada se fundamenta en que, dentro de ella, el trabajo ha de ser estimulante y apasionante para todos y cada uno de sus miembros. Donde hay un líder, el trabajo motiva, implica desafío, es fascinante y es divertido. Un ingrediente esencial para el liderazgo eficaz es su capacidad para impulsar a las personas hacia la meta, lo cual es muy diferente del intento obsesivo de forzarlas ciegamente hacia ella. El estilo impulsor atrae y anima a los miembros del equipo a participar en una visión excitante del futuro. La verdadera motivación se basa en la identificación con el objetivo, y no en recompensas y castigos. Los líderes han de encarnar, de expresar y de difundir los ideales que la organización se esfuerza por alcanzar, actuando en consonancia con ellos, y constituyendo en tal sentido, a través de su comportamiento, un ejemplo congruente.

A veces, dentro de una determinada organización, se produce un distanciamiento y se genera una falta de significado y contenido en la relación entre las personas y su trabajo. Puede haber motivos de naturaleza bastante subjetiva tras este fenómeno, y uno de ellos se refiere al concepto de la calidad. La sociedad industrial enfocó sistemáticamente su cometido a la cantidad, a producir más bienes y servicios para todos, de acuerdo con una estrategia mercantil dirigida a la oferta, y no a la demanda genuina de la colectividad. La cantidad tiene dimensión económica, y como tal es fácil de medir. Pero resulta igualmente evidente que la calidad no es fácil de cuantificar objetivamente, y que se aprecia en cambio de modo intuitivo. La percepción de la calidad está ganando cada vez más terreno a la de la cantidad, y es muy probable que en la sociedad del conocimiento este hecho constituya un ingrediente permanente que incluso contribuya a inducir una mejor relación entre el individuo y su trabajo.

Por otro lado, es fundamental que el liderazgo sea planteado potenciando el sentido de identificación y dedicación al trabajo, expresado a través de la calidad del desempeño, que constituye la fuerza que impulsa a los sistemas de alto rendimiento. Cuando un trabajo es agradable no es necesario presionar con la esperanza de la recompensa o con la amenaza del castigo para lograr el adecuado rendimiento de las personas. Se debe procurar diseñar métodos que faciliten la labor, en lugar de centrar la preocupación en la supervisión y el control, actitud frecuente por parte de quienes sólo ambicionan dominar y explotar el sistema, y cuyo perfil no obedece precisamente en absoluto al del líder medianamente tolerable. Por último, y aunque parezca irrelevante, en el perfil de los grandes líderes, y en el de las organizaciones que funcionan bajo su área de influencia, debe existir la fusión entre el espíritu de trabajo y el instinto lúdico, hasta el punto en que la necesidad de producir bienes y servicios, el gusto y la satisfacción por la labor bien hecha, y la identificación con los objetivos de la empresa, lleguen a ser un mismo y único conjunto. El líder es el responsable de conducir a su equipo a una situación de equilibrio en tal sentido, y de crear el suficiente clima de motivación, de delegación de poder y de responsabilidad para que cada uno de sus integrantes asuma su función y su cometido, de acuerdo con unos objetivos globales comunes que hagan progresar a la empresa de modo sostenido.

Si como consecuencia del acertado liderazgo la empresa es próspera, también lo serán sus miembros, sus actores y sus protagonistas, todos los cuales alcanzarán de este modo su pleno grado de satisfacción y de realización personal y profesional. Y si como resultado de ello la empresa se consolida como plataforma económica estable y competente, es muy probable que pueda también acometer el cumplimiento de su función social con mayor facilidad, con mejores perspectivas de éxito, y con más garantías para la comunidad.

LAS CORPORACIONES TRANSNACIONALES Y LA PROYECCION SOCIAL DE LA ACTIVIDAD EMPRESARIAL

Se puede afirmar, sin peligro de caer en el terreno de la fantasía, que las corporaciones transnacionales fueron la apoteosis de la revolución industrial. A su amparo han tenido auge numerosas opciones derivadas del desarrollo tecnológico y de las transformaciones sociales, políticas y económicas que han acompañado al desarrollo de la humanidad durante el siglo pasado. Los grandes avances en materia de investigación, formación y gestión empresarial han encontrado en las multinacionales un terreno experimental y de desempeño práctico sin precedentes. La disponibilidad de recursos de todo tipo, así como de influencia y de poder económico y político, ha permitido a las grandes corporaciones constituir una auténtica vanguardia en relación a aspectos que han marcado de modo relevante el mundo empresarial contemporáneo, tales como, entre otros de diversa índole, la gestión de la problemática medioambiental, y la asimilación de los fenómenos de movilidad profesional y laboral.

El futuro ya está presente en el esquema actual de funcionamiento y de comportamiento de las corporaciones multinacionales, sobre todo si se observa esta realidad desde el punto de vista de la repetidamente mencionada globalización de los mercados, de la economía y de la sociedad en general. Sin embargo, si se tiene en cuenta los cambios implícitos en la evolución definitiva hacia dicho esquema, son numerosos los aspectos conceptuales y funcionales de las grandes corporaciones que se contradicen con los requisitos del actual contexto socioeconómico, y que constituyen asignaturas pendientes de resolver. Casi todos ellos han sido comentados a lo largo de estas páginas, pero es interesante a estas alturas del ensayo examinarlos con mayor rigor, sobre todo los que se refieren a las estructuras organizativas jerarquizadas, a la burocratización del trabajo, a la monopolización de los recursos financieros, a la inercia y complejidad de las estructuras operativas, y al ajuste de la producción con enfoques de oferta y fomento de la idea consumista.

Las experiencias que aportan la historia y la evolución de las multinacionales son capitalizables en sentido positivo, tanto si señalan el camino a seguir, como si advierten sobre aspectos que es necesario evitar, erradicar, o al menos modificar, de cara a defender los requisitos de un nuevo orden de valores. Entre todos ellos, el de acabar de implantar la función social como el cometido prioritario y más relevante de la empresa, es tal vez el más importante. Un liderazgo polivalente y multicultural inspirado en las corporaciones contribuye ciertamente y en parte a posibilitar el logro de esta meta, así como a reconciliar las opciones de la experiencia con las de una visión estratégica innovadora.

También ha sido posible constatar el papel cada vez más relevante que ocupa la iniciativa empresarial privada dentro del contexto del siglo XXI. La era de la sociedad y de la economía de servicios requiere la canalización de las iniciativas emprendedoras de acuerdo con un enfoque eminentemente dinámico, versátil y de alto grado de eficiencia, eficacia y competitividad, con el objeto de poder satisfacer las demandas no solo cuantitativas, sino también las cualitativas, de una sociedad cada vez más culta, exigente y sensible a nuevas expectativas. De acuerdo con este postulado, aparece como una necesidad el hecho de que, de cara a este nuevo contexto, las empresas deben actuar en el mercado de acuerdo con un alto grado de especialización, ajustándose a segmentos muy concretos, y ofreciendo productos y servicios muy específicos. A primera vista, podría parecer que las corporaciones transnacionales son la antítesis de un planteamiento de esta naturaleza, pero, como se verá más adelante, en realidad ocurre lo contrario, por lo menos desde el punto de vista de algunos de los aspectos conceptuales y de las experiencias aprovechables provenientes de su marco operativo tradicional.

Insistiendo en esta realidad, hay que reiterar que una estrategia de esta naturaleza se ve indiscutiblemente favorecida y potenciada por la existencia de un sector empresarial distribuido y atomizado. Dicho sector está compuesto por pequeñas y medianas empresas, o por grupos de empresas en colaboración o alianza estratégica, a cuyo nivel se manifiestan todas las cualidades organizativas adaptadas a los requisitos del nuevo orden económico y social: trabajo en equipo, innovación, responsabilidad y profesionalidad del individuo, comunicación y coordinación permanentes, delegación de funciones, decisiones y poder, identificación con objetivos compartidos, y proyección social.

Es evidente que la dinámica con la que se debe dar respuesta a las demandas del mercado del siglo XXI, es el resultado de una filosofía de trabajo definitivamente reñida con cualquier esquema burocratizado y rígido, característico de aquellas estructuras empresariales complejas, excesivamente jerarquizadas, de operativa engorrosa y escasamente dinámica, que se dieron durante una época en que el proceso de producción estaba marcado por un carácter repetitivo y rutinario, y cuyo objetivo era imponer una oferta en un mercado poco selectivo, mucho menos sensible a la calidad, pero más preocupado por la satisfacción de las necesidades elementales básicas de la colectividad, tales como la alimentación y la vivienda. Si bien es cierto que este tipo de funcionamiento y organización no se corresponde precisamente con muchos de los requisitos planteados por la era del conocimiento, hay que reconocer que las corporaciones transnacionales han sido en buena medida el preludio de la economía global. Sin duda, de ellas se pueden deducir valiosos indicadores y experiencias de gran utilidad práctica a la hora de configurar nuevas opciones organizativas, y de definir a través de ello un dictamen verdaderamente operativo para la empresa ajustada a una dimensión humanista.

Desde sus inicios, así como a lo largo de su proceso de crecimiento y expansión geográfica, las corporaciones transnacionales han actuado con una visión y con una orientación que trascienden precisamente la identidad nacional. Sin embargo, el carácter global de la actividad de las corporaciones multinacionales no ha excluido su identidad nacional, asociada a las peculiaridades de su país de origen, como tampoco ha frenado su tendencia hacia la especialización y hacia la atomización geográfica y estructural. Esta situación ha contribuido a forjar claras tendencias en cuanto a imagen y cultura empresarial, de inevitable impacto en la cultura y en los valores tradicionales de los territorios en los cuales la multinacional ha dado origen a sus actividades. El propio proceso de atomización de las corporaciones transnacionales, producto de su necesidad de especialización y de adaptación a nuevos lugares y esquemas productivos y organizativos, así como las emergentes presiones reivindicativas de la sociedad, han permitido su ajuste progresivo a los requisitos de un nuevo esquema, tanto local como global: mayor flexibilidad, mayor conciencia social, mejor espíritu de equipo, enfoque más humanista y social de la actividad empresarial, y mejor sintonía con las demandas genuinas del mercado.

El proceso inverso también ha ocurrido, ya que las corporaciones han habido de adaptarse a la naturaleza específica de sus diferentes entornos operativos, respetando la singularidad local, y asumiendo actitudes afines no sólo con sus propios intereses, sino también con los manifestados en sus nuevos ámbitos de actuación. La controversia no ha tardado tampoco en manifestarse en este sentido, pero, en todo caso, y en líneas muy generales, se puede afirmar que las circunstancias de la expansión transnacional han obligado a las corporaciones a ser más responsables social y económicamente, hecho frecuentemente derivado de su especial sujeción a las crecientes restricciones y controles impuestos por los países receptores de su actividad, y también debido al progresivo impacto de las normas internacionales en materia laboral, comercial y ambiental.

Las responsabilidades de las corporaciones transnacionales se hacen en todo caso extensivas a cada uno de los estados con los cuales operan o se relacionan, lo cual favorece la creación de una cultura empresarial global y pluralista. Partiendo de la base de que los intereses de la corporación no los pueden marcar sus accionistas, sino el mercado o sus clientes, el resultado final, aludiendo a la dimensión cultural que la corporación genera, es el de realzar la diversidad dentro de un marco que en teoría tiende a erradicar la uniformidad y la homogeneidad a través de la globalización. De hecho, la transición hacia la sociedad del conocimiento y de la información implica también un proceso de paralelismo similar, y forma parte del movimiento integral tendente al replanteamiento de nuevos valores en la sociedad, y por lo tanto, en la organización, las estrategias y los objetivos de la economía, de la empresa y de la geopolítica.

En medio de esta evolución sin precedentes, la corporación transnacional se sitúa a la cabeza de la economía global, rebasando barreras y fronteras de todo tipo, nacionales, regionales, culturales y tradicionales, por encima incluso de los términos políticos que las condicionan, y que en este caso, y hasta cierto punto, quedan en cambio supeditados a dicha evolución. En tal sentido, la corporación representa una doble fuerza, cohesionadora y difusora, de gran importancia en favor de la interdependencia socioeconómica y política del planeta. Puede acceder a las economías de escala, con todas las ventajas que ello supone a nivel global, tiene a su disposición opciones de alcance mundial, y es una plataforma valiosa para hacer frente desde ella a los requisitos de la globalización, sin dejar de ser sensible, porque no puede ni debe, a las condiciones y compromisos locales.

Dentro del anterior contexto, uno de los requisitos insoslayables para llevar el proceso de integración global a buen fin, es el de aplicar a todo tipo de acciones, decisiones y actitudes empresariales un profundo sentido de compromiso ético, que permita neutralizar los conflictos y tensiones que han caracterizado a ciertas etapas de la historia y de la evolución social, política y económica del planeta, en alguna de las cuales la falta de perspectiva y de solidaridad entorpecieron y distorsionaron el logro de objetivos ajustados a un mundo humanizado y estable. La consolidación de la sociedad del conocimiento, de los servicios y de la información no puede admitir errores de base, si realmente se quiere que la globalización sea un factor positivo para la humanidad.

Tampoco se ha de olvidar que el auténtico soporte para alcanzar un orden económico estable lo ha de aportar una sólida base doctrinal de tipo científico y tecnológico, liberada de ideologías de cualquier índole, lo cual implica necesariamente el cambio, o al menos, la modificación sustancial, de las instituciones vigentes de toda clase. Entre estas últimas, la corporación transnacional puede materializar su cuota de aportación a dicha base a través de las experiencias y elementos positivos que haya logrado capitalizar, lo cual no excluye el requisito de ajustar rigurosamente algunos de sus elementos estructurales y operativos a condicionantes en permanente proceso de evolución, sobre todo aquellas que tienen que ver con la especialización, con la adaptación a la demanda y con el rediseño y fraccionamiento conceptual y práctico de su estructura organizativa.

El reordenamiento del mundo empresarial del actual milenio ha de superar dos importantes desafíos. Por un lado, la necesidad de una mayor atomización de las corporaciones transnacionales, para su mejor compatibilidad con las necesidades de la sociedad y del mercado tanto local como global. Por otro, la fusión, colaboración o alianza estratégica entre unidades empresariales pequeñas. En ambos casos, se trata sin duda de adaptar la producción de bienes y servicios a demandas de mercado que, exceptuando las básicas, están condicionadas por consumidores cada vez más exigentes y selectivos.

Pero la optimización definitiva del rendimiento económico y social de las empresas de todo tipo, se trate o no de corporaciones transnacionales, debe pasar necesariamente por la racionalización progresiva y sistemática de su organización, de sus activos, de sus recursos humanos y de sus estrategias, buscando la máxima eficacia sostenida en un entorno competitivo difícil, volátil, complejo, y generalmente poco previsible.

LAS ORGANIZACIONES NO GUBERNAMENTALES (ONG): ¿UN MODELO ALTERNATIVO DE ORGANIZACION EMPRESARIAL E INSTITUCIONAL?

Son conocidas las críticas que se hacen a la intromisión de las administraciones y organismos gubernamentales en la economía de las naciones, aludiendo a su falta de dinamismo y de carácter motivador, a su condición de crónico freno de las iniciativas, a su excesivo afán regulador y fiscalizador, y a su incapacidad como instituciones para gestionar con eficiencia y eficacia los recursos productivos en bien de la creación de riqueza económica y de bienestar social.

Por otro lado, el modelo empresarial implícito en la economía de libre mercado es también con frecuencia cuestionado por su aparente carencia de sentido y objetivo social, por su utilización y manipulación de los recursos humanos, y por su falta de rigor como factor de diferenciación entre los objetivos cuantitativos y cualitativos del desarrollo y del progreso.

Como se ha visto a lo largo de este ensayo, está teniendo lugar una importante evolución en éstos y otros aspectos. Pero es indudable que los inconvenientes de ambas posiciones han demostrado históricamente tener una importancia de segundo nivel si se tiene en cuenta que sus respectivas ventajas, dentro de un esquema equilibrado de combinación funcional conjunta, superan con creces las evidencias que pueda arrojar un análisis puntual y parcial. Además, los propios criterios de valoración de la sociedad son los que configuran, mediante el ejercicio político y democrático, la combinación de alternativas que mejor se ajustan a la realidad del momento concreto, conforme la comunidad define sus opciones y prioridades en función de sus percepciones y de sus actitudes culturales.

Este fenómeno, dinámico y evolutivo en su esencia, es el que también ha de seguir marcando las pautas de ajuste estructural que permitan precisar el esquema de equilibrio sociedad-estado-empresa que ha de prevalecer a lo largo del presente milenio, era de consolidación de la sociedad del conocimiento a la cual se ha aludido repetidas veces a lo largo de estas páginas, por constituir su motivo argumental central.

De todas formas, la sociedad civil es eminentemente inquieta e impaciente por propia naturaleza, y normalmente los cambios implícitos en una evolución entre "eras" o "revoluciones" sociales y económicas son lentos, necesitando de un tiempo de maduración que muchas veces los individuos se resisten a admitir y a asumir. Las representaciones democráticas, también por su propia naturaleza intrínseca, no son pioneras en términos de innovación. Es muy probable que, frente a necesidades de transformación radical, sea el propio grupo específico el que, como producto de su quehacer profesional y de sus inquietudes personales, prospere a expensas de su espíritu innovador, de su voluntad de éxito y de su deseo de emprender acciones concretas. Se entiende, obviamente, que el grupo está representado en este sentido por la personalidad del individuo que lo lidera.
Como consecuencia de este hecho, surgen determinadas manifestaciones atípicas de una sociedad que pretende mediante opciones alternativas adelantarse a los acontecimientos. Estas manifestaciones inclusive precipitan acciones que compensan las deficiencias y la falta de agilidad de los modelos y esquemas que hayan podido durante años ser aceptados por la sociedad. Surgen de este modo reacciones al orden establecido que frena el cambio, para adoptar en su lugar actitudes más visionarias, e intentar opciones aparentemente más acordes con los deseos de identificar y de asumir nuevos valores de comportamiento ético y cultural.

Una de las manifestaciones más características de esta respuesta la constituyen el aparecimiento y la indiscutible profusión y expansión que han experimentado durante las últimas décadas las denominadas Organizaciones No Gubernamentales (ONG), cuya presencia y protagonismo en las esferas de la acción no lucrativa y no dogmática es de creciente influencia, sobre todo en temas de proyección internacional, claramente identificables con el proceso de globalización de los aspectos políticos, sociales y económicos del planeta.

En principio, se ha de partir de la base de que las ONG no son una alternativa ni a la empresa ni a los estamentos gubernamentales, sino más bien una opción diferente frente a lo convencional. De hecho, es preciso analizar este tipo de organizaciones desde el punto de vista de la "organización", considerada como herramienta de "gestión" económica y empresarial, para así diferenciarlas de las conocidas entidades "sin ánimo de lucro", típicas más bien de sectores vinculados al mundo social, cultural, gremial, profesional o deportivo, para citar solo algunos ejemplos. Las ONG desempeñan funciones y objetivos normalmente muy concretos y especializados, y están guiadas por motivos loables que, aun cuando no persiguen fines de lucro, persiguen objetivos de tipo económico y social, como son las ayudas al desarrollo del tercer mundo, el voluntariado en diferentes áreas, y la protección del medio ambiente. No obstante, la propia internacionalización de este tipo de movimiento, así como su excepcional acogida y credibilidad por parte de la comunidad, le confieren un cierto prestigio, al cual se suma su evidente eficacia funcional y organizativa, que puede llegar a poner en entredicho a las clásicas instituciones oficiales y los seculares métodos de gestión y administración de empresas. Y todo ello, sin excluir su vulnerabilidad frente a los conocidos y obscuros episodios de escándalo y corrupción que afectan hoy en día a numerosos estamentos del mundo político y económico, puestos de manifiesto ante la sociedad como consecuencia del espectacular surgimiento y expansión de los medios de comunicación e información.

Es de todos conocido el hecho de que, cuando fracasa una determinada entidad, sea política, empresarial o social, así como en situaciones críticas, los individuos y la sociedad tienden a auto organizarse por su cuenta y riesgo, como reacción natural frente a un conjunto de factores que puedan amenazar la viabilidad de su cometido. Esta reacción empuja a la búsqueda de la máxima racionalidad y coherencia de los sistemas, tendencia inherente a la naturaleza humana, independientemente del soporte estructural sobre el cual ésta se desenvuelva. Por lo tanto, las ONG representan en este sentido una iniciativa digna de elogio, ya que demuestran que surgen precisamente de una sociedad madura, solidaria y capacitada para desarrollarse de manera autónoma, sin que sea preciso imponerle reglas del juego, y sin que los eventuales impedimentos y dificultades inhiban la iniciativa y la acción.

Analizado desde un punto de vista similar, el fenómeno de las ONG se puede incluso comparar en cierta medida con el surgimiento de la economía sumergida, a la cual se aludió con anterioridad. Es preciso reconocer que existe un cierto paralelismo y una cierta similitud entre las causas de ambas manifestaciones socioeconómicas, ya que en los dos casos se puede hablar de una clara respuesta de la sociedad civil como reacción a esquemas y situaciones de tipo político y circunstancial que no la convencen, y que dan lugar en cambio a climas de descontento y frustración. Es el caso, por ejemplo, de la errónea intervención estatal en los aspectos sociales y económicos, de la desmesurada reglamentación oficial, del exceso de burocracia y de presión fiscal, y de la falta de un adecuado clima motivador para el desarrollo de las iniciativas emprendedoras y de las acciones sociales, derivadas precisamente de la creciente sensibilización de la colectividad en relación a valores de emergente manifestación, cuyas características no corresponden en absoluto a las del pasado convencional.

Profundizando aún más en esta faceta del análisis, se puede también afirmar que las ONG, en cierto modo, representan el preludio de lo que puede ser el esquema de la sociedad globalizada del presente siglo. Son en tal sentido una prueba objetiva de que los modelos sociales, económicos y políticos, que se insinúan a través del proceso evolutivo en curso, son viables, y que responden también a inquietudes y ambiciones de nivel avanzado por parte de los individuos. La necesidad de transformaciones en el sistema de funcionamiento de la humanidad no es casual, sino la manifestación de inquietudes más sublimes por parte de las personas, que las mueve incluso a replantear el significado y el sentido de la vida, y a desechar esquemas pasados cuya vigencia ha quedado fuera de contexto.

Se puede afirmar que el florecimiento de las Organizaciones No Gubernamentales constituye una muestra conceptual esquemática de la globalización, de alto contenido y valor simbólico y práctico, ya que mediante ellas se insinúan aspectos que son esenciales como herramientas susceptibles de orientar las pautas sociales, políticas y económicas del siglo XXI. Para demostrar este hecho, basta observar cómo en las ONG muchos aspectos, a los cuales se ha hecho alusión a lo largo del presente análisis, se manifiestan con fuerza y dramatismo. Concretamente, los que se refieren a los conceptos de solidaridad, responsabilidad compartida, espíritu de equipo, identificación con los objetivos, organización horizontal, liderazgo, y proyección social de la actividad y de las estrategias del grupo.

Las Organizaciones No Gubernamentales ejercen normalmente funciones de dominio público con la ventaja de que, por su carácter independiente, permanecen relativamente libres de situaciones marcadas por conflictos de intereses. Ello, pese a que esta ventaja se ha visto a veces opacada en casos en que no han podido escapar a obscuros episodios que les han hecho perder prestigio, derivados fundamentalmente de la codicia, de atavismos, y de vicios característicos de individuos o grupos carentes de escrúpulos. Por lo demás, esta realidad ha afectado igualmente a todo tipo de estamentos e instituciones del ámbito político y económico.

Las ONG poseen características que les confieren credibilidad y significativas ventajas si se las compara con las instituciones gubernamentales y empresariales tradicionales. De la forma organizativa de las ONG, las organizaciones convencionales deben procurar adoptar aquellos aspectos que precisamente constituyen vanguardia en relación con los cambios que exige el paso de la economía tradicional a la sociedad del presente milenio: motivación basada en la buena fe y en el interés común; trabajo en equipo; acción directa y pragmática, con reacción inmediata, libre de procedimientos burocráticos; acceso del individuo al protagonismo de la acción y de la decisión; y distribución participativa del poder y de la responsabilidad.

Esta condición diferencial de las ONG es posible gracias a que son creadas precisamente como respuesta a las necesidades y a la voluntad de la comunidad para dar solución a un determinado problema o para emprender una determinada acción. Constituyen una auténtica "solución a medida" para ciertos aspectos e inquietudes que la sociedad considera relevantes y que desea superar, contando con la agilidad de reacción que deriva de la directa y próxima relación entre la voluntad y el objetivo, sin intermediaciones protocolarias, vicios y trámites burocráticos. Por otro lado, el esquema organizativo de las ONG está normalmente libre de los inconvenientes típicos de la burocracia y de las estructuras de gestión complicadas y engorrosas.

Sus características funcionales y su eficacia son los elementos que han impartido prestigio y credibilidad a las Organizaciones No Gubernamentales a nivel de la sociedad civil. Este hecho debe ser tenido en cuenta como ejemplo por parte de políticos y empresarios, cuya eficacia, imagen y estabilidad de cara a la opinión pública se ven a menudo amenazadas en este sentido por efecto de los agravios comparativos. El mundo empresarial y político es cada día más consciente de esta cierta "competencia" organizativa que surge como alternativa al orden convencional, y que se insinúa como modelo de comportamiento de cara al futuro inmediato.

A la luz de los hechos, tomar ejemplo del funcionamiento de las ONG, así como analizar las claves de su éxito operativo, puede constituir un sano ejercicio para políticos, ejecutivos y empresarios, que conduzca a ayudar a cambiar los estilos de gestión y los métodos de administración que muchas veces se dan por buenos por inercia, rutina o comodidad. Sin duda alguna, dichos estilos van quedando gradualmente desfasados, debido a que el proceso natural y espontáneo de aprendizaje organizativo y cultural es más lento que la propia evolución generada por la explosión tecnológica y por la globalización socioeconómica. Sin pretender descalificar el valor de incontables sistemas, procedimientos y principios de gestión tradicional, y sin ánimo de magnificar e idealizar la bonanza del sistema operativo de las ONG, lo que sí parece aconsejable es complementar las lecciones de la historia con el pragmatismo y el sentido ético de las últimas, puesto que de una racional simbiosis de diferentes elementos pueden surgir valiosas aportaciones y sinergias para hacer frente con éxito al establecimiento de la sociedad del conocimiento y de los servicios.

La renovación a nivel de las estructuras organizativas institucionales y empresariales es una necesidad ineludible, hecho repetidamente constatado a lo largo de estas páginas. Los sistemas tradicionales de poder ya no son operativos dentro del orden socioeconómico actual. A parte de los vicios e inercias que muchas veces son aceptados por rutina o resignación, el propio desgaste del orden establecido genera deterioro y obsolescencia, la comunidad se cansa de la falta de alternancia, y acaba perdiendo confianza en los sistemas y esquemas habituales. Esta realidad, que mueve a los individuos a buscar soluciones alternativas mediante el ejercicio de la iniciativa y de la creatividad, es la que ha dado lugar al florecimiento de las ONG, pero también es la fuerza que se debe aprovechar y canalizar para orientar ciertos planteamientos empresariales y políticos. En definitiva, una ONG no deja de ser una empresa, y por lo tanto, son válidos y extrapolables sus principios organizativos y estratégicos que ya han demostrado viabilidad y ventajas diferenciales.

Las Organizaciones No Gubernamentales constituyen desde luego una excelente plataforma de ejemplo y aprendizaje, a cuyo nivel es posible integrar todo el material profesional aprovechable acumulado a lo largo de la historia del desempeño empresarial e institucional, intentando, por vía de su inteligente combinación, estimular opciones que sin duda son de gran valor práctico a la hora de la acción.

Las ONG son un ejemplo organizativo exitoso, digno de tener en cuenta y de imitar de cara a implantar ventajosamente los esquemas empresariales e institucionales de la sociedad globalizada. Tal alternativa implica sin embargo la necesidad de tener en cuenta que es indispensable contar siempre con un importante y creciente grado de profesionalización, de liderazgo y de sentido estratégico, que permita asumir la magnitud y trascendencia del reto que ello supone. Las organizaciones del siglo XXI han de ser capaces de competir contra y a pesar de la inercia de las instituciones tradicionales, burocratizadas, lentas y poco expeditivas, y con ciertos esquemas empresariales que aún no han alcanzado la requerida madurez y dimensión social.

En tal sentido, el modelo que actualmente ofrecen las ONG es ampliamente válido, pero es también fundamental evitar caer en situaciones que, por regresión atávica hacia lo cómodo y convencional y hacia los intereses creados, compliquen la evolución hacia un esquema global. Si no se procura dirigir el proceso en tal sentido, se corre el riesgo de que, tanto las ONG como las nuevas organizaciones empresariales e institucionales, pierdan su sentido y motivo por confusión de objetivos. Desde este punto de vista, los peligros que siempre subyacen en toda organización, son la politización de su estructura operativa, su manipulación tendenciosa con intereses diferentes a los de su planteamiento original, y su eventual debilidad ante tentaciones de obtener resultados alejados de los proclamados al amparo de una causa aparentemente digna. A ello hay que añadir además la vulnerabilidad de cualquier organización a la burocratización, a la inercia y a la distorsión funcional, todo lo cual no se supera con la simple aplicación de métodos de gestión profesional, por muy perfectos y elaborados que éstos puedan ser, si detrás de todo ello no existen la voluntad y la ética que motiven y aseguren conductas coherentes.

La empresa convencional necesita aún, y en cierta medida, mejorar su credibilidad y su incidencia en la sociedad civil, y consolidar su imagen como agente productor de riqueza y bienestar. Imitar lo aprovechable del modelo organizativo y de la estrategia funcional de las Organizaciones No Gubernamentales puede ayudarle en este cometido, ya que la credibilidad y la capacidad de convocatoria de estas últimas han quedado ampliamente demostradas por hechos y resultados que legitiman el valor de sus procedimientos. Al igual que las ONG, las empresas deben actuar como factores de estímulo de la opinión y de la acción ciudadana, para incidir de este modo en toda la sociedad, manteniendo su independencia de militancias, instituciones y agentes sociales, y ajustándose a los nuevos parámetros definitorios de dichas plataformas de negociación y debate. El término independencia no ha de entenderse en este caso como sinónimo de aislamiento social y político, ya que dentro del mundo globalizado la sana colaboración entre empresas, instituciones, agentes sociales y asociaciones de todo tipo, es prácticamente indispensable. Esta clase de cooperación confirma sin lugar a dudas el alcance y la trascendencia de contar con un adecuado nivel de madurez política, entendiendo que esta última, al afectar a toda la colectividad, ha de manifestarse como un sincero y ético ejercicio social.

Un enfoque integral de la actividad empresarial, basado en los anteriores principios insinuados y puestos a prueba con éxito por las Organizaciones No Gubernamentales, puede constituir, si no una panacea, otra valiosa base, aunque no precisamente la única ni la última, para la consolidación de un dictamen socioeconómico auténticamente democrático, requisito imprescindible para prosperar con ventajas en un contexto de dimensión planetaria. Se han comentado repetidamente estos y otros argumentos a lo largo de estas páginas, pero, en definitiva, tanto por definición propia, como por su visión estratégica, su misión y su enfoque operativo, una ONG puede bien ser considerada como parte de un modelo conceptual de lo que han de ser la economía, la empresa y la sociedad civil del siglo XXI.

REFRANES PARA ORIENTAR EL LIDERAZGO EN EL SIGLO XXI

LA MEJOR META ES LA QUE SE CONVIERTE EN UN NUEVO PUNTO DE PARTIDA Un logro se celebra pensando en el siguiente **SOLO ES POSIBLE AVANZAR CUANDO SE MIRA LEJOS** La única vía para progresar es pensar en grande **EL ESPIRITU DE SUPERACION LLEVA A LA MEJORA CONTINUA** La motivación conduce al alcance diario de un objetivo **EL TRABAJO ES EL ÚNICO CAPITAL NO EXPUESTO A QUIEBRAS** Si no luchamos por algo seremos vencidos por todo **LOS INTENTOS DEBERAN SER SIEMPRE SUPERIORES AL TAMAÑO DE LAS DIFICULTADES** Las ideas no sirven de nada si no se hace algo útil con ellas **QUIEN TROPIEZA Y NO CAE GANA TERRENO** Resolver oportunamente lo importante impide tener que afrontar lo urgente **PARA QUE UN OBSTACULO NO NOS DETENGA ES NECESARIO SUPERARLO** Las crisis y los cambios representan una oportunidad y no una amenaza **PERMANECEREMOS JOVENES MIENTRAS TENGAMOS MAS PROYECTOS QUE RECUERDOS** Trabaja como si hubieses de vivir cien años, pero disfruta de la vida pensando que puedes morir mañana

BIBLIOGRAFIA

ANDREU, RAFAEL, JOAN RICART, y JOSEP VALOR - "Estrategia y Sistemas de Información"
McGraw-Hill - 1991

DARNTON, GEOFFREY, y SERGIO GIACOLETTO - "Information in the Enterprise"
Digital Press - 1992

DRUCKER, PETER - "Les Entrepreneurs"
L'Expansion Hachette - 1985

ESPALIAT, MAURICIO, y PATRICIA ESPALIAT – "Tu Empresa - Un Reto, una Oportunidad"
Ediciones Turpial S.A. - 2002

ESPALIAT, MAURICIO, y PATRICIA ESPALIAT – "Franquicia – Una alternativa de Trabajo Independiente"
Ediciones Turpial S.A. - 2002

FAURE, GILLES - "Estructura, Organización y Eficacia de la Empresa"
Ediciones Deusto – 1993

FERRER ARPI, JOSEP M. y FRANC PONTI – "Si Funciona, ¡Cámbialo!"
Gestión 2000 – Grupo Planeta - 2010

GOLDRATT, ELIYAHU M. - "La Meta"
Ediciones Díaz de Santos - 1993

HAYNES, W.WARREN, y JOSEPH L. MASSIE - "Dirección: Principios, Análisis, Casos"
Ediciones Deusto – 1969

HERNANDEZ BERASALUCE, LUIS – "Gestión Medioambiental en la Empresa"
Ediciones Deusto - 1993

HORKHEIMER, MAX - "Sociedad en Transición: Estudios de Filosofía Social"
Ediciones Peninsula - 1976

ISEO (Instituto de Estudios Económicos y Organización) - "Principios de Dirección"
Ediciones Deusto - 1967

MOHN, REINHARD - "Al Exito por la Cooperación"
Plaza y Janés - Círculo de Lectores - 1993

RODRIGUEZ, CARLOS, y CONCEPCION FERNANDEZ - "Cómo crear una Empresa"
IMPI - Ministerio de Industria y Energía - 1988

SAVAGE, CHARLES M. - "5th Generation Management"
Digital Press - 1990

SCHUMACHER. E.F. - "Lo Pequeño es Hermoso"
H. Blume Ediciones - 1979

SCOTT MORTON, MICHAEL (Editor) - "The Corporation of the 1990s - Information Technology and Organizational Transformation"
Oxford University Press – 1991

RESEÑA BIOGRAFICA DEL AUTOR

MAURICIO ESPALIAT CANU (Santiago de Chile, 1945) es Ingeniero Superior Agrónomo por la Universidad de Chile, formación que ha complementado a lo largo de su vida profesional con diversos estudios, cursos y seminarios de especialización relacionados con el ámbito de la empresa

Su trabajo ha estado larga y estrechamente asociado con la organización, dirección y gestión empresarial en sus diferentes facetas, habiendo desempeñado actividades ejecutivas de alta responsabilidad, a menudo con proyección internacional, en los sectores agroindustrial, servicios y consultoría. También ha actuado como impulsor destacado en proyectos de diseño, promoción, organización y asesoramiento de empresas de diferente índole.

El ejercicio de su labor le ha mantenido permanentemente vinculado con diferentes y variadas áreas de desempeño de la empresa, dentro de las cuales ha alternado sus funciones ejecutivas en disciplinas de dirección y planificación estratégica, con su participación directa en iniciativas empresariales y proyectos en el terreno de la actividad privada.

Su trayectoria profesional se ha visto especialmente influenciada por su gran interés personal por la problemática ambiental, asociada al proceso de evolución socioeconómica del mundo en general, y de la empresa en particular. Este aspecto ha contribuido en importante medida a perfilar su estilo de liderazgo y su filosofía de trabajo.

ECONOMIA, EMPRESA Y SOCIEDAD CIVIL
REFLEXIONES EN EL CONTEXTO DEL SIGLO XXI

Esta obra es fruto del estudio y del análisis crítico de los principales factores que configuran el universo de la economía y de la empresa en el presente milenio, así como el de sus efectos sobre los estilos de comportamiento y de ajuste de la sociedad civil a los cambios que genera la inevitable globalización del mundo contemporáneo.

A partir de la revisión de la trayectoria evolutiva de la actividad empresarial a lo largo de la historia, y del reconocimiento de su innegable influencia en la definición de diversos fenómenos políticos y económicos que se han manifestado de modo diverso en el tiempo y en la geografía planetaria, el texto pretende demostrar que es el vigor emprendedor el que ha sido el protagonista, el impulsor y el puntal de la estabilidad de la sociedad a la hora de forjar un entorno vital equilibrado y sostenible.

A lo largo de las páginas, se insinúa igualmente que el papel de la empresa, definido en términos de su máxima expresión conceptual, y analizado en función de un contexto de economía planetaria, constituye la alternativa más explícita para garantizar a la sociedad del siglo XXI, cada vez más exigente en términos cualitativos de vida y de desempeño laboral, el necesario "estado de bienestar" anhelado por todo ser humano.

MAURICIO ESPALIAT CANU

BARCELONA – JUNIO 2013

www.ingramcontent.com/pod-product-compliance
Lightning Source LLC
Chambersburg PA
CBHW051625170526
45167CB00001B/68